國家圖書館出版品預行編目資料

莊子「三言」的創用及其後設意義／徐聖心 著 — 初版 — 台
北縣永和市：花木蘭文化出版社，2009〔民98〕
序 2+ 目 2+182 面；19×26 公分
（中國學術思想研究輯刊 六編：第 7 冊）
ISBN：978-986-254-058-9（精裝）
1. 莊子　2. 研究考訂
121.337　　　　　　　　　　　　　　　　98015149

ISBN - 978-986-2540-58-9

中國學術思想研究輯刊
六 編 第 七 冊
ISBN：978-986-254-058-9

莊子「三言」的創用及其後設意義

作　　者　徐聖心
主　　編　林慶彰
總 編 輯　杜潔祥
出　　版　花木蘭文化出版社
發 行 所　花木蘭文化出版社
發 行 人　高小娟
聯絡地址　台北縣永和市中正路五九五號七樓之三
　　　　　電話：02-2923-1455 ／傳眞：02-2923-1452
網　　址　http://www.huamulan.tw 信箱 sut81518@ms59.hinet.net
印　　刷　普羅文化出版廣告事業
封面設計　劉開工作室
初　　版　2009 年 9 月
定　　價　六編 30 冊（精裝）新台幣 50,000 元

莊子「三言」的創用及其後設意義

徐聖心　著

作者簡介

徐聖心，祖籍廣東蕉嶺，1965 年生於臺灣彰化，1998 年獲臺灣大學中文所博士，現任該校中國文學系副教授。學術領域為先秦儒學、莊子與莊子學史、明末清初三教會通、中國美學史、中國夢文化。

已發表論文有〈偶然性・再現・生命實相——蘇軾〈後赤壁賦〉釋旨〉，〈「莊子尊孔論」系譜綜述——莊學史上的另類理解與閱讀〉，〈先秦關於「人與國家」主題論述的兩種型態——從韓非子對儒家的批評談起〉，〈《孟子》「天下之言性」章異疏會詮及其人性論原則〉，〈宗炳〈畫山水序〉及其「類」概念析論〉，〈陰陽神化與繼善成性——宋明儒對〈繫辭・上傳〉第五章第一節的闡釋〉，

〈晚明佛家「孝道觀」探析——以《梵網經》註釋為中心〉，〈火・爐・土・均——覺浪道盛與無可弘智的統攝之學〉，〈王船山《論語》詮釋之「應病予藥」喻辨——兼與方以智藥病說之比較〉……等。

提　　要

歷來對道家的語言觀，已有既定的通解，即「道絕名言」，「道不可道」，然而本論文試圖證明：《莊子》中有異於通解的語言層面——道言。道言的使用，或有多種樣式，而莊子直接的暗示，見於〈寓言〉、〈天下〉兩篇，即寓言、重言、卮言三種言。三言乃莊子回應孔子、老子，與惠施、公孫龍之語言觀，有所批判繼承反省超越，而首先創用的表法。此表法的特色，在於由道的體證直接發聲，故為「道」之呈示，不只是擬仿於道而已。亦即，若必曰道絕名言，則體道者唯能噤啞不言而已。若其必言而又主道絕名言，則其言說時亦必與道隔絕，此則否定體道之實踐意義。兩者皆不當理。

論文共分四章。第一章導論，論證道言之發現，及其與三言之關係，並說明論文方法與選例因由。第二章以〈逍遙游〉、〈人間世〉、〈齊物論〉為例，說明三言呈現風貌之特色。第三章分析〈寓言〉篇所隱涵三言的後設意義，並與前一章的結果相對照。第四章則延伸出兩方面的討論，一是類比於詩性語言的創作法（即賦比興），一是藝術作品的閱讀反應（即象罔）。歸結於：三言即體道者之融合道於生活之一側面，並暗示著人棲居於世必然開展的三個面向：一是人與宇宙神秘性之交通，而深化吾人之生命；一是人與歷史之融通，與現世責任之擔負，而厚積吾人之生命；一是人與萬物品類之和諧感通，而豐富吾人之生命。

目次

序　言

　　這是筆者的博士論文。最初的構想，是要討論道家學術中頗具爭議的問題：「道──語言」關係，較接近語言哲學的論域，之後在探索的過程中，漸漸轉移路線，將重心先安置在美學上的處理，因此本文也同時討論了畫論和賦比興等美學理論。

　　建議讀者可以先讀§1-1問題的緣起，以便了解整個問題在道家詮釋史的重要性，和歷來對此問題的大略看法，方知本論文在議題的突破何在。一如牛頓與胡克、笛卡兒與萊布尼茲一些相關的科學史爭議，當然這種突破筆者不敢自誇爲孤明先發。在問題與論點形成的過程中，雖已略有所見，其實還是頗多疑慮。一直到讀了楊儒賓先生的書與論文，整個論述才有了較可信的基礎；此後又讀了葛瑞漢的書，更確信自己對莊子三言的解讀可以成立。其次可繞過莊子之前一段關於「言說」理論的歷史考察，遂讀§1-5以下的部分。另外少數幾個地方，我加進較新的資料和討論，以便更清楚回答相關的質疑。過了這麼多年，本書的某些論點應是可以成立的，比如格量派經量論對語言的看法，便與一般印、藏系觀點大相逕庭，在立場上與本文所詮釋的莊子觀點較相近：並非對語言完全的不信任；語言在趨近眞理方面，仍有其正面功能……等。但相關問題並未完全解決或展開，希望有志有能者將來能更深入地探討。

　　在論文的寫作期間，得到親友的幫助，在此出版之際，應再紀念一回。父親是第一個讀者，總是反覆推敲我語焉不詳的文句，並不憚煩地改正冗贅的歐化語法；弟弟總在假日迢迢自臺北返回彰化，幫我分擔家務，並鍵入部分文稿；潘栢世先生對幾個疑難的提點，與振豐、東揚等人的多方論學；存

智寄來語言哲學的相關書籍；吳德清老師、何惠櫻小姐協助排版印刷事宜……。

　　最要感謝的自是林麗眞老師。他既寬容地任我自由發揮，又嚴謹地與我討論一切細節，從結構的安排、思理的表達，以至概念的釐清、文句的訂正，無不細心指點。最後要感謝林慶彰先生、杜潔祥先生與花木蘭出版社，願意出版本書。亦期待學界方家先進不吝斧正。

第一章　導　論
——「道言」之發現與「三言」之意義

§1-1　問題之緣起

　　莊子文章的瑰偉奇奧，向來為人視作散文的極變神品。〔註1〕因此，閱讀莊子，一方是很愉悅的經驗，一方是很無奈的揣摩。後者是就兩個面向而言。因於風格之神變，所以對莊子文章的意旨總是很難掌握，他的用字、構詞、造句、成篇，都和習見的文字大相逕庭，反覆閱讀其諸意符的交互指涉，仍難確定其歸趣，不知高遠誇示的理想：藐姑射之神人、無己之至人……，究竟是何境界？此其一；其二，或因於筆者才質不敏、理障深重，可以約略

〔註1〕今日我們所推崇的古代散文天才，都很難不數到莊子、司馬遷。但二人直到南齊劉勰的《文心雕龍》都還未受到重視。莊、馬並舉而出類拔萃，或要到唐代權德輿，至韓愈才盛推二人文章。其間莊、列的為人比論抑揚之跡，可參看錢鍾書《管錐篇》（二），頁467。

此後如金聖嘆列為六才子書之首。明代宣穎《南華經解》屢以「除是天仙，斷不能寄想到此。」（頁81）「文有仙氣」（頁315）「此蓋莊子仙才，便有此三樣用筆。」（頁479）清代亦以文學觀點並列莊屈，如宋旵《莊騷類編》，劉熙載《藝概》並論莊屈。姚永樸《文學研究法》〈著述〉篇則廣引諸家論莊子文章，如《援鶉堂筆記》：「莊子之文，如飛天仙人，絕世聰明語，不容第二人道得，列子較之便平。」（卷二，頁十一下）並論及莊子對後世作家如東坡、……的影響。

又聞一多《古典新義》〈莊子〉頁50～51：「讀莊子本分不出那是思想的美，那是文字的美。那思想與文字、外型與本質的極端協調，那種不可捉摸的渾圓機體，便是文章家的極致。……言情狀物要作到文辭與意義兼到，固然不易，純粹說理的文，做到那地步尤其難，幾乎不可能。」

領會一二之處，如庖丁之解牛，濠梁之魚樂，……也往往不知如何將其生命哲學實踐爲生活中的「道」。「其我獨芒，而人亦有不芒者乎？」錢賓四先生說：

> 余少知好此書，……遍搜古今注莊諸家，每獲一帙，必首尾循誦，往復不厭。然得於此者失於彼，明於前者而昧於後。欲求一通體朗暢，豁人心意者而難之。（《纂箋》序目，頁8）

此《纂箋》撰述之所由。是則莊子之難讀，大抵自古已然。如此難道毫無入路嗎？似乎又不是這樣。比如我們可以看到許多莊子注解、介紹莊子哲學思想的書籍，其中亦有論及莊子讀法，或莊子的工夫論。則應有許多前輩或由讀法得其旨意，或由工夫漸進其道，雖未有一家通體明澈，亦足爲後生之師。「操斧伐柯，取則不遠」，吾人亦可本一己之精誠，集眾人之慧識，凝神覃思而契悟於一旦。明末傅山於《莊子翼批注》曾批評郭象注：

> 于本文文法何如？
>
> 總是不知看文法。然解莊義而不知審莊文，難好。〔註2〕

若傅山說法如實，魏晉注莊、思想大家的郭象猶且如此，遑論後人？且進入思想家的義理豈有能不由文章的嗎？是則傅山如此說是別有用意了。正是莊子文法（猶言文章理路）較他家特出而不易琢磨，欲解莊義便應審莊文，偏廢則無功。什麼是莊子文法？事實上，莊子對自己文章獨特風格所以創立，早有說明，並以此提示契入他思想的道路。這一點前賢也已注意到了。如張默生在《莊子新釋》中說：

> 不過我以爲研究莊子，有最要緊的一件事，就是尋獲莊子的鑰匙。……莊子的大門是關著的，而且還鎖上了鎖。從遠處望去，只能見到雲煙樹影，和隱隱約約的幾座樓台，至於眞實的境地怎樣，那就不是站在門外的人所能想望而知的了。……莊子的鑰匙，就藏在雜篇的〈寓言〉篇和〈天下〉篇裏，是三個齒形的構造，一是寓言，一是重言，一是卮言。〔註3〕

張氏的比喻傳神而深切，若我們尋不到莊子的鑰匙，便無緣得見他「百官之

〔註2〕 見氏著《傅山全書》（二）〈莊子翼批注〉頁1067。第二則採用另一版本。山西人民本原作：「能解莊義而不知審莊文，難説。」文義不通，且與傅山一貫看法不合，應是誤植。

〔註3〕 見氏著《新釋》頁12，原文爲問答體，後半段檃括其意。

富，宗廟之美」。三言的重要可想而知。但三言果真這樣重要嗎？為什麼三言會成為進入莊子門戶的鑰匙呢？和一般的「言」有何不同嗎？不是每一個哲學家都使用語言嗎？那「三言」的特殊之處何在？而且莊子的語言使用與風格，雖然有異於其他哲人，但是了解他哲學思想的關鍵，也似乎不該落在語言的層面。且其文章理路不易看，是否我們也會在「鑰匙」上，也依舊如瞎子摸象一般呢？或者用錯鑰匙、開錯門，猶津津自得呢？反過來說，如果「三言」的運用與意義，超乎「鑰匙」這一比喻的承載，我們如何達到適切的理解？換言之，若喻為「鑰匙」，則「三言」只是開門的工具，並非園林風景自身，如筌蹄之當忘，所以張默生又說：

> 他的說卮言，說重言，說寓言，自己已承認不是莊重的話了；只因天下人都沈溺於污濁，不認識正面的真理，才不得已出此下策；其實他又何嘗願意繞著彎子說話呢？……如果有人以為莊子是喜歡用這"三種言"著書的，那還錯看了莊子；……〔註4〕

然而三言的「定位」只是如此嗎？筆者的體會則異於此。莊子實有兩層的「語言」觀，我們通常混而為一，而遺忽莊子對另一層次語言的提示。這種遺忽是因於什麼呢？另一層次的語言是什麼呢？如果真有不同層次的語言，則其「層次」如何定位？筆者在探索三言意義的初步過程，先發現莊子中「道言」意義的語言觀（其義詳導論）；既而了解「三言」即屬於「道言」。原以為前人所未曾言，且與歷來道家語言觀大相逕庭，故初亦未能深生自信：為何傳統注釋者都不曾留意及此呢？在反復思索莊子自己對「三言」的解釋，以及後來者對莊子「三言」的詮釋之後，發現這類訊息已有前賢以精簡的方式點出。近數十年，西方學者也已論及另一層次的語言，如海德格的「道言」（Sage）；〔註5〕中國從事海德格研究的學者，也因此重新注意道家的語言觀，如張祥龍；〔註6〕而不由比較之路亦發現莊子語言觀的特出處，有楊儒賓。〔註7〕而後更深信筆者在「道——言」關係、與三言定位的理解。這些中西思想家，雖然都已注意到莊子，或莊子的語言觀與「三言」，但尚未針對莊子「三言」

〔註4〕　同前引書，頁 13。

〔註5〕　見氏著《走向語言之途》頁 221：「語言之本質現身（das Wesende）乃是作為道示（Zeige）的道說（Sage）」。

〔註6〕　張氏著有《海德格爾思想與中國天道》，廣泛討論海德格的前後期思想，並與東方思想互相參照、比較。

〔註7〕　見楊儒賓〈卮言論：莊子論如何使用語言表達思想〉。

作全面討論。本論文的寫作動機，即爲闡明此發現，詮釋莊子三言的旨趣，以期開顯莊子研究的新領域與新風貌，並作爲融入體會莊子思想的一道路。

§1-2 莊子「言」與「三言」相關論著考察

在進入主題討論之前，我們先從最近對莊子「語言」的論文開始，檢視當代學者的研究成果，看他們注視的焦點與三言是否相應，以及他們所提供的成績、啓程和不足之處，而後方可跨出下一步。近年來，涉及莊子「言」的論著，都集中在所謂「語言哲學」的範圍，〔註8〕質與量也都頗見成績。如張亨先生〈先秦思想中兩種對語言的省察〉，〔註9〕林鎭國先生〈莊子的語言哲學及其表意方式〉，〔註10〕沈清松先生〈莊子的語言哲學初考〉，〔註11〕楊儒賓先生〈莊子的語言觀〉〔註12〕〈卮言論：莊子論如何使用語言表達思想〉〔註13〕、劉光先生〈莊子言與不言〉、瑪亞〈道家中的語言問題〉〔註14〕等。自林氏的論文之後，幾乎所有討論莊子「語言哲學」的論文，都將重點集中於三言，但又未必因於前人的提示，正見「三言」在討論莊子語言哲學的重要意義，已漸成研究者不約而同的共識。〔註15〕

這些文章都有其獨到的見解，但也未必盡如人意。如沈先生在〈初考〉

〔註8〕 所謂「語言哲學」，可視爲當代西方哲學的代名詞。參看呂格爾《哲學主要趨向》頁337：「如果我們企圖涉及一切表明過去五、六十年間哲學家對語言發生興趣的研究，就不得不涉及我們時代的幾乎全部哲學成果。因爲這種對語言的興趣，是今日哲學最主要特徵之一。」這本書於1978初版，則近「五、六十年」相當廿世紀初。但其中並不能歸到一共通的主軸。如海德格《走向語言之途》中譯本導讀，陳榮華說：「從海德格哲學的發展而言，《走向語言之途》代表了他的哲學目的之完成。」「在《走向語言之途》中，把語言說出關連到Ereignis時，就同時指出了存有的意義，這亦完成了他的哲學目的——詮釋存有的意義。」海德格的「語言哲學」和一般所謂的「語言哲學」在層次上是完全不同的。我們延用此名，泛指一切以「語言」爲對象的哲學思考。

〔註9〕 《思與言》8卷6期。

〔註10〕 《幼獅月刊》47卷5期。

〔註11〕 《國際中國哲學研討會論文集》。

〔註12〕 見《莊周風貌》。

〔註13〕 《漢學研究》第10卷，第2期。

〔註14〕 劉光〈莊子言與不言〉見《道家文化研究》第八期。瑪亞〈道家中的語言問題〉見《道家文化研究》第十期。

〔註15〕 此處所列各篇，是筆者以爲較具代表性的。此外討論三言的尚有：楊柳橋《莊子譯詁》，以三言的討論作爲其書的序言；亦有以寓言括三言而論的，如張利群《莊子美學》；以及稍後引到的魏德驥的短論。

一文，雖以原典和當代西方哲學往復對勘，環扣印證，分別詮釋三言的深層意義，如隱喻、象徵、解構；更以解讀範例結合三言的判準，和時間向度的說明，藉以展現莊子生命觀與存有論，但他此文開頭說：

> 莊子的語言，特針對惠施邏輯經驗論語言之困境而發，並為超越此
> 種困境，乃轉向寓言、重言、卮言之使用，藉以先驗地成立其生命
> 觀與存有論。

這和筆者所理解《莊子》相關語言的論述略有差異。因為不止在〈寓言〉篇和〈天下〉篇，並不存在這樣的說明，由莊子文章也很難證明是「『特』針對惠施邏輯經驗論語言之困境而發」。二人並世且為好友，莊子當然可能反省惠施的語言使用，但是為何惠施的困境，會成為莊子語言使用的唯一決定因素？莊子的語言使用，為何不可能是對多方哲學語言的反省而生？或在別種情境中誕生呢？或是莊子自發地使用？莊、惠的對比是沈文的立論基礎，若以上引文所言並不如實，則全文便難避免某些缺失。沈先生在重言、卮言的解說和範例解讀中，也稍簡略倉促，使人不能盡情聆其高見，甚是可惜。畢竟，沈先生的論文以「初考」為名，對他來說或許是初步的，在這領域也只是個開始；「初」或者是草圖，終究應該加以完整陳述。因此，如果我們加以續考、再考、深考，都已在他的預設之中。

　　楊先生則甚能把握三言使用的根由，是為「解決語言與道的矛盾關係所招致的困擾」。（頁 179）並以詮釋（批評）循環的完整實踐，就莊子語言觀和「整全之道」的關係──就傳統議題窮源探本；在細節的三言分殊與關係，並深入地闡釋了卮言的廣涵性，及詩的語言可能向度等，論述實甚全面，振葉尋根、體大思精。他雖提及三言是莊子「特別的策略」，卻未將三言與「詩性語言」合論其關係，則令人想再一探究竟；劉光才氣縱橫，感受銳敏，將莊子文章的勢變，以文學筆力激現莊子內在軌跡的特殊風貌，亦因文學性筆觸，對理論的解析還不夠全面。

　　此外還有一個未完成的提示，隱藏在魏德驥《拯救擬言──柏拉圖之《狄梅塢》篇研究》的註釋：

> 莊子〈寓言〉篇使用的語言，與言理有異曲同工之妙。異曲在於莊
> 子的語言在人事上談，而言理在物理上談。同工之處，在於卮言日
> 出，和以天倪，因以曼衍，所以窮年，美妙的傳達了擬言運作的情
> 形。卮為容酒之器（場域的意象），言語於之日出，猶如對偶變化不

止，倪爲小子、端倪，天倪爲天之始，和以天倪，猶如與天的原理
調和，而成擬言。因以曼衍，所以窮年，猶如擬言之中對偶相即相
合，内在時間，循環變化，而終時不止息。而物理的對偶如元素，
喻爲種子，也正以不同形相禪，始卒若環。擬言對卮言的巧合，的
確引人注意，值得另文討論。（頁 66～67）

三言似乎不是魏氏說「〈寓言〉篇使用的語言」，而是莊子所使用的語言；「三
言」的創用是貫通全書的，並非僅限於〈寓言〉篇；又其後卻只提了「卮
言……」，美妙的傳達了卮言的基本意趣，並以平行地位納入擬言的對比；而
「種子」與「物理元素」的類比，也開闊了我們的視域，這些固然凸顯了卮
言的重要，但棄其他二言於不顧，則「三言」作爲一整體，三者的分合關係
如何？在中國傳統中如何解釋？卮言意義爲何？皆尚待充分展示。也因爲如
此，對莊子的語言觀、「三言」的使用……等問題，歷來的討論，仍有其未完
成的部分。在開始三言的討論之前，我們先考察先秦對「言」的主張與態度，
作爲比較的參照點，以了解莊子提出三言的可能背景。

§1-3　從孔子「予欲無言」到老子的語言表達

回顧中國「語言觀」的傳統，必然憶起先秦哲人對語言的謹愼與克制，甚
至明白洞見語言的不足。在孔子以前，《易》、《詩》、《書》已有對「言」零星論
述，但多半是用在政治、倫理場合的警訓，主要是以對「言語」是非無準失據
的直接感觸、「言」與事並舉時的抑言察言、或導「言」從德等等爲主，都還是
素樸地記錄生命體驗，而非得自深刻的反省。在嚴格意義下，孔子乃最早對「言」
作深刻反省的哲人。〔註16〕本節我們考察《論語》和今本《老子》中所見與語
言相關的論題，並採用雙重方式，一是直接對語言所抒顯而易見之談論；二是
討論其語言表達之自身風格或樣式。首先，在《論語》中屢見：

子曰：巧言令色，鮮矣仁。（〈學而〉）

子曰：剛毅木訥，近仁。（〈子路〉）

子曰：君子欲訥於言而敏於行。（〈里仁〉）

子曰：有德者必有言，有言者不必有德。（〈憲問〉）

〔註16〕這當然牽涉到孔子、老子兩人究竟孰先孰後的問題。筆者贊同徐復觀先生、
　　　　勞思光先生等人的論斷。

子曰：予欲無言。……天何言哉！四時行焉，百物生焉，天何言哉！
（〈陽貨〉）

在孔子的教學裡，「言」常常是和「仁」、「行」、「德」並舉，而且往往是較負面的意義。長於將言詞說得很動聽的「巧言」之人，很少內心有仁德的；當有人批評（或可惜）「雍也仁而不佞」時，他剛正地說：「禦人以口給，屢憎於人，焉用佞？」（〈公冶長〉§4）是則孔子以為口才之便給，只是不顧是非的攻擊或防禦，徒然造成人與人之間的不和諧，並非人之為人的重要價值；孔子在人格修養方面更看重「行」，將所知篤實踐履，對宰我則深責之：

始吾於人也，聽其言而信其行，今吾於人也，聽其言而觀其行，於予與改是。（〈公冶長〉）

正因為相較於言語的漂浮、輕率、容易，「行」更切實，更敬謹，更難能。因此，「行」是真正在人自覺「為己」的意識時，才可能表現；而「言」之輕率巧飾都不免於徇外「為人」，「佞」之風采反而是離於生命自身的。相較於「言」的自我吹噓、自我表現、自我炫耀，「行」毋寧是默默地，自我隱晦，不求人知的。只是隱晦並非自我放棄，反而更收斂凝聚於德。因此孔子晚年會感慨地說：「予欲無言」，正因為「吾無行而不予二三子者」，而崇高偉大如「天」，也只是默默運行、生育一切，又何嘗站出來替自己講一句話？要領略天地之美、人格之善，只要回到「行」的觀察、體會與切實去做，「言」竟是可以拋棄的啊！

孔子除了對「言」否定之外，是否還有其他的看法？有的。就流傳的典籍、外交辭令等，孔子則表現出極度的尊重與謹慎。只是這些我們今日視為與「言」同一範圍的事，在孔子則以「文」和「辭」稱之。

子曰：興於詩，立於禮，成於樂。（〈泰伯〉）

子曰：辭，達而已矣。（〈憲問〉）

子曰：為命，裨諶草創之，世叔討論之，行人子羽修飾之，東里子產潤色之。（〈憲問〉）

仲尼曰：「志有之：『言以足志，文以足言。』不言，誰知其志。言之無文，行而不遠。晉為伯，鄭入陳，非文辭不為功，慎辭也。」
（《左傳》襄公二十五年）〔註17〕

「文」作為孔子教學的核心，當其總括地指稱時，是包涵詩、禮、樂三者。

〔註17〕楊伯峻《春秋左傳注》頁 1106。

詩正是以語言紀錄下來的。固然說「不學《詩》，無以言」，但詩對人最大的意義乃在興發志意，陶養性情：「《詩》可以興，可以觀，可以群，可以怨。邇之事父，遠之事君，多識於草木鳥獸之名。」(〈陽貨〉) 另一方面，孔門四科有言語科，特指在政治、外交上長於辭命應對的才能，並由孔子稱許子產等人在外交辭命的鄭重，也可看出需要「言」的場合，仍該有優秀的人才與適宜的表現。因此，一方雖重行而輕言，反對言的花俏；一方又在「言」用以達志時，欣然見其有好的文飾以充分表意。至於「辭達而已」和「言之無文，行而不遠」的表面衝突，蘇東坡已有很好的解釋：

> 孔子曰：言之不文，行而不遠。又曰：辭達而已矣。夫言止於達意，即疑若不文，是大不然。求物之妙，如繫風捕影，能使是物了然於心者，蓋千萬人而不一遇也，而況能使了然於口與手者乎。是之謂辭達。辭至於能達，則文不可勝用矣。(〈與謝師民推官書〉)
> 〔註18〕

這當然是文事大盛以後的觀點，但亦可見文學即使只求其「如實表達」，便是難能之傑作，非易易之事而已。

由此我們可以簡單歸結孔子對「言」的兩個觀點。〔註19〕就「言」之對比於「行」、「仁」、「德」而言，「言」是負面的意思。行、仁等概念所指的，是在「默默」中展開的踐履所知所學，而成就己德之意；言則離於己德之專修，而有所慕於外，是個體生命之萎其自身，卻另求滋榮於外。就「言」之發為音聲而成言教，則重其可「終身行之」、「聞義能徙」、「立見參前，行見倚衡」；形於文字，如《詩》三百，則可以作為成德之教之始基；就「言」之表現於實用，則求其在政治上能完成各項使命。這兩者，正是基於求「言」與「行」能達於一致，而不使相外、偏重、互凌；或求「言」之能指導於「行」，如《詩》；或求言之能使人與人、國與國和諧，如言語、外交辭令之得其適切的運用。

〔註18〕《蘇軾文集》冊（四），頁 1418。即俗稱〈答謝師民書〉一文。

〔註19〕在《易》、《詩》、《書》，我們皆著重討論其中對「言」的觀點與態度，關於孔子亦不例外。或有人質疑《論語》中「言」字是否可以簡單二分，其答案自顯而易見：否，《論語》另有中性意義的「言」。較重要的一則與「正名」思想相關，歷來皆以為吾族論「名」之始，故於下節與「名家」一併討論。而討論哲人對「語言」的見解，並不能只限於「言」字，亦由此可見，此於論老子時會更明朗。

　　另一方面，在《論語》中，孔子的言說方式，或其與弟子間之問答方式，也是我們要注意的。這些並不以明白直接的論述出現，但卻眞實地隱藏於《論語》文本之中。主要有三個層面：（一）如〈學而〉§1：子曰「學而時習之，不亦說乎？有朋自遠方來，不亦樂乎？人不知而不慍，不亦君子乎？」爲何以問句形式出現？在這種問句中，對所有受話者而言，不是皆應反身體察此語之眞實性？故其語之眞假並不由語句直接傳達，而需聽者重新確認，這豈不暗示說話者並不專斷地將己說作爲絕對眞理而表述？同時在這種說話關係中，說者的態度豈不有一種溫婉而帶啓發性的意味？（二）另一方面，孔子與弟子在對話中，除少數幾則之外，多半在一兩句之間便結束了，論者常以爲這是中國人或孔門弟子之慣於接受權威，不善思辯，不敢挑戰師尊……等有關，實則孔門所重，本不在思辯上之銳利，而在行爲中之體認，則師言之是非，必在自己行習中檢驗，而非與師在語言上爭鋒。何況子路不是常與孔子對辯而率無善果？則對辯在孔門中固亦有之，終究非孔門所重。因爲語言的價值本不在其自身，而是使學生能回到自身之生命的重要指引。亦如同一問「仁」，則好辯者自可隨意舉出孔子所答「愛人」之外的幾百種說法加以詰難，但這種論辯，其實既不能加強對「仁」的了解，也與弟子自身對愛人的眞正實踐與體驗完全無關。（三）最重要的是，我們看到不同弟子問仁，甚至同一弟子問仁，因紀錄的簡約，我們無法斷定是否全屬同一問題，但其間必有相近之處。但孔子的回答並不一致，論者以爲這是因材施教之故。這因材施教在「說法」上固然容易，在「實踐」上卻非得一教師對每一學生的可能與限制、性格與才幹都有一清楚地了解不可。故這類型問答，正顯示孔子既能植根於學生的現況，又能導引其入於理想。所以這種細緻的教學操作，與孔子的權威毫無關聯，反而正見其人對他人生命的穿透力或滲透力，以及對每一個體就其爲獨特個體而尊重地對待。

　　其次我們也同樣以這兩層面看看《老子》之論言與用言。

> 道，可道，非常道。名，可名，非常名。無名，天地之始，有名，
> 萬物之母。……（1）

這章有一較通行的解釋，如王淮《老子探義》：「此言凡可論謂之眞理，皆非絕對，亦非究竟之眞理，凡可稱謂之概念，皆非絕對，亦非究竟之概念。」（頁2-3）嚴格說，王氏的解釋並不符老子文意。因爲老子並未說「道」「不可」道；而且「概念」若無「稱謂」，似乎已「無」概念，則「不可稱謂之究竟概念」

應是如何？並無法推想。反而依「無名，天地之始，有名，萬物之母」二句，我們至少肯定是從「可道」之意來；換言之，「道」涵攝兩個部分：可道與常道。常道之「無」與「無名」，是我們以「可道」的方式加以說明，「可道」式的說明雖非「道」的自身，但既不是「非道」，也不是離道獨立、與道無關，也不是對道一無說明。亦即：「言」縱使「非即」道，但並不因此便可斷定：「言」「即非」道。兩句意義並不相同，後句並無法由前句直接推論而得。因此，首句不應解成簡易的二分法。〔註20〕所以老子又說：

> ……吾不知其名，字之曰道，強爲之名曰大，大曰逝，逝曰遠，遠曰反。（25）

是說我們無法對此「混成之物」形成「知識」或明確概念：名，亦即「道」並非客觀對象，可爲人我共知共見，因此先用一個符號代表：「字」之曰「道」。對「道」，則可以就實踐者的主觀體認加以描述：如大、逝、……等。歷來對首章的誤解，都源於對「道」過分崇拜神化所致。老子所謂「道」，當其代表「道體」時，固然除了指稱符號之外，任何言語、知識都與之不能完全相應；但亦有作爲指示「人」實踐之道，則必有「可道」以爲工夫之指引，以及由其工夫所體會於道者。〔註21〕而且即使「道體」「無名」，則「無名」消極地指出限界，亦是一「可道」。基於「無名」，故在「用言指點『道』」的層面，老子則有一些表達方式，善巧地超越「言」的限制，首先如上文所說「大、逝、……」的方式；〔註22〕其次又如遮詮：

> 視之不見名曰夷，聽之不聞名曰希，摶之不得名曰微，此三者不可致詰，故混而爲一。其上不皦，其下不昧，繩繩不可名，復歸於無物。是謂無狀之狀，無物之象，是謂惚恍。迎之不見其首，隨之不

〔註20〕比如席長安在《老子內外雙解》中的解釋：「錯綜複雜的道理可有條理有系統地表達；對於內在經驗或概念，也可以選用一個詞來表達。只是這樣主觀上選用的名詞和表達方式，當然不是唯一和不變的。」頁1～2，席氏說法和常解大異，未必是「唯一正解」，卻是一個對《老子》第一章句法閱讀的絕佳範例。

〔註21〕關於老子「道」的意涵，請參看唐君毅《導論篇》頁348～398，〈老子言道六義〉上下。「有通貫異理之用之道；形上道體；道相之道；同德之道；修德之道及其他生活之道；爲事物及人格心境之道。」

〔註22〕這種對「道」的描述方式，王弼注解釋爲「稱」。相關說明參看蔡振豐〈道家「道」的言說可能〉。「稱」異於「名」。「稱」出自主觀體驗，別於「名」之客觀指涉與共有性質。其次，客觀定名，爲免混淆，多爲單指；而「稱」的使用，依角度、情境之不同，可有多方稱呼，故常配合「遮補說明」，如「大曰逝，逝曰遠，遠曰反」。

見其後。……（14）

道既不可指實爲任一事物，除指稱符號外，再無知識共相可行之地。因此便用否定詞來區別「道」與一般可知事物。不能直說其「所是」，乃權宜指出其「既非此亦非彼」。第三類，是以具體事物指點於道：

　　上善若水。水善利萬物而不爭，處眾人之所惡，故幾於道。（8）

　　谷神不死，是謂玄牝。玄牝之門，是謂天地根。（6）

　　道常無名，樸。……譬道之在天下，猶川谷之於江海。（32）

　　大道氾兮，其可左右。……（34）

　　……天地之間，其猶橐籥乎？虛而不屈，動而愈出。（5）

這些指點，與區別道和一般事物的意義並不相衝突。因爲此處所舉，都是藉由事物的「性狀」象徵於道，並非說具體「事物」即是道。這些性狀的象徵意味，頗像前面所說的「稱」，但又不同。因爲「稱」並沒有具體事物與之對應，是以觀念語言作主觀體認的描述。其次，又有一種類似綜合「稱」與象徵的指稱法，筆者稱之爲「狀詞」：

　　古之善爲道者，微妙玄通，深不可識。夫唯不可識，故強爲之容：

　　豫兮若冬涉川，猶兮若畏四鄰，儼兮其若客，渙兮其若凌釋，敦兮

　　其若樸，曠兮其若谷，混兮其若海，飂兮若無止。（15）〔註23〕

其中的「渙」、「曠」、「混」、「飂」等字的本義，都是自然現象的形容詞，而老子用於形容體道之人內在之「德」。這些語詞也是用以對非知識對象的權宜描寫，共同特徵是意義模糊矓曨。就其意義對象不可確指處，與「稱」相近；就其原指風與水的某些現象，與具體物作爲象徵的功能相近。

　　最後一種，除上述的語言使用之外，進而以表述方式指點「道」涵容、無限的性質，這性質無法以單純的描述說出，因此形成特殊的風貌。這是老子語言在表象上最迷人的特徵，即他自己宣稱的「正言若反」。筆者所理解的「正言若反」，是指：所陳述乃如實之理（正言），但表達出來彷彿不合情實、事理、甚或互相矛盾（若反）。如：

　　曲則全，枉則直，窪則盈，敝則新，少則得，多則惑。……夫唯不

　　爭，故天下莫能與之爭。（22）

　　道常無爲而無不爲。（37）

────────────────

〔註23〕此用陳鼓應《老子註譯及評介》校文，頁117。

上德不德，是以有德；下德不失德，是以無德。（38）

故建言有之：明道若昧，進道若退，夷道若纇，上德若谷，大白若辱，廣德若不足，建德若偷，質真若渝，大方無隅，大器晚成，大音希聲，大象無形，道隱無名。（41）

大成若缺，其用不弊。大盈若沖，其用不窮。大直若屈。大巧若拙。大辯若訥。（45）

如「曲則全」一句，個人的理解是「部分可表現整體，有限可彰顯無限」，此話貌似狂亂不知所云，但中國思想和藝術傳統皆可找到例證。〔註24〕錢鍾書解釋這類語句說：「夫正言若反者，乃老子立言之方，五千言中觸處彌望，即修詞所謂"翻案語"（paradox）與"冤親詞"（oxymoron），固神秘家言之句勢語式耳。」〔註25〕這種句勢語式，本可有許多形式，他又約之爲三：

有兩言於此，世人皆以爲其意相同相合，如"音"之與"聲"或形之與象；翻案語中則同者異而合者背矣，故四一章云："大音希聲，大象無形"。又有兩言於此，世人皆以爲其意相違相反，如"成"之與"缺"或"直"之與"屈"；翻案語中則違者諧而反者合矣，故四五章云："大成若缺，大直若屈"復有兩言於此，一正一負，世人皆以爲相仇相克，例如"上"與"不"，冤親詞乃和解而無間焉。故三八章云："上德不德"。

這種看似矛盾的「語言悖論作用」，一般哲學家都以爲「只要我們談到整體性或全體事物就會發生悖論。……全世界的神秘主義者都用悖論的語言傳達其有關實在的意義。而悖論則表示了非實在性，因爲違反了矛盾律。」〔註26〕但是日本哲學家今道友信的解釋，則可作爲老子以「正言若反」的方式表達

〔註24〕如〈中庸〉「其次致曲」，錢賓四先生即以「有限的存有者」（人）釋「曲」。另「曲則全」在思想表達和藝術作品表現，可參見方東美《原始儒家道家哲學》頁213～216：「要瞭解大道的全體，但是全體是無窮的，所以不能夠一次把秘密說盡，總是轉彎抹角。所以老子就拿『曲』字表示：轉彎抹角地在那裡窺盡它的秘密。……因此當你轉彎抹角地說明大道的秘密時，所得到的都是一套互相矛盾的說辭，……」又「中國畫家的畫法其實就是實行老子裡面的一句話，那就是『曲則全』。」

〔註25〕見氏著《管錐篇》（二）頁463～465。

〔註26〕見呂格爾主編《哲學主要趨向》頁388～389，以上所引有簡化原文之處。另「實在」一詞，原譯爲「現實」，完全不可解，據查英文版原作「reality」，應是誤譯。故逕改之。（見《Main Trends In Philosophy》p.272）

「道」的理由：

> 如果從語言上來把握和表述整體性，那就只能通過悖論的形式。尋求
> 精確定義只給予我們有關確定存在物的知識，即德國人所謂存有者
> （Seiende）的知識。但若打算尋求存有（Sein）的知識──最終即形
> 上學──那麼精確定義，語法的或邏輯的思想等就是一條錯誤的道
> 路。康德看到，二律背反是運用知性而超出知性限度的結果。換言之，
> 一旦進入形上學，矛盾的語句似乎也同樣為理性所支持了。〔註27〕

總上共有五類言語表達：稱、遮詮、象徵、狀詞、正言若反，是老子以有限
的「語言」指示無限的「道」的方式。五種表法中，並非全屬同一層次。第
二、三、四類，是我們就《老子》成書的外觀，加以歸納而得。至於第一類
的「強為之名」（王弼注之「稱」），和第五類的「正言若反」，是老子自己提
出的；換言之，是老子自己的後設說明。可見老子已對「符號本身」不同性
質的反省、分析（區別字、名）；也對符號的「應用」方式作自覺地反省（正
言若反）。這些對「語言」的反省，又比孔子的反省更進一步。即使《老子》
一書果真「成書」甚晚，其思想，和某些早已流傳的片段，應已為莊子所熟
知了。〔註28〕

　　窈冥昏默的「道」，乃老子最先提出，而其內涵杳然深遠，不可由官知而
得。因此他先非常善巧地界定「道」的「無名」，之後以五種表法來超越語言
的限制，仍對「道」有所指點。此外，對「言」的負面作用，他也和孔子一
樣，直指「言」常背離真實：

> 希言自然。（23）〔註29〕
>
> 知者不言，言者不知。（56）
>
> 信言不美，美言不信。（81）

〔註27〕 同前註書。又 Sein（Being）大陸都譯為「存在」，此依本地慣例，逕改譯為
　　　　「存有」。

〔註28〕 關於老、莊先後的問題，應區分為：二人歷史的先後，和著書成書的先後。
　　　　至於其他枝節問題可先置勿論（如老聃與太史儋、老子與老聃、……）。以《莊
　　　　子》一書來看，「老聃」、「老子」定然在莊子之前，此由內七篇和〈天下〉篇
　　　　可證。如此，不論其成書誰先誰後，莊子都必然要面對老子之學。

〔註29〕 此節蔣錫昌《老子校詁》：「……希言者，少聲教法令之治。……」陳鼓應
　　　　從之。並見註20引書，頁157。但此章其實更是老子的重要形上學，不只
　　　　是政治理論而已，見潘柏世〈由帛書老子與王弼老子注之互校‧略論老子
　　　　哲學〉。

所謂智慧，並非在表露、宣傳中自顯，而是在默中自成；自成乃有在己之真實，若對所發之「言」，心存修飾美化的意念，內在已不誠不實。不誠不實之所影響，正是老子所深畏的「爲」和「僞」。

　　孔子、老子是兩位生在莊子之先，又常出現在莊子書中的哲人，他們已注意到「言／默」的分野，對「言說」世界的功能、意義，以及「言」背離人的真實生命，使人外馳而失去生命的中心，都有深刻的體會。就「言」對生命自覺的啓發、以及人類精神的開展而言，孔子則試圖由《詩》的興發志意，爲德性修養的起點；老子則由五類超越語言限制的表達方式，指點於「道」，也希望人能於「道」有所領略，而不至固執現象世界的形器，以爲天地之大美盡在此。除了孔子和老子，與莊子並世的學術，已有墨家後學與辯者出現，特重定義、思考方法與辯論，莊子亦必對他們的語言觀有所反省，因此我們應再看看惠施和辯者，如何看待、使用語言，以及莊子如何回應。

§1-4　惠施與「辯者」的語言觀

　　中國古代討論語言問題，除上舉「言」字，另有「名」字，此因「言」乃由「名」集結而成。唐君毅先生說：「周秦諸子對名之有種種特殊思想，蓋始於孔子的正名。」〔註 30〕唯孔子之正名與我們熟知的「名家」理論極不相同。孔子正名之「名」初指「名位」，乃指倫理關係中的位置，「人有其名位，而有其當有之德，與在主觀情意行爲上分所當爲之事，是爲名分。故孔子之正名之教，亦可說爲正名位、正名分之教。」〔註 31〕正名位名分，乃欲人實有稱「名」之德行、才能、實事，此與孔子辨言、行之相離，及重德行之默默自成之教，正是一貫，絕無維護統治者「名號」之意。而「名不正則言不順」，可解爲「其身不正，雖令不從」，即以「言」爲「政令」之義；〔註 32〕然若欲對應下文「故君子名之必可言也，言之必可行也。君子於其言，無所苟而已矣。」求「言」字義之一致，則可簡釋爲「說話」，〔註 33〕引申爲主張。

〔註 30〕孔子「正名」之說見《論語》〈子路〉§3。上引文見唐氏著《中國哲學原論・原道篇》（二）頁 6。亦有持異見者，以爲孔子正名之用心，與名家論「名」之意趣乃大不相同。然吾人仍可依唐先生之說，視其皆爲環繞「名」之思想。

〔註 31〕同前註書，頁 7。

〔註 32〕此處「言」解爲「政令」，可參看徐復觀《公孫龍子講疏》頁 5。以及本章註29。

〔註 33〕錢賓四先生《論語新解》即只用尋常義，未特加訓解。見頁 453～456。

君子不苟於言，乃由其確立倫理之位分，而後其慮事決行能有通盤之照應，故其主張亦得允正，不致曲說事理，而一意孤行或任欲爲導。不過這還是和「語言」主題相關的「名言」相去甚遠，不若「名家」之直就名言而論。

　　不過，實際上先秦並無「名家」之名，當時以「名言」爲討論重心的思想家，或亦可依莊子書稱爲「辯者」。〔註34〕依伍非百先生之說，先秦名家共有三派：形名、名理、名辯。〔註35〕此說固較馮友蘭的二派爲細，但其解說已自相牴觸，故暫不探。〔註36〕我們仍從馮氏之說，主要討論惠施和公孫龍。〔註37〕惠子可視爲與墨家關係甚切的獨創思想家。〔註38〕公孫龍亦非純是遊戲唇舌而已。二人皆有其人群關懷。〔註39〕但爲何二人將其關懷發爲「言說」時，卻不爲莊子認同，〔註40〕其間關鍵何在呢？

　　惠施書今不存，學說散見於《莊子》、《荀子》、《韓非子》等。莊子因與其交遊且爲契友，故其書保存惠施之說最豐富。其中又以〈天下〉篇最後一

〔註34〕　「名家」首見於司馬談〈論六家要指〉，但無法確定究竟包含那些人，故思想趨向亦不明朗。《漢書·藝文志》雖有「名七家三十六篇」之說，但如惠子所論，實不專於名而已；且自孔子之後，幾乎各家皆有對「名」的討論。故暫置「名家」而改稱「辯者」，此說可參看馮友蘭《中國哲學史》頁239，以及徐復觀《公孫龍子講疏》頁8。不過在引用前人說法時偶亦順其「名家」之原稱。

〔註35〕　見氏著《先秦名學七書》頁5～7。

〔註36〕　馮氏二派爲：惠子合同異，公孫龍離堅白。見氏著《中國哲學史》頁267～269。伍氏在「名理派」所舉的命題多出於惠子、公孫龍，卻又將二人歸爲「名辯派」，如此則不知三派分界究竟何在。見氏著《先秦名學七書》，頁5～7。

〔註37〕　二人皆與莊子並世，惠子且爲莊子契友。然莊子是否回應公孫龍的理論，則說者不一。如錢穆先生即認爲〈齊物論〉「以指喻指之非指」一段，不是對公孫龍而發。（見氏著《先秦諸子繫年》及《纂箋》。）然錢先生既說莊子卒時，公孫龍正當壯年，則也可能公孫龍早發其說，而莊子有所對應。〈齊物論〉此節文字，或亦只沿用其詞，未必就其理論而設。

〔註38〕　惠施與墨家的關係可參看唐君毅《中國哲學原論·原道篇》（二）頁17～25「惠施之辯與其歸趣」；以及錢賓四先生《中國學術思想史論叢》（二）頁474～488及《墨子》。馮友蘭則辨惠子與墨家相違，其說極有見地。見氏著《中國哲學史》頁243～244。楊俊光亦以爲「氾愛萬物」非自「兼愛」出，故與墨家無關，見氏著《惠學鉤指》及《惠施公孫龍評傳》。但依唐、錢二先生和牟宗三先生《名家與荀子》的理解，惠施之學非純是語言哲學，實有其對人群的關懷，故雖不必盡歸墨家，要可視爲與墨家關係甚切的獨創思想家。

〔註39〕　公孫龍歷來只以言辯之徒視之，但若依莊子〈秋水〉篇（雖只是寓言），公孫龍固自言：「少學先王之道，長而明仁義之行」；唐君毅先生也說，公孫龍乃自認承接孔子正名思想；依徐復觀先生說，則其「故獨而正」的思想，重視個人的獨立存在，乃近於楊朱者。

〔註40〕　參看《莊子》〈天地〉〈秋水〉〈天下〉諸篇談及公孫龍等處。

段保存的零星資料最完整：

> 惠施多方，其書五車，其道舛駁，其言也不中。歷物之意曰：至大
> 無外，謂之大一。至小無內，謂之小一。無厚不可積也，其大千里。
> 天與地卑，山與澤平。日方中方睨，物方生方死。大同而與小同異，
> 此之謂小同異。萬物畢同畢異，此之謂大同異。南方無窮而有窮，
> 今日適越而昔來。連環可解也。我知天下之中央，燕之北，越之南
> 是也。氾愛萬物，天地一體也。惠施以此為大，觀於天下，以曉辯
> 者。天下之辯者相與樂之。……辯者以此與惠施相應，終身無窮。
> 桓團公孫龍辯者之徒，飾人之心，易人之意，能勝人之口，不能服
> 人之心，辯者之囿也。惠施日以其知與人之辯，特與天下之辯者為
> 怪。此其柢也。然惠施之口談，自以為最賢。曰：天地其壯乎！施
> 存雄而無術。……

以這段為例對惠子也許不大公平，因為只能透過莊子之眼來觀看。不過雖不
能得惠學之實，卻可較精確得莊評之意。

由這段看莊惠異同，前賢詮釋已有可採的共識。如馮友蘭說：

> 惠施之十事，……處處從「至大無外」之觀點，指出普通事物之為
> 有限的，相對的。與莊子齊物論，秋水等篇中所說，極相近矣。然
> 莊子齊物論甫言「天地與我並生，萬物與我為一」；下文即又言「既
> 已為一矣，且得有言乎？」此一轉語，乃莊子與惠施所以不同之處。
> 蓋惠施只以知識證明「萬物畢同畢異」，「天地一體」之說，而未嘗
> 言若何可以使吾人實際經驗「天地一體」之境界。（《中國哲學史》
> 頁 251～252）

牟宗三先生也說：

> 但不管現實上有無無外之至大，惠施總可給「至大」以邏輯的定義。
> 此種定義所定者乃「至大」之模型，此為名理之談。……莊子承此
> 至大至小之討論，撇開名理上之形式定義，而自具體真實之境上，
> 即道之境界上，超越此大小，而至不可言說、不可思議之渾一。（《名
> 家與荀子》頁 7～8）

由此約略可證：名理與玄理地「言說」，乃絕大之相異處，即使二人學說表面
看極相近，甚至可說「莊子與惠子之嚮往，實未嘗不同。」〔註 41〕這樣更透

〔註 41〕此為唐君毅先生語。見氏著《原道篇》（二）頁 18。

出在「問題之緣起」所提質疑的緊張度：哲人皆用言，莊子何以自樹異？莊、惠語言表相甚近，卻又有實質之懸絕，莊子玄理之談，究竟如何異於惠施的語言困境呢？此應由莊子最末的批評歸結其意：

> 弱於德，強於物，其塗隩矣。由天地之道，觀惠施之能，其猶一蚊一虻之勞者也。其於物也何庸。夫充一尚可曰愈，貴道幾矣。惠施不能以此自寧，散於萬物而不厭，卒以善辯爲名。惜乎，惠施之才，駘蕩而不得。逐萬物而不反。是窮響以聲，形與影競走也。悲夫！

「弱於德，強於物」一語是關鍵。「弱」指出其餒歉，非謂其無心；「強」指出其善長，非謂其只專注於此。弱於德，是於人內在生命的體驗甚不足；物字義廣，「強於物」是對外於人者用力過勤——故逐萬物、以善辯爲名。故惠子非無道，然其道「舛駁」；非無方，然「其塗隩矣」。惠施雖亦欲變化一世之人心，方以智道惠施學術之歸趣說：「禪家只欲塞斷人識想，公孫龍翻名實以破人，惠施不執此也，正欲窮大理耳。」〔註 42〕然因取徑之非，卻成「其於物也何庸（功）」？正因惠子學與莊子貌似，莊子卻不止批評「其言也不中」，更兼評「其道舛駁」，若非嫉賢相輕，必有因由。而我們也正可由惠施「道」（生命路向、思想）和「言」（表法）的聯結，見莊子批評之所據。惠施乃試圖由觀念的重新理解、約定，改變吾人經驗之塑造，重啓觀看世界之道，將經驗中雜多散漫分立的印象，以觀念統攝會通。而此雜多所以分立不融之根源，又在物之「實」一一各別，人所安立之「名」亦一一各別。後天之薰習塑成吾人誤認一名指一實，名名實實皆相別。今欲破此誤認所致不能「汎愛一體」之局，而會通諸實，則似當由「名」之重審，辯破名言之差別，以反塑吾人之印象。故惠施歷物十事，多是觀念改造之工程，透過語義之新規定，呈現宇宙新內涵，其語句「謂之」、「此之謂」的形式，殆出自這樣的思路。然而此舉正莊子所評「弱於德，強於物」，及前引牟宗三先生所說：「不管現實上有無無外之至大，惠施總可給『至大』以邏輯的定義。」換言之，略去體驗之「眞實」，而欲純由觀念進行轉化，其語言只能是「名、義」的集結，而不易成爲心境的表述。如此欲破名以建實，反因「實」之只能意想，不能親證，轉成懸談虛設而無功！此蓋莊子所深惜深悲惠施之才學的緣故吧。我們接著討論公孫龍在莊子中的形象與學術，再作一總結。

公孫龍之見於莊子書，雖不若惠施之頻繁，但其人其說散見於內、外、

〔註 42〕《藥地炮莊》頁 873。

雜篇也有五處之多。首先即是〈齊物論〉：「以指喻之指之非指」一段，此段我們不擬詳論，因不易確定和公孫龍相關涉的成分。唯段中莊子提出的意向非常重要：「為是不用而寓諸庸」，此則可以是針對辯者而發。辯者近乎「為是」的態度，而莊子乃籲其不若「寓諸庸」，肯認日常生活的價值，而不在觀念和名理定出確然不可融通的分別：「舉莛與楹、厲與西施」，亦猶堅白之析離。這一意向的差別，可助吾人了解〈胠篋〉〈天地〉〈秋水〉〈天下〉諸篇對公孫龍的批評。其中又以〈天地〉篇所言最扼要：

> 夫子問於老聃曰：有人治道若相放，可不可，然不然。辯者有言曰：「離堅白，若縣寓」，若是則可謂聖人乎？老聃曰：是胥易技係，勞形怵心者也。執留之狗成思。蝯狙之便自山林來。丘，予告若，而所不能聞與而所不能言。凡有首有趾，無心無耳者眾，有形者與無形無狀而皆存者盡無。其動，止也；其死，生也；其廢，起也；此又非其所以也。忘乎物，忘乎天，其名為忘己。忘己之人，是之謂入於天。

「夫子」依陸德明《釋文》是指孔子。孔子問話中的「治道」，雖若分二主題，但實皆可歸於公孫龍的主張。〔註43〕莊子借老聃之口先予以斷語：「是胥易技係，勞形怵心者也。」於身心整體全無益處，只是眩惑心知，勞拘形體而已。〔註44〕「有首有趾」一句，「心耳」之喻可參照〈人間世〉，指多數人唯具人之形，卻無緣領略宇宙實相；進而能體證「有／無」一體者，殆無其人。此一體之動即止、其消散即生息、⋯⋯，此吾人觀念之相牴、現象之絕異者，在一體中乃無二無別者。「其動，止也；其死，生也；其廢，起也」云云，迥異於公孫龍之「以名定實」：

> 公孫龍則要在剋就世間之名言，有其分別，以言其應各有所定指之實，而不使名與名相亂，方為正名之事，得合孔子言正名以成治之旨。⋯⋯公孫龍重散同以觀異，于異名皆謂其所表所指者恒有異實。
> 〔註45〕

莊子此處語言使用，表面亦似詭論，但其意向在會通，非離析為是之意態；

〔註43〕內容和〈秋水〉公孫龍自述其學極相近。

〔註44〕釋義可參看王叔岷先生《校詮》（上）頁285～286，438。

〔註45〕見唐君毅先生《原道篇》卷（二）頁26～27。由此亦徵公孫龍之說，可視為自孔子正名之教轉出。因正名意在確立倫理關係，使具名位者自修其德、自盡其分；公孫龍之名實論，亦欲由釐定名之彼此關係，使名名不相亂，得各有其實，人亦得以不致因名紊實紛而無所適從，其意或亦在安人。

此會通與惠施一體之說相近，而又不同，此自上下文讀之自可明白：玄理地表境，和名理地定義之不同。

公孫龍之說，固有其更深遠之用心，與不移之理據，然莊子所重，乃在「忘乎物、忘乎天、忘己之人」，透過「忘」的超越工夫，領略差別又泯入渾然之一體。後半段，莊子之意俱在玄德之修養，以達到體證之真實，而且是形上之真實：「是之謂入於天」。此超越之工夫及體證之真實，乃超乎辯者之理解：「而所不能聞，而所不能言」，〔註46〕因為不復限於官知、名言與思慮。

因此，由莊子的觀點，名言與談辯之「義」，仍只是「物」，出自人之口而非屬於人，雖根於人之心智亦非純是「心」，何以見得呢？〈徐無鬼〉篇說：

> 知士無思慮之變則不樂。辯士無談說之序則不樂。察士無凌誶之事則不樂。皆囿於物者也。

哲人皆知可藉言說以明其學，但卻或有因此而誤入迷途，以為「言說足以盡其學」者。故重言說而略德養，好勝人口而不知默化人心。反使「語言」的部分活動（慮、談、辯）孤舉，暗成學術之宗主而不自覺。最可注意的是，莊子將辯者的意向作一總評：「皆囿於物也」。此「物」字之義劣，或指局於外事，略於人之自身；或指「言辯」只與既成之物相似，乃一絕遠於「人」者，則莊子固不視己言為「物」。其詭論似公孫龍，其意態嚮往似惠施，而其語言觀與語言使用，又與二人絕不同，別有超知超言之境。

那麼莊子語言觀的內涵如何？如何在語言之使用，別立基礎、另闢蹊徑呢？他和孔子、老子有什麼相應之處？一如老子對「道」的描繪，因其所證的智慧、所感受的問題，都和孔子不同，故有一番進展。那莊子是否也有所進展？對應於辯者，不使語言只是表「名理地定義」或「以名定實」，如何更能玄理地表達某種「境界」？下一節我們先從檢視莊子「言」的意義開始。

§1-5　莊子中的語言問題與「三言」的提出

「言」在古代漢語中，我們固然知道一些簡單用法，如說、說話，引申為談問題、發表意見；話、言論或一「字」一「句」，和「語」字有些區別。〔註47〕在§1-4，我們也大略討論莊子之前論語言的一般觀點。但在《莊子》

〔註46〕「而」字在文脈中，固是指孔子，視為針對辯者而言亦可。

〔註47〕見王力主編《古代漢語》第一冊頁42～43。「語」則為談話；告訴；言論；諺語、俗語。言是自動跟人說話，語則是答問或和人談論事情。「語」字「告訴」

中，卻更廣泛地包括現代語彙中以下諸義：

1. 說（話）：未言而信（〈德充符〉）、夫子言亦言也（〈田子方〉）
2. 話（語）：吾驚怖其言（〈逍遙遊〉）、夫子以爲孟浪之言（〈齊物論〉）。
3. 語言：言者有言；一與言爲二（〈齊物論〉）。
4. 意義、意指：其所言者特未定也（〈齊物論〉）。
5. 記載（文本）：諧之言曰（〈逍遙遊〉）。
6. 表達方式、說法、表法：寓言、重言、卮言（〈寓言〉）。
7. 形容、說明：予嘗爲女妄言之（〈齊物論〉）。夫道窅然難言哉。（〈知北遊〉）。
8. 狀表、指稱：孝固不足以言之（〈天運〉）。
9. 主張、理論：是其言也，其名爲弔詭（〈齊物論〉）、何謂丘里之言（〈則陽〉）汝必躬服仁義而明言是非（〈大宗師〉）。

這些例證的意義，有些可以互通，如上舉之 7，8、4，9 等。環繞在「說（話）」這一動作的所有現象，都含攝在「言」字的多義性中：所用的語言、說出的話、說話的記載、傳述、意指、表達、解釋、說明以及話所構成的主張和理論。換言之，舉凡言說／語言／文字三者涵蓋的領域都是「言」。這樣平面的整理，很難看出其間的層次，也不易看出與「言」相關的問題是什麼，尤其不能看出莊子對「言」的特殊見解（如果有的話），但不如此先作一番鳥瞰，又容易氾濫無歸。因此先簡釋其義以說明其範圍，以便進一步的考察。

如上兩節所論，「語言」問題並非以單一、孤立問題而被討論，必是在特殊情境中，「語言」與此情境發生關係而後誕生。這情境是什麼呢？最根本的即所謂「說話」——人與人的溝通。人群的關係必定建立在廣義的「語言」環境中，說話、手勢、表情、文字、媒介流傳物、藝術作品……等。這樣的人群社會有什麼語言問題呢？

在表達時，「語言」能否達己之意？「語言」若能達我之意，但對方能否藉言而解明我之意？

人的說話能反映他的眞實內在否？若不能，言和行之間的關係是什麼？如果可以，則語言在生命中扮演的角色爲何，和「行」相當否？

「語言」除作爲溝通之外，當人要確認他特殊內在經驗，能否恰當地完

一義，爲「言」字所不具備。但頁 43 說：「諺語一義，更是言所沒有的。」則有失察。莊子〈人間世〉：「故法言曰：……」法言亦如諺語、格「言」。

全任務？如果可以，能否以語言適度地傳達？語言的定名，真能貼切於感受的豐富與細膩變化否？

「語言」的生發，果真只為要「溝通」？而非誘引，如商業語言、廣告用語？然而不論其為誘引，甚或誇大，難道因此就不算是語言嗎？……等。

關於這些問題，我們看看在莊子中有幾則經常被引用，作為談論莊子語言觀點的片段：

> 世之所貴道者，書也。書不過語，語有貴也。語之所貴者意也，意有所隨。意有所隨者，不可以言傳也。而世因貴言傳書，世雖貴之哉，猶不足貴也，為其貴非其貴也。故視而可見者，形與色也；聽而可聞者，名與聲也。悲夫，世人以形色名聲，為足以得彼之情，夫形色名聲，果不足以得彼之情，則知者不言，言者不知。而世豈識之哉？桓公讀書於堂上，輪扁斲輪於堂下，釋椎鑿而上，問桓公曰：敢問公之所讀者何言邪？公曰：聖人之言也。曰：聖人在乎？公曰：已死矣。曰：然則君之所讀者，古人之糟魄已夫。桓公曰：寡人讀書，輪人安得議乎？有說則可，無說則死。輪扁曰：臣也。以臣之事觀之，斲輪徐則甘而不固，疾則苦而不入，不徐不疾，得之於手而應於心，口不能言，有數存焉於其間。臣不能以喻臣之子，臣之子亦不能受之於臣。是以行年七十而老斲輪。古之人與其不可傳也死矣。然則君之所讀者，古人之糟魄已夫。

書、文字，形與色而已；文字之可誦、語言，名與聲而已。而世人讀書，乃因為欲藉耳目之可觸，進而了解不可以官能觸的意──此為聲色所隨的真實：「情」，但為何這樣的跨越實際上不可能呢？莊子用寓言表述一個人人可有的經驗加以証明，斲輪匠阿扁的一番話，說明即使最卑微的技藝，都不可能將其訣竅傳達給最親近的兒子，更何況「道」「意」……等精微奧妙之物呢？但更關鍵之處不在語言不能傳達，而是「言──實踐（行）」的落差。以此段而言，輪扁其實仍能表達他的內在經驗「斲輪徐則甘而不固，疾則苦而不入，不疾不徐，得於手而應於心」。真正「口不能言」的是「有數存於其間」，換言之，是在實際操作當時，分寸精確拿捏之難。而不能傳授的，嚴格言之，不全在言，而在普泛溝通的「言」，粗糙（糟粕）而不能達到「私有整體覺受」的精確細密，以及指導「得之於手」的毫釐不爽。這則故事實有其不盡圓滿

之處。〔註48〕當「聖人之言」為「糟粕」，究竟是對「文字、語言」而言；還是就桓公非一善讀書人的曲諫；抑或對不由言而上探於意、而推行於日常的讀者言之？老聃留下五千言，若所留是糟粕而不自知，則老子猶不若一輪扁。因此，「語言」已經存在，聖人已留下糟粕，莊子遺留得更多。莊子除了和孔子、老子一樣，提示「言≠意」、「言≠行」之外，真正面對語言、文本時，還告訴我們什麼呢？〈外物〉篇說：

> 荃者所以在魚，得魚而忘荃。蹄者所以在兔，得兔而忘蹄。言者所以在意，得意而忘言。吾安得忘言之人而與之言哉。

前則說「君之所讀者，古人之糟粕已夫。」似已完全否定「讀書」的意義。此則乃以「言」為傳意、得意的權宜憑藉，「忘言之人」，能忽略語言的種種不足，超越原發語言的時空限制，而得非「言」之字句所限的「意」，這類的讀者可以再由「意」回到自己的「言」──落實特殊時空中的自得。得魚、得兔可有多方，荃蹄只是偶用的工具，非必不可缺者，以「荃／蹄」類比於「魚／兔」的關係來看，文本的「言」，在得「意」之後是可以拋棄的。〔註49〕本章的更進一步的解釋，即視此段為〈寓言〉篇首：如王夫之在《莊子解》中指出，〈寓言〉篇是：

> 此內外雜篇之序例也。莊子既以忘言為宗，而又繁有稱說，則抑疑於矜知，而有成心之師。且道惟無體，故寓庸而不適於是非，則一落語言文字，而早已與道不相肖。故於此發明其終日言而未嘗言之旨，使人不泥其跡，而一以天均遇之，以此讀內篇，而得魚兔以忘荃蹄，勿驚其為河漢也。（頁246）

〔註48〕 此處我們只由「言──意」的緊張關係，說寓言的不夠圓滿。至於此則曲示所生的精意，可參看徐復觀《中國藝術精神》頁121。約之有三：讀書當突破文字，把握住文字之後古人之真精神；人生崇高的精神、境界，只能自覺、自證，不能靠客觀法式的傳授；因此，人只應自覺地努力而成己，不能向外有所依賴。又楊儒賓《莊周風貌》頁159：「這樣短短一則寓言中，對於主體、客體、技術、道之間的微妙關係，已探驪得珠，勾勒出明確的梗概。」

〔註49〕 換言之，「言」應是錢鍾書所分別的兩種「象」──不即／不離──中的「不即之象」：「求道之能喻而理之能明，初不拘泥於某象，變其象也可；及道之既喻而理之既明，亦不戀著於象，捨象也可。到岸捨筏、見月忽指、獲魚兔而棄荃蹄，胥得意忘言之謂也。詞章之擬象比喻則異乎是。詩也者，有象之言，依象以成言；捨象忘言，是無詩矣，變象易言，是別為一詩，甚且非詩矣。故易之擬象不即，指示意義之符（sign）也；《詩》之比喻不離，體示意義之跡（icon）也。不即者可以取代，不離者勿容更張。」見氏著《管錐篇》（一）頁12。

和姚鼐：

> 寓言一章，正與荃者節相續。分篇殊爲不審。

其中王夫之的解釋更值得注意。他說〈寓言〉篇爲全書序例，是則將此篇自雜篇中特別提出，標舉其在全書的意義；〔註 50〕同時又據此解釋對莊子一書加以解構——依於我們傳統對道家「道——言」關係的了解：忘言。「使人不泥其跡（忘言），而一以天均遇之」，特以天均與忘言並舉，正有王夫之的深意在。〔註 51〕而由以上的引論與王氏、姚氏之見解，若要進一步考查莊子的語言觀，則應接著深入討論〈寓言〉篇。這便是本論文的第二部分。

對莊子語言觀的一般討論，大抵如上文所引。〔註 52〕上述說法，都強調語言的限制。那語言的限度究竟何在呢？莊子除舉出語言的限度之外，對語言還說了什麼嗎？其實「言」的限制主要不是「語言」自身，而在用言之「心」層次的限制。主要看法見於〈秋水〉：

> 河伯曰：「世之議者皆曰：至精無形，至大不可圍，是信情乎？」北
> 海若曰：「……夫精粗者，期於有形者也。無形者，數之所不能分也。
> 不可圍者，數之所不能窮也。可以言論者，物之粗也；可以意致者，
> 物之精也。言之所不能論，意之所不能察致者，不期精粗焉。」

河伯的第三問，若有所悟興奮地說道：「如果超出目力的極限，不以秋毫爲小之極，也不以天地爲大之最，那麼可知極微便是無形無狀，至大便是無限無

〔註 50〕王夫之認爲《莊子》在兩篇序例：〈寓言〉和〈天下〉。見《解》頁 246。此說可從。

〔註 51〕「天鈞（或作均）」在《莊子》僅三見，但卻是王夫之持以通貫《莊子》全書體系的結穴。故此處以忘言與天均並論，絕非偶然。

〔註 52〕還有一精采的見解，見於蔡振豐的《王弼的言意理論與玄學方法》：

1. 莊子對語言，乃至於語言的詮釋，完全抱著離棄的態度。他全力強調個人化的經驗之知，在詮釋行動中是不能悉數給予客體化的，也體認到語言在表達主體心境時之不足處。（頁 119）
2. 即使莊子不主張離棄經典文字的話，其立場亦以爲在閱讀語文之時，首先要放棄的即「探求意義」的閱讀態度。依此，《莊子》的語言常常出現「喻」與「寓」等不確定的語言模式，其用心則可以理解。莊子的目的無非是聽使讀者放棄意義的追索，而投身進入存在情境的風化、感、應之中。（頁 121）

此二說都極有識見。將莊子特重「離言獨化」的思想特質掌握得極深刻。可惜的是只作爲王弼言意理論的參照，未能據全部莊子本文進行。因此還有一些莊子的語言觀點不及代爲顯發。「離言獨化」是葉維廉襲自郭象的用語，此處借以表示引文中「放棄意義的追索」：離言，「而投身入存在情境的風化、感、應之中」：獨化。

外囉？我們可由此兩向的延伸，探得宇宙的真實，就不再侷限於有限的兩間和具體的事物了！」海若的回答，則就幾層說：

1. 「精粗者，期於有形者也。」意思是：既說「極微」「至大」，便都是以視覺角度來約限研究對象和領域，換言之，都仍有「形狀」。所以即使說「至精無形」，視覺性質的「極微」仍在；反之亦然。

2. 然而「無形」、「不可圍」二詞，其真義卻不可由視覺性質來理解。「數」，古語為數學、技術。引申為人所持以運算，理解的工具，易以現代語言，近乎廣義的方法。超越一切形象之真，與真正的無限，絕不能用智性工具與設計加以分析與窮盡。而當我們的知性、理性企圖探索整體時，就發生康德所說的二律背反，或前述所謂悖論。但是莊子（或海若）說：這種劣義型態的悖論並非不可超越。

3. 物的精粗，之所以仍非真無形，真無限，主要因於人類資以了解世界憑藉之有限——言與意。此處「言」字義狹，主要指客觀可命名的事物的對應概念；「意」字義較廣，可以指推理、想像……等活動，此時心不以符應物象為主。而「宇宙的真實」並不能由探索「至精」「至大」兩個視覺象表領域而得。因吾人知性的配備實有限界的原故；也不能由定義而得知，故只說「無形」「無外」，亦非真實，而且兩者實不相類；那麼「宇宙的真實」內涵姑置不論，最要緊的是了解宇宙真實的立足點，既已解消了上述諸切身便徑，我們還可以怎麼做呢？底下一段遂說：

> 是故大人之行，不出乎害人，不多仁恩。……聞曰：道人不聞，至
> 德不得，大人無己，約分之至也。

這段絕非錯簡。〔註53〕而是相應於〈大宗師〉：「且有真人而後有真知」，以及〈知北遊〉：「今已為物也，欲復歸根，不亦難乎！其易也，其唯大人乎！」唯有收回知性向極微、至大兩域的窮進盡探，才能歇止狂心，回到人的分際與當位，由主體人格的修養：真人、大人，才能形成了解「真理」最穩妥的內在體驗基點。不將精神外注而流蕩，自「人」對自身「心知」與「行習」的內證，了解人與天地的實相與真理。這一回歸的落腳處何在？我們先看以下諸片段：

1. 道惡乎隱而有真偽？言惡乎隱而有是非？道惡乎往而不存？言

〔註53〕陳鼓應認為此段文理不通，當為錯簡。見《莊子今註今譯》（上）頁461，非是。反之，依〈大宗師〉「且有真人而後有真知」的原則，欲破純任知性探索宇宙卻苦不能參透的方式，必在改弦易轍後，通過「內證聖智」才可能。

惡乎存而不可？道隱於小成，言隱於榮華。故有儒墨之是非。以
是其所非，而非其所是。

2. 道未始有封，言未始有常，爲是而有畛也。（以上〈齊物論〉）

3. 言而足（圓遍），則終日言而盡道；言而不足，則終日言而盡物。
　（〈則陽〉）

所謂「道」，當我們視其爲內證修養之依循，必包括對「人」實踐「體道」途
徑之指示，即傳統所說的「工夫」。〈齊物論〉「道」「言」常連言，上引兩例
尤値注意。特別是第 2 例的「言」，明顯是與道同層的。宣穎的解說：

夫道未始有封（無不在），言未始有常（無不可）），爲是（有封有常）
而有畛也（便有分域）。（《經解》頁 70）

以「未始有常」之「言」爲無不可之言，便是另一層次的意涵。傅山也說：「（墨
筆旁批）此『言』是道言也，非漫然之言。」〔註 54〕宣穎、傅山的說法，與
我們傳統意見大相逕庭，究竟能否成立呢？如果我們對這問題不拘於成心，
就本文還原其旨意，不難發現宣穎、傅山的解釋，更能相應於莊子的提示。
以下分別說明三例。

　　第一例將道、言設成對比，在對比中，並不指出二者不同，或言不能及
於道的斷言，而是說「道與言原本皆可具有無限性，那麼實相／意旨的隱藏
不顯，是什麼原因造成的呢？道無所不在，言無所不可，則其封限從何而生
呢？」其原文的疑議皆以此法發問，則道／言雖未必相等，其相稱相應卻是
無疑的。

　　再就第二例看。此例的三句，是二／一形式。前二句一意，後一句自成
一義。「言未始有常」不應讀成與「言者有言，其所言者特未定也」相同，爲
什麼呢？層次不同。「言者有言」一句，是就一般的語言使用，說「所言的意
義」未可確定，又何足以再據之橫議是非？但「言未始有常」，乃指「語言自
身」的生發，並非固定不變，始終如一的。前兩句指出「道與言」原是無限
的：未始有封；原是未受任何形式的恆定規範：未始有常。因此整個物論的
產生，原非根源於同一層次的「道與言」，而只因於「爲是」的心態而已。猶
如第一例，問題初不在「道與言」，必在個體膠固於「爲是」心態，方才割畫
物的確定邊界，以及一切人爲疆域，其後所列八德，即完全僵化，不可融通
的尊卑貴賤（左右）、……等。

〔註 54〕見《傅山全書》（二）頁 1072。

第三例意義略別。是說「言」在其圓遍地發表時，言皆能相應於道；若言不能圓滿無礙地宣露，則一切言都只是頑而不化之物而已。我們應注意：言竟是能「與道相應」，雖不如傅山所斷之例，直接說是「道言」，但言可與道無隔，在這三例卻是極顯而易見的。

依以上三例，後世逕說「言說不能表達道」、「言語非道」……等實都出於對道家的誤解，而道家在反省語言問題的諸論述中，實別有所指。唯有《莊子》〈知北遊〉，總是以「絕對之道」的角度，遮詮「道」絕名言、不知乃是真知、一切對終極之道的言說都只是「狂言」，除此之外，未曾有一語直接斷言「語言非道」，此意前面論老子時，已有清楚的論述。我們再從兩個角度設想。第一，當我們斷言「道不可言，言而非也。」（〈知北遊〉）應考究是在什麼層次上說？言與道之間的鴻溝，究竟是「道」自身產生的？或是「言」的整體缺憾？或是「言」的某些性質、與情況？抑或是「人」強加的？這種截然分立的根源，究竟應依什麼判準而了解，並證明其為真？〈知北遊〉同時又說：

汝唯莫必，無逃乎物，至道若是，大言亦然。周遍咸三者，異名同
實，其指一也。

道之顯發於萬物之中而為彌貫者，我們說道是「內在」的；就道又非一物，亦非只是物物之綜合，其整全性為「超越」者。自道而觀其彌貫之顯發，則言亦一無遮之顯發；自言（一物）之存在以觀道，則道固未全在於言（一受造物），這是視野與從出源頭的不同。

第二、「人」作為一有限存有者，在尚不能脫離語言以探索宇宙的真實之際，有一層次的「言」（非吾人所用的一切語言）是與「道」（宇宙真實）相應的。亦如道家的「心」、「知」，都各有許多不同層次的意義。莊子中，「心」可為「常心」、「靈臺心」，也可為「機心」、「賊心」。「言」也可有「道言」。有「道言」，並非說「道即言」，二者仍有分別；只是這與「道」同層的「言」可能是什麼呢？且看〈天下〉篇。

芴漠無形，變化無常。死與生與？天地並與？神明往與？芒乎何之？
忽乎何適？萬物畢羅，莫足以歸。古之道術，有在於是者，莊周聞
其風而悅之。以謬悠之說，荒唐之言，無端崖之詞，時恣縱而不儻，
不以觭見之也。以天下為沈濁，不可與莊語。以卮言為曼衍，以重
言為真，以寓言為廣。獨與天地精神往來，而不敖倪於萬物。不譴
是非，以與世俗處。其書雖瑰瑋，而連犿無傷。其辭雖參差，而諔

詭可觀。彼其充實不可以已，上與造物者遊，下與外生死無終始者
爲友。其於本也，宏大而辟，深閎而肆。其於宗也，可謂調適而上
遂矣。雖然，其應於化而解於物也，其理不竭，其來不蛻。芒乎昧
乎，未之盡者。

這一段反反復復三次提到文章與言說。徐復觀說〈天下〉篇歷述五家道術，
前四家只及其思想、生活，而絕未及其文字；唯獨自述時，則不止於文章風
格特加著墨，反復叮嚀，更有欣賞讚歎不置之意，此其用意有二：

一爲使讀者了解其立言之風格，藉得以窺其眞意之所在。二爲他對
於自己的文章，流露出不能自己的藝術性的欣賞之情。〔註55〕

或不止如此。我們更可說其文章表法與思想學術關係之密切，亦由此可見。
但此關係的情形是怎樣的呢？如說：「寓言乃言在彼而意在此」，〔註56〕則可
說此關係只因表法特殊，不同於他人，恐怕讀者誤會，特指點出來，使人離
言以求指，而不至以辭害意而已。此處最值得探討的是：我們如何了解其不
斷標示表法與思想密切關係的意義呢？

我們考察敘述前四家道術的通例：學說大要的點明，都是以「古之道術
有在於是者，○○聞其風而說之」爲中心，句前先有一簡介，其後是此派學說
的樞要，試舉關、老一派爲例，以概其餘：

以本爲精，以物爲粗。以有積爲不足，澹然獨與神明居。古之道術
有在於是者，關尹老聃聞其風而說之。建之以常無有，主之以太一，
以濡弱謙下爲表，以虛空不毀萬物爲實。

若以此例回顧莊子自述一段，他在「聞其風而說之」之後，接上的是什麼呢？
「以謬悠之說，荒唐之言，無端崖之辭，時恣縱而不儻，不以畸見之也。」
是則，此段乃與「芴漠無形」一節相應和，合而爲其道術之樞要！此下接著
舉出三言，而使與「獨與天地精神往來」連言；說「其書瑰瑋，……其辭參
差」亦與「彼其充實不可以已」連言。此處的反復，若只視爲特提立言風格
而已，似乎忽略「思想／表法」錯落疊現的用心。總體而論，此處錯落疊現
的表達，似在指出：「表法（文體）與內證道境的一體」。換言之，歷述當時
學術大勢之後，以己殿於諸子，在表達他的思想大綱時，特作提示：在他特
殊的表達方式自身和他所體驗的「道術」一體無別。此亦他所以異於諸家，

─────────────

〔註55〕見《中國人性論史》頁360。
〔註56〕見張默生《新釋》頁13。

別立一派之一端。這表法的「形式」完全與所謂「內容」的思想協同一致。因此所說「以謬悠之說、荒唐之言，無端崖之辭」，一方固然指點其文字漫無涯際的意義指涉而絕無達詁；一方也以此文字特性與風格曲喻道的特徵。這或是傅山說：「解莊義而不知審莊文，難好」的可能涵意。

質言之，「道」之「無所不在」若是一真正的陳述，則道亦應顯示自身於語文的表達。此顯發如同自然的一草一木，雖不即是道，但可表徵於道。若不然，則是人求契合於道之途程有虧損，亦是道之虧損（隱）。莊子試圖指點吾人——倘若吾人將以語言體現道的內涵，而所參與的語言文字完全不能撐拄支援此體現，則此體現會是一虧損不全的體現，是「道」有脫漏之時地。至莊子，「道」的「既內在又超越」的意義，才發揮到極致。先前哲人體會可能歧出生命之「言」，莊子固知之；但另求吾人之表達，即能體現「道」之呈示而不虧損。由以上論言語的諸限制來說，自非易事。我們可問，對此艱難的工程，莊子找到突破的線索與方式嗎？抑或此乃不可解之倒懸，人只能在有限之語言中討活計？抑或可脫離語言而另覓道域？莊子在〈天下〉篇的自述，正提示他文章中「三言」的創用。後來的學者即依據此篇和〈寓言〉篇的線索，發現三言的重要意義。我們前面已經提過張默生的解說，在張氏之前，也有人注意到了。如陳壽昌的《南華真經正義》序：

> ……綜斯二說，達以三言。寄之無端，寓言以悟之。假之無忤，重言以昌之。彌之無跡，卮言以曼衍之。亦虛亦實，亦隱亦彰，亦奇亦正，亦譴亦莊，恍兮惚兮，不主故常。……

「綜斯二說」，是指莊子繼老子之後，立說之二端；「達以三言」，是指此二說據以表達方式。他闡述了三言如何作用——寄之、假之、彌之；型態與效果——無端、無忤、無跡；預期目標——悟之、昌之、曼衍之，以及風格。此外，楊儒賓在〈莊子的語言觀〉也有如下的洞見：

> 莊子如何解決語言與道的矛盾關係所招致的困擾呢？他有個特別的策略，這個策略就是〈天下〉及〈寓言〉兩篇裡一再言及的寓言、卮言、重言。……如果莊子的寓言、重言都具有解除束縛、朝向開放的性質，那麼它們應當是卮言的兩個變形的面相。……卮言之為物，簡言之，即是「體道之士精神展現的境界語言」。……假如莊子不使用毫無定向、連綿不絕的卮言表達之，他怎能趕得上剎那萬變

　　的大化之流。〔註57〕

說莊子厄言乃為與大化同其創造之波流，頗似魏德驥所說「言理」擬仿於物理世界。但兩說仍有差異，與大化並生隨變的厄言，實非對物理世界的擬仿，而是體道者的心境展現。擬仿乃兩物相對，而甲物求己之類同於乙物；縱浪大化而隨波逐流卻是「乘天地之正」，與造化同等創育之力無二無別中的自然合一，而有其相似性，非出於有意之擬仿。〔註58〕因此由陳壽昌和楊先生的看法，已和張默生的見解有很大的差別，三言不止是進入莊子思想宮廟的鑰匙，而是與「道」關係極密切的語言；由〈天下〉篇，我們更可說三言屬於道言。

　　從以上諸前輩的解釋，莊子自述的「三言」，不只是一般意義的表法而已，正是莊子對自己語言風格的後設反省。只是「三言屬於道言」應如何確定其意義呢？這正是我們的起點，去探討：

　　究竟如何理解三言？與一般的表達方式差別何在，是否別有深意？三者的分合關係又是怎樣呢？

　　三言如何超越我們一般的語言限制？其能超越，是因於什麼？

　　三言只是「言」而已嗎？與它相關涉如〈寓言〉所說「萬物皆種也」，在厄言的討論中突然插入這一段，當如何解釋？……

　　在§1-2，我們已經檢視了幾位近來注意「三言」表法的學者論文，但以筆者淺見，都尚未能代莊子充分解析展開，因不揣薄植淺陋，將以「三言」為中心，研討其相關的諸問題。

§1-6　三言作為創造性的意義與「造物」的類比

　　上節已說厄言乃為與大化同其創造之波流，是體道者的心境展現，與造化之力無二無別中的自然合一。那進一步問題是由此誕生的，比如我們會有這樣的理解：

　　　　故莊子要人遊於物之初，浮游乎萬物之祖，要能在一切萬物之本原
　　　　處遊行自在。要能在未始有物處，亦即在此大化中遊行自在，如是
　　　　始能物物而不物於物。要能遊乎塵垢之外，遊乎萬物之所終始。萬
　　　　物由此始，亦由此終，把握到此，始能與化為徒。（《雙溪獨語》，頁

〔註57〕見氏著《莊周風貌》頁179～184。
〔註58〕此「隨波逐流」用禪家典，是正面語

21）

但是什麼是物之初？誰為萬物之祖？如何是「與造物者遊」「與化為徒」？在這不容言語落腳之處，莊子如何暗示「在萬物之本原遊行自在」的內涵？在何處暗示呢？

我們不妨如此想像，當我們不再在商周前期的時代氛圍中生活，而經過子產「天道遠，人事邇」的精神，叔孫豹「三不朽」之說，以及孔子之後，莊子及其時人要體驗最原初的創造性如何可能？他們將不再簡單地降神祈仙，一舉收拾世間的殘局疑難。而「物之初」的獨特體驗，乃莊子其他思想內涵之所出，我們自可依前節所推證的：思想與表法之密切關聯，而如此設問：莊子如何以表法體現「物之初」，使表法與思想互為內在，融合無間，而非只由說明方式，立「物之初」之名？因此依〈知北遊〉「道無乎不在」的原則，「遊於物之初」的莊子，在「言」中不應以「說明的方式」推出「物之初」三字而已，更應以「體現的方式」展現「造物」的動力。在這裡，我們固然以一個類比作為「預設」──那便是「立言≡造物」的類比。單由「創造」的角度說，這類比亦是原初的──亦猶人以類比方式思考「神」，神即出現人的形象一般。但若由「立言」之創造方式與「造物」的創造方式而論，則二者實大有差別！造物是使一物存在，而立言只能使「聲音」在心上流過，或變成文字，而不能實際使「物」「誕生」。因此我們意欲由莊的「文章創造」來推想他所體驗、遊心的「物之初」──萬物生發的根源實相──是否可能？或者即使可能，但能否窮盡？如果可能而不窮盡，則我們探討的限制是由何而界定？我們的探討如何進行？而且我們此處所以為的限制，依莊子說，乃又依於一未知的假定而推出，呂惠卿註〈秋水〉說：

> 物之所謂時分終始，豈真知也哉？知而非真知，則所知固不若其所
> 不知也。（《翼》卷六，頁五）

那麼，即使我們對物變動的相狀觀看、描述，都未必是一真切真實於「物如」之知，則所謂「物之誕生」與「言之創發」果無相通之處嗎？這又不是此處所可斷言。那麼，我們只能帶著不穩定的類比，作雙向的進行，各觀其交會與差異，而後，我們能深切明白莊子透過文章的「創作」，如何展示（部分地）「萬物誕生之本原」。考察莊子文章的創作，便應由兩個層次進行：既成的篇章構成；以及莊子〈寓言〉〈天下〉兩篇自陳的創作法──即「三言」。

這兩個層次的綜合是莊子獨有的。一切的文章，必然形成其「文」。但

唯有莊子在他書中的末後三篇，以二篇（〈寓言〉、〈天下〉）提出他文章的創作方式。正因為莊子的自提立言方式，使得我們的類比更趨於穩定。為什麼呢？因為莊子極度自覺地使用「三言」。這種對「言的創發」的深度醒覺與運用，並特別綜提，正表示「三言」是莊子創作方式的特有型態，以及立言方式的基礎。這是一種很有趣的景況，我們設想兩個範例，可以明白其間差異。

我們先看同為道家的老子。老子雖以種種方式超越一般名言的限制，且已進行對自己語言運用的後設反省，但尚未斷言：有一與道同層的「言」。換言之，老子的語言使用，還只是試圖消極解去語言的障蔽，還未正視語言內在可能面向的探索。猶如面臨一阻力或障礙，老子說明障礙並非不可超越；莊子卻另將此阻力化為己用，使阻力直接變化為助力。

又如《文心雕龍》。劉彥和《文心》既論詩與文，我們儘可將〈神思〉以下諸篇所陳的一切觀念與方法回頭作一實驗──看彥和如何表現，能否合於他所提的標準，但所得的必然只有「是／否」而已。或者由此更明白彥和之意旨和風格，但並不能考察他的「發言」方式，即使考察亦不能檢證，因為如〈序志〉並不擔任如〈寓言〉篇同樣的功能。而如〈寓言〉這樣整個超越地綜提一書「立言之創作方式」的方法，我們稱之為「後設」（meta）。「後設」一詞的意義或立場，可概述如下：

1. meta 最初的意義是「在後」──即解釋為 after。原只是標定位置、次第之在後。但此字用於亞里士多德的形上學時，還代表著「最後」與「首要」之意。〔註59〕

2. meta 最高的意義是「超越」──即解釋為 trans。此是就研究對象的貴賤高下而立論。亦即超越物理世界的變動無恆、物質的拙重、感性的扭曲……，而能探取高貴的真實存有。〔註60〕

3. meta 又一義是與後設語言連用，主要在分疏語言的層次。即我們可以用語言描述某些現象，這描述的語言以「對象語言」稱之，設其層次為 n；今再以語言討論這套「對象語言」，則為另一層次的語言，其記號為 n＋

〔註59〕見項退結編譯《西洋哲學辭典》頁 256：「Metaphysics……是哲學的最核心部分，及哲學的基本學術，因為它替哲學各部門提供了最後基礎。因此亞里斯多德稱之為首要哲學，……因為存有與根源或神在事物程序中係首要者，它載荷一切，一切均由之而來。」

〔註60〕請參看沈清松《物理之後──形上學的發展》第一章，頁 16～17。

1，我們稱此任一對象語言 n 的 n＋1 語言為「後設語言」。〔註61〕

4. meta 另一個在文本閱讀的用法是「他處」，指文本所開啟的想像，將隱喻過渡、引申至他處。〔註62〕

這裡四個解釋，很不一致。如1、2都有「終極」之意，為事物最根本的原理原則。但3、4則只像是「凌觀」：在事物呈現後的返照，未必是終極的。本文所謂的「後設」，主要採用後兩個解釋，因為三言或還不能涵蓋莊子論「言」全部理論。但前兩個解釋所表的「根源」義，為後二者所缺，三言卻是莊子文章創用的根源，故又有前二義 meta 的意味。三言這樣特殊的「後設」意義，並非海德格所批評語言的科學知識或哲學知識。雖都是形上學，但非海氏所謂的劣義型態。〔註63〕

綜合上兩節所論，莊子文章的獨特風格，與〈寓言〉篇、〈天下〉篇三言的提出，正像克麗絲特娃（Kristeva, Julia）所分疏的兩個層次，現象正文和基因正文：

> 「現象正文」（pheno-texte）是呈現在具體語句結構中的文字現象，屬於意義（signification）的層次，可是要了解或描述這文字現象，則必須上溯到它的起始，即「基因正文」（geno-texte）。這一層次先於符號的存在，真正的語言指涉行為尚未發生。……「基因正文」正是產生主體於陳述行為過程中特有的運作方式之所在，為已形成文字、句義的「現象正文」結構的來源。〔註64〕

「三言」是莊子自解其「言」之「創用原理」——思想表法的總提，以及表法意義的說明，並為其文章（現象正文）的根源，此乃近於「基因正文」。三言主要有三個層次：（1）表法的種類：寓言、重言、卮言，就其呈現風貌，是屬於現象正文；（2）三言表法屬於道言，文章風格即其體道內涵的呈相；（3）三言中的主體境界與形上基礎，此則屬於基因正文。莊子所體證的道，開展而成三言；而三言的曼衍風貌，即所證之「道」顯發的象表。「三言」的提出，即莊子思想的後設解析。三言遂構成莊子思想／文章的內在肌理。

至此，我們可就孔子到莊子對「語言」的觀點與態度作一總結。尋常對這

〔註61〕 參看何秀煌《記號學導論》頁13～14，及頁36的範例。

〔註62〕 見瑪亞〈道家思想中的語言問題〉頁91。

〔註63〕 海氏意見參看〈語言的本質〉。見《走向語言之途》頁131。

〔註64〕 見《文學的後設思考》頁214，于治中撰。引文「產生主體」一詞不易解，據其前後文「生產」、「生產過程」等來看，或是「生產主體」的誤植。

脈絡的見解，都著重在由言、行不相應，轉至「言」與生命之道或宇宙之道不相應，而模糊一視儒道對「言」的態度，並造成部分文獻的曲解詮釋（如《老子》第一章）。但詩之語言可以興發志意，老子語言的不同表達可曲示「道」之諸義，兩個面向則較少爲人注意。或重在詩自身的討論，而未留心「言」的負面義，與詩的起興間的緊張情形；或「道絕名言」「道不可道」，而略去老莊皆有「強爲之言」的弔詭意味（和具體行動）。至於辯者將「名言」的意義、價值高推，卻又造成孤舉觀念、言辯的優位，而忽略生命自身德養、體驗之價值。莊子則承優破弊，二者皆推至其極。就言的負面義，將定義、論辯之類的語言使用，視爲不變化、滯固之「物」，如上引〈徐無鬼〉所說；就言的正面義，則顯示某種發言歷程足與「造物」相類比，此正本論文所欲進一步探究的：道言與三言。且三言與「詩之語言」的比較，我們也將在第四章討論。

　　總而言之，生命不是一個同義反複的無謂衣食而已。史作檉眼中「美學」的重要意義即在於原創性。〔註 65〕「原創」要展現在個體生命的每一瞬間，似乎太過奢求。但生命之創造力並不能因其難於達致而放棄，反而應該在最平實之處，都見此力之可貫注，而後可名爲「創造」。莊子由「三言」的創用，即展示所體「與造物者遊」的心境，此心境亦能在語言表達中行遊無礙，如此或許可爲生活於語言世界的我們，打開一條通往原創性的大路。

§1-7　選例因由與論述方式

　　三言作爲道的流行體現，其呈現風貌及創發方式，二者皆呈現莊子對「道」的體證。這樣緊密的相即，我如何討論「三言──道」的關係，才能貼切於其眞實情況？方法之一是直接由莊子論及「道」的文字著手，爬梳道的內涵，再由此檢證其文章表現。但如此恐怕會落入「道」的理解窠臼，並遺漏許多文章自身的要素。另一方式，可直接就文章呈現，盡可能抉發其特徵，再由此體會、推想莊子所體證的「道」，並與其直接論「道」的文字相參照。第一種方法，怕

〔註65〕史作檉屢次在其書中表達此意，我們可以《哲學人類學序說》自序爲例：「所有的人類文明或知識、表達等，無不是根據人類內在深不可測之創造意念，對外在周遭環境，所完成之一種反應性之成果。所以，對於人類文明之發展來說，我們與其從事于外在既有事物之文字性之延伸，不如對一種屬人之創造根源，加以清楚的瞭解、闡明或描述，要來得更有效，並眞具基礎的意義。……所謂創造，就是一種美學，而不是一種知識。」（頁 1）

受制於傳統理解，第二種方法則似四無依傍，也可能多所遺漏減縮。但若循第一法，由「道」如何落實於言，或先確定「道」的內涵，再以言比配之，則易落入兩種結果：以常解之「道」強加於三言，或視三言為道的仿象，而無法深入莊子的原發語境。今若要真正解明「三言」之意義，則應肯定「三言」的展示即能呈顯「道」的特性，由此可明白「道言」之所是。故兩種方法似皆有所不足，但唯有第二種方式，直接與莊子文本的種種呈示照面，才能從中領略「道言」的生發。換言之，本文並不預設既有對莊子以至道家之「道」的理解，而直接由三言呈現的風格體會道境，這才更接近道家解蔽觀物的方式。因此我們若要考察莊子中三言的意義，至少應由兩方面著手：

1. 直接就其實際運用，檢證三言的涵蓋與交互情形。

2. 就〈寓言〉篇〈天下〉篇所言，解析莊子自己的後設理論。

第一點著重在「言——行（實踐）」的一致。比如劉勰《文心雕龍‧神思》以下分析創作時心理活動，心物的情往興來，文體的通變，風格體性之分別，成文的鎔裁，閱讀賞鑑如何知音，以及文章之修辭如比興、麗辭……等；我們也可以他的理論讀《文心雕龍》，以見劉勰是否自覺地作文，而能符於所主而避免所評。同樣，我們得在莊子實際成文的跡象中，看三言的分別意義與綜合交織。所以沈清松在〈初考〉也透過範例的解讀，來豁顯三言的旨趣。因此第一章將進行「範例解析」。

但是範例如何選擇？如果三言的意義未明，而有待於後設解析，又如何進行範例的閱讀？我們得先依舊注，明白三言各自何所指，才能決定各段究由何種言表述。

寓言：莊子說「藉外論之」，那麼舉凡故事的表達，和對話錄由他人之口說自家之意，皆是寓言，即使細碎如「宋人資章甫而適諸越」、「故西施病心而矉其里」也是。這樣說並不同於張默生「意在彼而言在此」的解釋，因為卮言也是「意在言外」，故張氏之說尚不足以區別寓言和卮言。舊說如郭象、陸德明、成玄英以來，皆用分釋「寓」字字義的方式說明「寓言」，「寓」皆釋為「寄」。成疏較郭注為詳，我們引成疏和林希逸《口義》為證：

> 成疏：寓，寄也。世人愚迷，妄為猜忌，聞道己說，則起嫌疑，寄之他人，則十言而信九矣。故鴻蒙、雲將、肩吾、連叔之類，皆寓言耳。

> 《口義》：寓言者，以己之言，借他人之名以言之。十九者，言此書

之中十居其九，謂寓言多也。如齧缺、王倪、庚桑楚之類是也。

這是我們說「寓言」爲故事性表達的理由。

重言：莊子說「是爲耆艾」，則故事主人公是歷史上風流人物者屬之，如黃帝、老子、堯舜、孔子。重言仍是故事性表達，因此屬於寓言形式。但二者立名既異，如何分別？

陸德明《釋文》：謂爲人所重之言也。

這個解釋稍寬，雖有所提示，還不夠明朗。林希逸《口義》則較簡潔明白：

重言者，借古人之名以自重，如黃帝、神農、孔子是也。

這便能確實照應於莊子本文的呈現樣貌，和此處立名之原由。如此寓言和重言的分別是可以確定的：當故事交由創造的人物，如長梧子、少知、大公調……等，便是寓言；若故事交由歷史上「有分量」（爲人所重）或「有名望」的人物時，如老子、接輿……，便屬於重言。

卮言：上述兩種表法之外，直接的敘述、觀念的提點者屬之，如「小知不及大知」「眞人不夢」一類。三言中，卮言解釋最多端，且不易驟得其意義，而且我們由許多舊注，也很難看出那一類的說話便是卮言。這種複雜情形，在§8-2「卮義疏辨」一節，將有詳盡的說明。因此相較於兩個寓言最大特色：故事和對話，此外近乎思想語彙獨白的表法（因莊子仍未必現身，故稱「近乎」），我們視爲卮言。

但莊子三言從不孤立地使用，如某篇、某段只用某一種言，很難找到這樣單純的範例，因此我們的範例不應分立地各論一言，而應是以一種言的分析爲主，而另二言的交互指義一併加以說明。其次，以這種方式進行三言討論，又應透過雙向式的解析，才能眞正明白「三言」爲何、如何使用。這雙向解析是：某一篇、一段莊子要表達什麼思想，以及這思想由什麼「言」表達。亦即「言」與思想的不斷照映、互動。由於這兩個原因，我們絕無法單由「三言」的形式整理來了解三言，而必在一較小範圍中思索「言」與「思想、義理」的交織，可選擇某些範例爲基準，盡力凸顯三言與思想互體的情形。

所謂範例，似乎只是隨手取樣，未達到全面的涵蓋。其實不然。因爲我們主要由「表法（言）、思想」互動，論述三言的特性，而非由三言運用所說的莊子思想爲何，若範例具足代表性，則可在幾個例釋中完成說明三言特性的要求。這種方法，古人多已用之。如《論語》〈爲政〉§2：「《詩》三百，一言以蔽之，曰思無邪。」以一句掇一書之要；如《莊子》〈天下〉篇，乃自

一學術中選提數語，以綜括其精神；如佛學或以《金剛經》、《心經》表般若學的核心；以至今日文化學大興，吾人泛論文化比較時，也只能透過最大可能的例證，而無法全面列舉文化中所有項目，即能，亦未必能比只舉證者更能切近一文化之眞精神。此亦老子所說「曲則全」之一義。故若有可議之處，應不在方法，只在取樣、範例是否具有究竟賅攝的代表力。另一方面，這些範例並釋三言，畢竟也不夠全面涵蓋三言某些分別使用規則，以及三言綜合構成全篇的方式，因此又別立一節，處理這兩個問題。若上述方式，尚不能窮盡莊子表法特色，則是筆者學植、智識之疏，亦甚望後來者能糾繆補缺，繼續闡明莊學。

最好的範例無疑是內篇。因此我們以內篇中的三篇爲三言範例：第一節解析〈逍遙遊〉，是以寓言爲主的範例；第二節以重言爲主的範例，則採取孔子出現最頻繁的〈人間世〉，在「莊子——孔子」的微妙關係中，我們也將有新的詮釋；〔註66〕第三節以卮言爲主的範例，則以〈齊物論〉爲代表，因〈齊物論〉正是以最豐富的哲學語言表達，全文共十一段，有許多段落是純粹的卮言，這是莊子文章極罕見的現象，應是恰當的卮言範例。雖是各以一種「言」爲主，三言交錯的情形，我們仍會隨文點出。

以這種方式解讀範例，雖然不能完全免於主觀的先行理解，但盡量作到不預設任何熟悉的「道的知識」；隨著文章展開，分析「言」的樣態與思想的呼應；又得注意每一種言的特色，以及三言的交織。因此在論文進行時，難免顯得頭緒紛繁，不易立即掌握主題。如此雖或更近於素樸的「虛室」，足以生白集道，然而我們仍須在最後有一小結，以總攝紛繁的解析。

其次在第三章，我們要討論〈寓言〉篇第一段對三言的總論與分論，據此展開三言的根源與依據爲何。原先三言的意義應在範例解析之先，但由筆者的閱讀歷程發現，三言就其呈現的樣態，和其後設意義間，雖有一貫的血

〔註66〕 在內篇中，莊子與孔子的對應關係，古來都以司馬遷〈老莊申韓列傳〉所判的學術源流爲準。最早注意《莊子》中孔子具有正面形象的或許是郭象。其後自宋代蘇東坡以降，更進而主張莊子近於儒家而且尊孔者，個人所知便有五十餘人，舉其較著名者即有：王安石、林希逸；祝允明、朱得之、沈一貫、焦竑、王龍溪，覺浪道盛、方以智、錢澄之；林雲銘、陸樹芝、姚鼐、楊文會、嚴復、章太炎等。民國以來熊十力先生、賓四先生、唐君毅先生、鍾泰、王邦雄、郭沫若、李澤厚、崔大華。所以莊子與孔子的對應，實是學術史上一椿有趣，而尚未明確釐清的重要公案。請參閱林順夫"Confucius in the 'Inner Chapter' of the Chuang Tzu,"，及拙作〈「莊子尊孔論」系譜綜述——莊學史的另類理解與閱讀〉。

脈，但層次上實有很大的區別，因此我們仍依舊注對三言的理解，以範例的解析在先，亦即就其樣態的呈現，分析莊子思想和表法間的交互關係。這對三言的判斷，並不會出現問題。如或尚有說明不周延之處，我們將由〈寓言〉篇後設解析，以個人的觀點加以詮釋。

此外，三言的後設解析，必有通於莊子其他篇章，或其他創作理論者，並不宜直接置於〈寓言〉篇討論，因此又別立一章。此章主題待當章討論時再予揭示。〔註67〕

〔註67〕在材料方面，筆者不限於歷來慣用的三篇分法，而視《莊子》為一整體。除少數篇章如〈讓王〉以下四篇之屬，筆者率皆視為莊子自著，或深知莊子之後學所作。楊儒賓先生有這樣的說法：「籠統說來，我們還是將《莊子》一書視為莊子學派的產物，不管他的『作者』有多少人，基本上它是互容的，大體不會互相矛盾，這樣的整體觀應當比較妥當。」見氏著《莊周風貌》頁23，並可參看此書頁21～29的討論。

第二章　三言的創用──範例解析

第一節　以寓言爲主的範例──〈逍遙遊〉解析

§2-1　寓言造型與三言迭用

　　支遁說：「逍遙者，明至人之心也。」〔註1〕這是莊子以〈逍遙遊〉作爲思想開端的眞切主題。其宗旨在「遊」一個字。建立宗旨的觀念是「大」與「化」，〔註2〕對應於老子第一章的「道常無有」，也就是以道家的知識結構模型，建立道家的形上學觀法。〔註3〕至於莊子用的是什麼方式呢？

〔註1〕　支遁說見《世説新語》文學第三十二則，劉孝標注。原文：「莊子逍遙篇，舊是難處，諸名賢所可鑽味，而不能拔理於郭、向之外。支道林在白馬寺中，將馮太常共語，因及逍遙。支卓然標新理於二家之表，立異義於眾賢之外，皆是諸名賢尋味之所不得。後遂用支理。」注文詳引支論，末了下按語：「此向郭之注所未盡。」意同原文。（楊勇校箋本頁170）支説確與郭注不同，並且足以達莊子之旨。如徐復觀《中國人性論史》：「其實一部莊子，歸根結底，皆所以明至人之心。……莊子對精神自由的祈嚮，首表現於〈逍遙遊〉。〈逍遙遊〉可以説是莊書的總論。」（頁393）而錢賓四先生則於《中國思想史》辨析支説、郭注的不同。（見頁129～147）唯牟宗三先生混同來看，見牟氏《才性與玄理》頁181。

〔註2〕　方以智：「內篇凡七，而統於遊。」（《藥地炮莊》頁153）
　　　　劉須溪：「莊子宗旨，專在遊之一字。老子曰吾遊於物之初。能識其所以遊，則大略可睹矣。」（《藥地炮莊》頁156）
　　　　張之純：「大字係一篇綱要。」（《諸子菁華錄》頁5）
　　　　林雲銘：「是惟大者，方能遊也。通篇以大字作眼。」（《莊子因》頁50）

〔註3〕　「道常無有」是以莊子〈天下〉篇語來綜攝老子之學：「建之以常無有，主之

> 北冥有魚，其名爲鯤。鯤之大，不知其幾千里也。化而爲鳥，其名
> 爲鵬，鵬之背，不知其幾千里也。怒而飛，其翼若垂天之雲。是鳥
> 也，海運則將徙於南冥，南冥者，天池也。（寓）

此段對一稍具程度的閱讀者而言，大概只有「冥」「鯤」兩個罕見字需稍加解釋。釋「冥」爲海，釋「鯤」爲魚子，即使不知寓意，文字依舊可讀。這種親切可讀，是莊子許多寓言的特性，既通於初能識字解文者，以至從事哲思的高明讀者。然而要了解此段文意，只注解字義乃於詮釋無益，而應視字義爲象徵，再由象徵的綜組、文脈的對比中，領略其意旨之顯發，之後應再輔以觀念的分析。

北爲陰，昏暗；冥，大海；北冥杳杳深玄，不可知見。〔註4〕「北冥」一詞是莊子一書無數創造力顯發的開端。是北海（意象）、常無（哲學反省設語）、純粹的不可知見（冥想傳統）的綜合造詞，〔註5〕卻又形象化地收攏於「北海」的浩瀚無垠。在此廣袤的心象初繪稿中，又有其恍惚的顯發——「有魚」。北冥是一純粹的無，但在「常無」中，我們所能了解的是一不太確定的存在：「玄冥中有魚」。進而確定此魚爲何？爲「鯤」。鯤是什麼樣？「鯤之大，不知其幾千里也。」這正是擬仿於造物的語言使用，爲什麼呢？莊子與吾人一般，並不能眞造出一物之質料，但人卻可造出許多形式。以語言的擴張想像，造出宇宙間原本缺如之存在——橫無際涯的鯤。此即莊子寓言的造型方式。「造型」皆吾人日常經驗實無，而藝術想像與創作則可有者，以此疏離甚至撕裂

以太一。」「建之」可解釋爲「透過○○方法來建立系統」；「主之」則是全體系統之旨歸，可以一語綜攝之意。「無／有」作爲道家的知識結構模型，請參看錢賓四《歷史與文化論叢》頁296～299，〈無限與具足〉。

〔註4〕 「北」與「南」絕非單純的方位而已，而有其表法上的特性。如〈天地〉：「黃帝遊乎赤水之北，登乎崑崙之丘，而南望還歸，遺其玄珠。」〈知北遊〉：「知北於遊於玄水之上，登隱弅之丘，而適遭無爲謂焉。……知不得問，及於白水之南，登狐闋之上，而睹狂屈焉。」可證。同時北冥、南冥之北與南，也可對應於《易》之陰、陽，請參看鍾泰《發微》頁4～5。

〔註5〕 如李約瑟《中國之科學與文明》（二）頁52：「……古代的道家思想有強烈的宗教兼神秘主義的成份，……道家反封建的思想，也正是促成道家的哲學與巫術相結合的原因，因爲前已經說過，巫術與上古民間的風俗有著密切的關聯，同時與重理性的祀天和上帝的崇拜相左。」又如瑪亞〈道家思想中的語言問題〉：「道家所處理的論題有相當大的部份源於暝想，……」「這種暝想理應帶來一種個體的解收，其中包含了脫離語言文字的束縛。它打開"究竟智慧"或者"超越之知"的領域，而不繫縛於經驗內容。」（《道家文化研究》第十輯，頁89,86）

尋常閱讀文本、世界的方式與心態，只以符應、受納外來的與料爲足，把讀者移置於全然陌生之境，又藉由親切平易，使讀者安於此陌生，開始重塑全新的經歷。

　　相較於此深玄恍惚不可盡知，其後「圖南」則爲明朗若可觸及的顯發：「化而爲鳥，其名爲鵬，……是鳥也，海運則將徙於南冥。南冥者，天池也。」南方爲明。由不可知處的變化爲可知的物種而伸展、飛翔，成爲可知。這變化與一般的哲學表達何等不同！宇宙間原只有物種自身的變化，何嘗有物種間的變形！莊子將魚鳥體象變化，藉神話變形主題加以演繹，又是一造型！而「北冥——南冥」，一方指陳吾人「知」的架構——永遠的兩面模型；一方鋪展動態的畫面，以形象、甚或碩大無比的造型，來指示形上觀念與生命旅程的基本動向——觀念與動向兩者都收攝在「北冥至南冥」的開展中。由此開展，莊子使一一的造型，擴大交織爲具體情境。但不論何者，就形象的提供、與情境的烘托，實有其超出二者所傳達的文義理解。我們注意莊子對應老子「常有、常無」而觀天地萬物的妙、徼，卻另將觀念與形象融合無跡：「北冥有魚——徙於南冥天池。」就其形象化的表達而言，進入莊子的世界是無礙的；不似老子「有無」的概念建構、和正面分析，必得在極高度訓練的精密思辨教導後，才能領略。思想與生命之相養，不純是概念運作的問題。就莊子而言，有時更是氣魄、見地與視野的問題。所以說「怒而飛」：不以「概念」直接傳達，只提供形象與畫面的方式，激發感染讀者。「怒」是主體興起的志意，推動生命的活力，而後能有所開展：飛。此飛不是泛泛的開展。因著飛，所見世界乃迥然不同。對此荒唐渺遠的開端，若謂予不信，試引重言加以証明，且看：

　　　　《齊諧》者，志怪者也。諧之言曰：「鵬之徙於南冥也，水擊三千里，

　　　　搏扶搖而上者九萬里，去以六月息者也。」（重）

這是引齊諧的初段，引文未畢。〔註6〕重述鵬飛之事，証明其不虛，不言鵬大，而以水擊搏風，曲筆形容，由「搏扶搖而上」，凌空一照：

　　　　野馬也，塵埃也，生物之以息相吹也。（寓）天之蒼蒼，其正色邪？

　　　　其遠而無所至極邪？其視下也，亦若是則已矣。（卮）

這段在寓言的直接描繪之後，立即續寫一段卮言，主要在寫出「其視下也亦若是則已矣」一句倒煞。但此句倒煞，其藝術手法上之「前衛」、新奇，想像

〔註6〕依宣穎說，下文蜩與鷽鳩之笑語，仍是引《齊諧》語。見《經解》頁31。

之穎出、變換之靈活，若非經驗過今日藝術之豐碩果實，我們恐怕不易揣想。「野馬也」三句，我們實在很難確定「視角」究竟落在何處！可釋爲大鵬之所見；也可釋爲吾人再綜觀大鵬之歷境，而覺其亦不過如野馬、塵埃而已；也可釋爲純粹「顯示這化游所依憑的境域本身」。〔註7〕但不論何者，都使讀者神遊於洪濛一氣。其後「天之蒼蒼」似乎由人立足大地所見而問，但此發問的背景乃在前之神遊於「以息相吹」之氣；「其遠而無所至極邪」，又極力擴張吾人之想像至遼遠夐絕之境；最後，「其視下也」畫面突地跳接，既可指大鵬之迴目視下，亦後設指向讀者之凌虛視鵬，自想像所遊無所至極之極高極遠處，迴眸一照，照向地居者的立足點！此在極上極遠，與極下極近之間，盡情快意地變易敘寫觀點，只（旨）在提出「畫面」之相續，而非敘事系列之規律排比。

不論這節厄言的經驗根源，是純由想像，或基於神祕經驗，都可歸結於一心靈活動：「形成觀景」。〔註8〕就開展而言，至此已將主體的志意（怒），與其所憑的內氣（怒）及外氣（以息相吹）所見於「天」的無窮境界：「蒼蒼」之顯發，遠而無所至極的「大」，與由「大」之遼闊而層層透進的「化」，都已曲筆寫出。以下卻又回頭寫出二節：一是鵬之所以能如是飛翔的原委；一是重言復現，引一段文字，另從他人之眼，看鵬之圖南。且看：

（1）且夫水之積也不厚，則其負大舟也無力，置杯水於坳堂之上，則芥爲之舟，置杯焉則膠，水淺而舟大也。風之積也不厚，則其負大翼也無力，故九萬里則風斯在下矣。而後乃今培風。背負青天而莫之夭閼者，而後乃今將圖南。（厄）

（2）蜩與鷽鳩笑之曰：我決起而飛，槍榆枋，時則不至，則控於地而已矣，奚以之九萬里而南爲？（重）

傅山《批》說：「培風，注都不解。」〔註9〕「積」字及「而後乃今」，也常爲注家誤解。〔註10〕先說「積」。積，是人類經驗擴大的一種方式。若說「爲學

〔註7〕此詮釋請參看張祥龍《海德格爾思想與中國天道》頁312。

〔註8〕形成觀景之義，參看唐君毅《道德自我之建立》附錄〈智慧之意義及其性質〉頁21～23。要義約可言之如下：「吾人先超越其素習之看事物之觀點，而自另一所知之遙遠之事物，或一可能之理，取爲立腳之觀點，以綜觀當前事物，而形成之一智慧之觀景。故人愈能以遙遠之事物、或玄遠之理，爲立腳之觀點，以觀最平常之事物與其中之理者，人之智慧亦即愈高，常言即具一愈高之眼光。」

〔註9〕見《傅山全書》（二）頁1065。

〔註10〕如王夫之：「兩言而後乃今，見其必有待也。」（《解》頁2）又唐君毅：「莊子

日益」，依常見的解釋，其意義對比於「爲道日損」而被否定，則其「積」固是「以有涯隨無涯，殆已。」但「積」不可以別有意義嗎？如〈寓言〉：

> 顏成子游謂東郭子綦曰：自吾聞子之言，一年而野，二年而從，三年而通，四年而物，五年而來，六年而鬼入，七年而天成。八年而不知死，不知生，九年而大妙。

餘如〈養生主〉庖丁解牛，三年未嘗見全牛；〈大宗師〉女偊以聖人之道告卜梁倚，守之共十九日而入不死不生；〈達生〉梓慶削木爲鐻，三日、五日、七日而愈進；承蜩丈人累丸二、三、五、而能若掇之，也自有階次。本文說「去以六月息者也」，六月海運風動，才能托此大翼；大翼既舉，又需直上九萬里而後飛行無礙。因此同階次之例，「而後」是積的敘述詞，而非對鵬飛境況的否定詞。不應視「積、而後」爲有待、違於〈逍遙遊〉的「無待」主旨。爲什麼呢？試想：鵬飛的故事，在第一大段喋喋不休敘述三次，然後莊子告訴讀者：抱歉，以上所言，純屬無益，非本文旨意所在……。是這樣嗎？誰人文章如此詞費？爲何不直接視爲一獨立的整體，觀其一切用字、設詞、敘事錯綜的交織，而玩味其意象與造境？實則「積」何以一定即指「有待」呢？

　　困難在「而後乃今」，這詞也易引起誤解。〈逍遙遊〉的文章進行至此，不論是透過寓言、重言或卮言，都在呈現畫面與動態，畫面更有賴於讀者重構。這重構的讀者參與，並非純爲讀者的設想而然，而是莊子直自其體證境界發言，若獨白一般，因此境超於尋常經驗，故反要求讀者暫捨其已知，重新進入另一領略方式。至於「獨白」何以又能切合於「讀者重構」的歷程呢？究竟莊子的發言是純自內發？抑爲讀者考量而然？二者實是扞格，不是嗎？此貌似合理的疑問，正由莊子寓言的特色產生，在§6-1筆者將有確切的說明。

　　〈逍遙遊〉的境界、主題，若訴諸直接表達，固可一言而盡：「精神之無限昇華開展，而具足於透脫自在之心境」，則吾人雖亦能有所了解，但記問之學乃易易爾，閱讀者所得於莊子者，將只餘這一兩句話，究竟有幾分主動參與的力量呢？以文字鎔鑄藝術形象、文學意象表達時，讀者必參與構圖，以

固未嘗以大魚之化大鵬爲逍遙，因其必待風之積，以負大翼，而未能無所待也。」（《原道篇》卷一，頁351）二氏之說都是從郭象注來。但大鵬一則寓言當別看，其所謂「積」「培」「而後乃今」與後文的「無待」問題無關。「積」的意義，憨山德清《莊子內篇註》較能得莊子之意：「此一節總結上鯤鵬變化圖南之意，以暗喻大聖必深畜厚養，而可致用也。」（卷一，頁12）。陳鼓應先生《老莊新論》亦採憨山說，見頁143。

想像著色，映現其畫面流動於心版，而漸由此動畫體會其中透出的情境。這裡任一關鍵字眼：「北（南）冥—有—名—大—化—徙—天」，都還是和鯤鵬一樣，是以形象方式呈現觀念。如此，則「而後乃今」是一巧思，不論讀者自覺地解釋或不自覺地滑過，都起作用：「在畫面重構於讀者，形成連續動畫心象」的「當下」，謂之「乃今」。藉由心象的逐步構成、流動，應能體會莊子的寓意——大鵬之圖南。

如果不能自覺於此、領略大遊的內涵，將如何？便不免如蜩與鷽鳩之發笑。笑，原有多種意涵：「下士聞道，大笑之」是笑；「斥鷃笑之曰」是笑；「宋榮子猶然笑之」也是笑；「四人相視而笑，莫逆於心」是笑；「二人相視而笑，曰：是惡知禮意？」也是；「神農隱几擁杖而起，曝然放杖而笑」是笑；「不開口笑是痴人」也是笑；「古今多少事，都付笑談中。」也是笑，其意義不盡相同。蜩與鷽鳩是第一種。在卮言中，莊子進一步以一特殊字眼，引入擬人的生命跡象反省：「笑」，以與引發笑聲的鵬舉形成對比，造成某種情境。在此情境，笑不是快樂的表徵，而指觀點未經反省的直接反射，「笑」在此文脈乃用作字眼，表示發笑者所能達到的深度盡頭。這笑是純粹否定的，亦由重言補足大鵬飛翔之外的第二側面。仍是一畫面。這「笑」為何是否定呢？對比於「大鵬」南徙的，又是什麼呢？

> 適莽蒼者，三餐而反，腹猶果然；適百里者，宿舂糧；適千里者，
> 三月聚糧。之二蟲又何知？小知不及大知，小年不及大年。（卮）

這是以人之旅行比擬於鳥的飛行。一面斷定二蟲不足以知鵬，一面確立同一活動（飛／行）中的不同境界。因此重點在「知」的小大。笑，出於知之小，知之小，因於飛行之小，亦因於年壽閱歷之小。宕開一筆寫年壽，又進入極長時間之流的綜觀：

> 奚以知其然也？朝菌不知晦朔，蟪蛄不春秋，此小年也；楚之南有
> 冥靈者，以五百歲為春，五百為秋，上古有大椿者，以八千歲為春，
> 八千歲為秋，而彭祖乃今以久特聞，眾人匹之，不亦悲乎？（卮）

由「小年不及大年」的不知晦朔、春秋，類比於小知不及大知。但此飛、行之知與年壽之知，乃命定之限制，人豈別無突破之方？

> 湯之問棘也是已。窮髮之北，有冥海者，天池也，有魚焉，其廣數
> 千里，未有知其修者，其名為鯤。有鳥焉，其名為鵬，背若泰山，
> 其翼若垂天之雲，摶扶搖羊角而上者九萬里，絕雲氣，負青天，然

後圖南，且適南冥也。斥鷃笑之曰：我騰躍而上，不過數仞而下，翱翔蓬蒿之間，此亦飛之至也。而彼且奚適邪？（重言）此小大之辨也。（卮）

此段共有四重點：

一、首先是這段文字是否為錯簡的問題。陳冠學《莊子新注》說：

這一段文字與前文重複，並且有不少脫落，文字也不好，本不該有，只為要帶出下文，被當做轉接安插在這裏。先說此文的毛病：

（1）冥海是個不通的詞眼。

（2）鯤鵬之關係沒有交代。

（3）沒有描述鵬鳥圖南的背景及動機，也沒交代其起飛一事，便突然寫九萬里。

（4）全文同前文是在刻畫「小知不及大知，小年不及大年」，卻無結論對斥鷃加以貶斥。

前三點或用詞欠妥，或文字脫節，還無多大關係，最後一點，卻大大地影響了自向秀、郭象以來的了解。（頁59）

陳氏自此段的缺失著眼，所言似乎皆中要害。實則除了第二點之外，都未必可以成立。他並未注意這段許多新的描寫，都是重要字眼。我們先說「問」。

在以「年」的小大類比說明「知」的小大之後，莊子很巧妙地閒閒寫入兩個歷史人物：彭祖和棘──若有意若無意。問題在於「問」作為人類的行為有何意義？彭祖至商七百歲而湯未造訪，為什麼？

舜好問而好察邇言；〔註11〕湯之問於夏棘；武王問箕子而得洪範；孔子入太廟每事問；顏回問於仲尼……。明知故問，是反詰習非、是機鋒試煉，以及悲憫代通；〔註12〕無知、有疑而問，是參學解惑、立意精進、自守誠懇、態度審慎與精神開展；無疑無問、有疑不問，是自棄於窪水；泛問是心不在焉。〔註13〕

〔註11〕見《禮記》〈中庸〉。

〔註12〕如佛經中許多大菩薩發問，乃是代眾生問佛，望佛開示，至於解答內容乃大菩薩早已知曉。至於禪家常問：「汝甚麼處去？」「僧甚麼處來？」都不是寒暄語，而是機鋒。

〔註13〕如《孟子》中，梁襄王卒然問：「天下惡乎定？」（〈梁惠王〉）。曹交問：「文王十尺，湯九尺，今交九尺四寸以長，食粟而已，如何則可？」（〈告子〉）

因此，湯之所以問棘，正表示棘爲大年大知。但大年不必然是大知，此又湯之所以不問彭祖。棘，夏時賢人，象徵具經緯本末的耆艾，經歷時間中的種種事物變化，並通透事象背後的原理足以先人。在一般情形下，小年固不及大年，但若只是如此，則一切存在都完全受制於生命的短長，但「人」不是這樣的。過去的年世彷彿流逝，目力所不能及，封存閉鎖。在文字記載之外，人還能如何超越這種限制呢？尚可經由叩問。一切遠古的經歷、故事⋯⋯都向我們鮮活再現、敞開。問，使已知與未知一時俱現，也通達了人文的歷史意識。

相對於湯之叩問，是斥鴳的「笑」。這笑與蜩鳩的笑一般，仍是否定性質的。沒錯，他們似乎也問問題：「奚以之九萬里而南爲？」「而彼且奚適也？」但這是質疑鵬南飛的意義與所帶來的愉悅。此處的質疑，乃由不明白南飛的意義所致，非湯開啓視域之問。人或萬有都非生而知之或全知全能，故必有所不知，叩問則是一種通向致「知」明白的可能。但當蜩、鳩、鴳的笑聲出現時，所謂的「世界」，便只能在地表和榆枋、蓬蒿之間，此處大鵬尚不足以容片羽。

二、鯤鵬不再以變化關係出現，依然鋪展畫面，表達方式極一致，因此舊說或以爲重複，無義，可刪。實則不然。這段文字，是要使文章更容易閱讀。而且是表示再次補充第一、二次的說法，似乎是插入性的文字，但絕非贅文，亦非錯簡。此段乃以「北冥，天池也」補足上文未明言處，而合南北冥成一完整構造。使北冥到南冥的活動，其根源和歸宿都是「冥」——「此兩者同出而異名」。

三、斥鴳的笑和蜩鳩相近而又不同。兩段的「笑」，依鍾泰說是：自暴與自棄。〔註14〕這提供很好的線索，給筆者很大的啓發，但似不完全恰符題旨。蜩鳩以爲「時則不至，則控於地而已矣」，知力不足而自暴自棄，但斥鴳說「此亦飛之至也」之「笑」，應是自滿——孫行者在五指山麓。尤其帶出「適」的字眼，一方從笑而來，一方從徙來。更根源指出動物與人，在行動中自我愉悅的需求。但鵬的愉悅乃以無窮開展，盡力在呈現的境界領略其邊界——「絕」雲氣，相當老子之「徼」。但鴳的悅境乃在蓬蒿，那尤低於榆枋，灌木叢草紛雜之處；卻又自以爲「絕」頂，一覽眾山小。

四、此段並非無結論。厄言「此小大之辨也」，確立「境界」小大的不同。

〔註14〕《發微》頁 12。

一句斷案，結上啓下。〔註 15〕結上的部分，是將此前叨叨絮絮的文字，以一句總收而得其歸宿；啓下，是將以下進入人類世界四層境界的說明，直至篇末的人物，都收攏在此意中。意指「人」的觀念，不是對應於直立的圓顱方趾之謂，也不是指一平面的內涵，而是有意境小大的極端不同。因此莊子建立了主體人格的典型：

> 故夫知效一官，行比一鄉，德合一君，而徵一國者，其自視也亦若此矣。宋榮子猶然笑之。且舉世而譽之而不加勸，舉世而非之而不加沮，定乎內外之分，辨乎榮辱之境，斯已矣，彼其於世未數數然也。雖然，猶有未樹也。夫列子御風而行，泠然善也，旬有五日而後反。彼於致福者，未數數然也。此雖免乎行，猶有所待者也。若夫乘天地之正，而御六氣之辯，以遊無窮者，彼且惡乎待哉？故曰：至人無己，神人無功，聖人無名。（卮）總上為（寓）

這一段批判極明顯，但批判的點，並不是否定人世的活動——知效一官，德合一君，而是「其自視也亦若此」的自滿，緊承上文，一如斥鷃的「飛之至也」。而「至」作為一動態字眼或「極致」的定性形容，以下恰好分二進之行程而達到極致，並歸結出「至人」等人格典型，意指人類精神開展的途程，乃透過反省（定分辨境），超出人世之價值（御風而行），而後能自我植立以至全無倚傍、憑藉（樹，無待）。

　　此下，莊子接著用三段寓言，鋪衍二種主體人格：神人無功，聖人無名的實義。〔註 16〕在藐姑射神人一則，又帶有接輿和堯的重言。最後二則，陳冠學以為非本篇主題、非莊子自著，是智者千慮，求之過深，反而忽略象喻和實義之分別。〔註 17〕末二段皆由「大」為主題，討論「所用之異」、「無所

〔註 15〕陳氏的理解不同，或因原本真有錯簡，更可能因於莊子文章之無端崖使然。劉熙載《藝概》曾說：「莊子文法斷續之妙，如逍遙遊忽說鵬，忽說蜩與鷽鳩、斥鷃，是為斷，下乃接之曰「此小大之辨也」，則上文之斷處皆續矣，而下文宋榮子、許由、接輿、惠子諸斷處，亦無不續矣。」（頁 7）鍾泰亦曰：『此小大之辨也』，總結篇首以來之文。」（《發微》，頁 12）

〔註 16〕此處有多種不同的讀法。如宣穎以末二段（莊惠問答）為對「至人無己」的說明；張默生自「宋人資章甫而適諸越」至「窅然喪其天下焉」為一小段，是對「至人無己」的說明；錢賓四先生分段同張氏，但不以為是「至人無己」的示例；……個人以為莊子並未說明「至人無己」，不論示例為兩段或三段，都只對神人、聖人作說明而已。

〔註 17〕見氏著《莊子新注》頁 77～82。他說莊子定不至鄙陋到寫出「或以封」這樣的意思。這卻將比喻之詞讀實了。

可用」，乃是從《論語》「君子不器」、「君子可以大受，不可以小知」，以及「用之則行，舍之則藏」等通則來。換言之，主體人格的真正建立，不是由現實功用衡量其價值，若是，則還是在「知效一官」的層次搖蕩於毀譽。莊子這幾段的表法，即使直接表達觀念（卮言），也配合著敘事的對比（寓言）。惠子與莊子談話，表世論與「智者」的對答；「或以封，或不免於洴澼絖」、「憂其瓠落無所容——何不慮以為大樽而浮乎江湖」，則表物無定用，而用在人定；「狸狌——犛牛」、「患其無用——安於無所可用」表示物若定求用，則犛牛似絕無用；若不定求用，則犛牛之宏偉，存在自身即是用——顯示一「價值」，不必別求一用。形象化地進行觀念對比，更能顯發價值抉擇之多樣可能——即使無所可用，亦能自樹立於可遊息逍遙之境，而無所困苦。

§2-2 「階次遞進」的文章設計

以上粗略展陳〈逍遙遊〉的三言交互使用。這節我們試再以第一段為例，說明其以藝術形象、文學意象、神話風格表達，結合「造型」與觀念，究竟如何配合其主題而完成達意的功能。所謂主題，即「明至人之心也」，換言之，是主體人格之建立，更深一層說，是一種心境——逍遙。此心境之完成，乃透過一種心行——游：精神開展。二者正是人格建立的途徑與宗旨。莊子如何透過造型與觀念，隱隱地伴隨讀者，完成此心靈轉化、迴小向大的工程呢？

我們與天地萬物接觸，初透過人認識能力與結構。莊子並未如康德（Kant, I.）全幅而深刻反省此能力的結構與限際，而是依據道家傳統，宣說人如何依「北冥——南冥」的模型，顯發天地萬物、宇宙的內涵，而開展其精神境界。首先是自不可知之處，接觸事物最初的顯現，透過顯現決定其存在，這是「有」字所表之意。

其次是透過命名。「名」的初義是呼喚，次義是照明。〔註18〕在北冥的幽暗玄奧中，以呼喚而照明物種的特性——不只呈現物而已。由命名達到對物

〔註18〕 「名」在中國傳統具有此二義。《說文解字》：「𠵈，自命也。從口夕。夕者冥也，冥不相見，故以口自名。」（頁57）「從口夕」是也，但若說定是「自命」則未必，如葛榮晉《中國哲學範疇導論》便解釋為：「……表示在黑夜，因眼睛看不見東西，需要用口說出名稱，以區別事物。」（頁335）換言之，初義或只在「昏冥中之發聲」，包括：自命、指物、相呼。亦由此三義，才有劉熙《釋名》〈釋言語〉：「名，明也，名實使分明也。」（朱駿聲《說文通訓定聲》，頁875）「命名」乃以指實，使物物之實在得以顯發，而突出於渾沌、昏冥之中。

的初步了解——如鷹之別於蛇，獅之別於駱駝，狐狸之別於刺蝟。而一切吾人由「名」了解的事物，自身猶不斷變化滋長、突破名與言的確定指涉。觀察「鯤之大」，命名之後，是魚子不斷長大，使得對「名爲鯤」的了解，晃動不定，以至不可辨識。物種不只長大，而且可有類型的流轉，有量變，亦有質變。類比於精神，乃所謂奪胎換骨的境界提升。如果自然有此變化，背後蘊藏什麼奧祕？這一變化，配合生物體的志氣，自北冥徙於南冥，乃爲了照見無窮宇宙的全幅內涵。爲何知是「無窮的內涵」？——由「天池」一詞得知。包覆萬有存在而爲其依托的整體，遠不可測，深亦不可測。

　　《齊諧》重言，乃用引證以起信，超乎日常經驗，一切皆「怪」而爲宇宙之「眞」，故先借重言以啓信，而後其理得以尋繹。作爲書冊，不日「猶考信於六藝」，而考信於「志怪」，莊子拓人耳目之奇遠，眞是苦心孤詣。且以《齊諧》爲「引證」之據，看似愼重，卻又不羈恣縱如是。

　　水擊三千里，示平面幅度之無盡拓展，摶扶搖而上者九萬里，示境界立體盤旋而上的昇進。司馬彪曰：「圓飛而上也。」圓轉地觀物，才是事物完整呈現的妙門。單一平面的迴旋，所見又只是一物的完整，而不是世界的完整；待其層層盤旋而上，對世界所見愈高愈廣，愈圓而愈全，正是〈齊物論〉天均的一喻旨。證之典籍，再有對典籍的引申與詮釋，其理可信，確然不移。想像體會六月息如野馬、塵埃與生物共吹的和氣，已能了解蒼穹的無際，與九萬里直上境界之層遞，不知「正色」之何所止，何所在！此時更翻轉既有視野形成觀景，則又知此九萬里之高遠，亦只滄海中之一粟而已。

　　若以爲鵬飛只一舉翅即可，則不知生命開展之艱難與預備。故強調積水培風。必在不斷反複與反複深入：積，而後眞正有所憑藉與超脫。若不然？是「置杯焉則膠」。即使是「爲學日損」也是「損之又損」，由其消解的工夫而言，也是反向的「積」。「積」在人類的可能形式有三：〈逍遙遊〉首先列舉突破自棄與小知的方式，是空間的展開。但莊子不由觀念說「空間」，而說令人愉悅的旅行。在旅行中「宿舂糧」、「三月聚糧」，強調著開展的預備。「開展」對應於蜩鳩的笑聲，「預備」承襲著積的意涵。再有時間，亦不直說「時間」，而由親切易知的年年增歲提示。年齡漸增，意味著閱歷漸廣，以是時間短長塑造極不同的經驗內涵：小年大年。另一方面，若就時間空間的限制而言，則時、空只是拓展知的可能條件，並非必然帶出知的拓展。如彭祖與棘的意義便有區隔。如棘之賢，能識其大者，則其經歷的內涵乃有不可逾越、

替代之處。因此，即如湯之明哲，亦必叩問，而後能得棘所代表夏朝的經歷。透過書冊、遺賢與人類現象三者則是屬於「教」的。主體人格在「教」的範圍中建立，必得經由反省、批判（宋榮子之笑）；此亦不足，再須自我植立，自闢意境（御風而免乎行）。然而此猶未足。爲什麼呢？

　　換言之，以上種種歷程也是積水培風，都是在開展中所可憑藉，而不可沾滯者。但還有更重要的，乃在精神的無待：無入而不自得。即使如列子超乎人類的一般成就，但若不能時時與世界通氣，或消或息，皆與天地同其波流，尚有所不足。故從內在精神的植立，又能相應於宇宙的變化，才是生命時刻皆灑脫、皆自在的極詣。層層透過自然、人文世界圖像的擬仿，引領讀者一層一層深入，在畫面重映的同時，不覺使讀者心象發生流轉與變化，而達到心量超拔的氣魄（九萬里）與開展的明朗（北冥以至南冥），完全是實踐的心行，而非「沒有認知的重複。」莊子文本所達成的「心行」變化，乃異於一般文字的意義傳達，這種差異，我們在後文§9-1會再加說明。

§2-3　論寓言所依的雙重結構

　　完成這隱藏式「實踐的心行」，是基於隱藏式的道家「心靈狀態」體驗，這便是「有無玄同」的模型，簡言之即「可知／不可知」。只是莊子代換成形象化的「北冥——南冥」，合爲整體（玄）的天池。「北冥有魚」，其實是一弔詭的存在狀態。北爲暗杳，冥不可知，窮髮之北，深湛大海，在吾人經驗之外，莊子卻描繪一種「有」：暗夜黑森林中的烏鴉。但又非不能想像，只是此「有」，透過想像也不能確知盡現。在此情境，我們竟爲它命名，「名，明也。名實使分明也。」透過命名來照明，此照明不只對可見的世界爲然。即如北之爲陰，冥之幽窈深邃不可見，「有」之種種可能，魚之萬類奇形，皆可以「名」明之。由我們已知的近似，類比這不能確知的「有」：鯤。哦，魚子啊。是的，「鯤之大，不知其幾千里」，則與上句補足，又使命名的照明失色，魚子不純是魚子，生物瞬息萬變、或長大，但這還只是超乎「名」的所包涵而溢出其外；甚且「化而爲鳥」，則更是粉碎初次命名的容器。我們眞能在想像的場景中，見到物種變化的可能，超乎命名可道的界限。只是變化之後，命名的照明依然有其效益。鯤鵬之名一旦分別，除標識形體的認識區別，也說明鯤鵬質性的了解區別。

　　然而如同這些想像中的事物，其形體、質性不可一眼而盡一般：「不知其幾千里也」，吾人了解事物，也總寓涵著不可知的成分。故以下言鵬飛所見之

景，亦非吾人所能盡知，但以野馬、塵埃比擬，大略可得其彷彿；而所歷境界與九萬里之上，若非親證，只能由天之蒼遠而揣想彷彿。此「彷彿」不知亦若有知，說有知又不能盡知其實。其後蜩與鸒鳩出現處，則另以「小知──大知」作對比，如遊歷有不同之開展，適莽蒼、百里、千里之知各有不同，「適意」亦各有不同（不止是往，亦有「適意」之義）。此處又轉換「可知／不可知」模型的意涵。「不可知」，乃指事物顯發於目前（可知），而無法解讀其意義，如「之二蟲又何知？」「知之聾盲」之意。小年之小知與大年之大知也不同。小大之間，如何融通？乃在不止於所已知。「人」畢竟不同於一般生物，純任本能；人可以不斷超越已知、已成就，由「化」的融通，而能如「游」之自由擴展，才能成就精神氣魄的雄偉：「大」──不斷超出時、空、教三者構成的「知」的限界，而以精神的無限開展，達到心境透脫自在的適然。

第二節　以重言為主的範例──〈人間世〉解析

引　言

　　重言若依寓言範例的方法仔細考察，會發現是虛設行號！因為寓言表法有實質的軌跡，但是重言除開頭掛了孔子、堯舜等名號之後，其下所言概非寓言即卮言！而所謂「重言表法」的實質內涵只是一空集合。如果真是這樣，為何還說「重言十七」？重言的意義應從何觀察起呢？

　　重言既無法自表法形式作實質討論，卻又佔十七的分量，因此「重言」的呈現方式及採用因由，必與寓言有極大不同。重言的特徵，只剩下排頭響噹噹的古聖王賢人，則重言應自這些古聖賢人探取意義。但如此說又有不足之處。因為我們可問莊子擺設古聖賢妝點門面的用意何在？如果他所要表達的，是寓於言談內容之中，便可無限制借用任何人頭，似乎不需別立為「重言」。即使為了詼諧或遊戲的緣故而然，亦無需巧立一名目曰「重」言。是則重言應從什麼角度識取其意義呢？莊子重言，特要借古聖賢人之口來代己宣讀心聲，是否就不需考慮他所選取的角色？如果遣子路來講一番溫良熟慮如「心齋」的說話，恰當否？或讓顏回演一齣三號而出的戲碼，恰當否？〔註19〕以莊子書的謬悠荒

〔註19〕若另由相近表法的文類──小說──略作比較，可試以《水滸》為例。葉畫、
　　　　金聖嘆都甚推《水滸》寫作技巧極高明。葉畫特許其人物描述具有代表的典

唐而言，似乎無可無不可。但這會成爲可笑，並非幽默。最後我們會試著說明：莊子中歷史人物形象多樣化的用意。此處我們不妨先如此假想：莊子重言的要點，雖不能單由「引號中」得到訊息，卻正要從行號虛設之處，看莊子將那一類「引號中」的話語託付給什麼樣人，而後看人的性格特徵，能否和言說內容相對應。換言之，「引號中」的話語，雖以寓言、卮言的形式表出，但當它們託付給虛構的人物——櫟社樹、長梧子、王倪、女偊時，和交付給孔子、老子、接輿是完全不同的景況。我們特需注意引號前說話者的「性格典型」，如何涵括那一番話的意向。〔註20〕當然，這種互證，還得極小心地進行。因爲不止言說內容是莊子首創，也許連我們習知的人物，其性格特徵也是莊子首創，不能自我們的記憶庫裡揀現成便宜，還得清目洗心，才能趨近文本的意旨。

重言，我們擬以〈人間世〉爲解析範例。〈人間世〉的主題，在交由重言來表達的部分，其意義一言以蔽之，即：莊子在人間世這一主題，與古聖賢人的「對話錄」。對話是重言的底座，而聖賢人物則爲座上的塑像。（雖然這塑像不符合某些人的期望，也不符合大多數人的印象）莊子借此表達他對傳統哲人的理解——透過對話往來的理解。這裡我們將以孔子爲主，看莊子眼中的孔子是怎樣的形象。在此筆者將二人的對話視爲特別的「雙聲」，亦即莊子透過孔子所說，是他對孔子理解的「引申義」。〔註21〕近似柏拉圖早期、中

型、有鮮明的個性、善於揭示即使吳道子亦畫不出的人物心理、配角寫得活真……等。金聖嘆在人物典型的塑造方面，識見尤精。他特別強調人物肖像，以及動作、語言的性格化：

《水滸傳》並無之、乎、者、也等字，一樣人便還他一樣說話，眞是絕奇事。
　是魯達語，他人說不出。
　定是小七語，小二小五說不出，爽快奇妙不可言。
　如此妙語，自非李大哥，誰能道之。
　非魯達定說不出此語，非此語定寫不出魯達。
小說上乘之作，在人物典型塑造、性格傳神、和語言風格的配合協調方面，都有其精準的要求。人顧言，言顧人。以上見葉朗《中國美學史大綱》頁384～390。

〔註20〕 此雖是筆者的閱讀心得，但並非首見。近人如馮友蘭也曾說：「……（不過）莊子書中所述歷史上的人物之言行，雖不必眞，然與其人之眞言行，必爲一類。如莊子書述孔子之言，必爲講禮義經典者；其所述雖非必眞爲孔子所說，要之孔子之主張，自亦在此也。　認其可以表示其人言行之大體傾向，則無不可也。」見氏著《中國哲學史》（上）頁242。除舉孔子之例證不符事實外，其說大抵可從。且正因孔子不止講「禮義經典」，更看出孔子學術別有精要在。

〔註21〕 重言當然可能只是「故作正經地模仿古人腔調」（頁165），「利用這些人物莊嚴的喉舌來宣講自己玄誕不經的想法。這種做法的玩世不恭還在於，前人、

期對話錄總是透過蘇格拉底發言一般。亦因於重言的特性，以及《莊子》中孔子形象問題，不得不對蘧伯玉割愛，而以孔子爲主。

〈人間世〉，人在人群中。〔註22〕討論人存在人群中的一般傾向，可以《孟子》的一段話明確表示：

> 孟子曰：楊子取爲我，拔一毛而利天下，不爲也。墨子兼愛，摩頂
> 放踵，利天下爲之。子莫執中，執中爲近之，執中無權，猶執一也。
> 所惡執一者，爲其賊道也，舉一而廢百也。（〈盡心〉上§26）

楊墨代表一般思想家所能思考的兩個極端：視人爲完全獨立的個體，而尊重此獨立性，視「人間」所構成的「世界」（社會）爲虛假外制的，此爲楊朱；或從人類整體來看，肯定人原本就是群性存有者，所以一切行爲以反饋此整體爲優先考量，純然獨立的「個體」是不存在的，「人」依存於「人群」，唯有每一人能兼愛眾人，而後社會才得平等而安治，此爲墨子所主張。孟子顯然不屬於這兩種型態，莊子亦然。此姑不論各家的主張，單注意其形式，可化約爲兩域：共體與個體。由這兩域的配搭成爲三重領域：共體之爲共體、共體中之個體、個體之爲個體。〔註23〕任一哲人都可有其出發點與視野，至於莊子〈人間世〉的主題如何安立呢？宣穎說：

> 人間世不過有二端：處人與自處是已。處人之道在不見有人，不見
> 有人則無之而不可。前三段是其事也。自處之道在不見有己，不見
> 有己則以無用而藏身。後四段是其事也。（《經解》頁94～95）

古人、成名人士和杜撰的人物所組成的木偶班子被隨心所欲地差遣出場，一本正經地背誦莊子分配給每個角色的臺詞。例如作爲道家哲學主要敵人的孔子出現在《莊子》一書中，卻是以極其內行的口氣談論著虛寂之道（〈人間世〉等篇），而在其他篇什，他又成爲老子的虔誠惶恐的學生，或者謙卑地表示出對老莊之學的折服。在重言嚴肅的外套裡往往裹藏著豐富的喜劇含義和複雜的反諷。這似乎成爲莊子進行語言破壞的一件暗器。」（頁168）以上見劉光〈莊子言與不言〉。劉光的觀察、感受、隱喻，都極細膩而深刻。相較於此，我們的觀點似乎過於嚴肅，然而正如我們已在緒論所引證的，莊子與孔子的對應關係，恐怕不是只有「玩偶」一種可能而已。

〔註22〕人間世篇名格式，陳冠學以爲與逍遙遊一樣，「是同義複詞。人間與世，是同義的，人間世，指人的世界，以別於自然的世界。」見《新注》頁167。換言之，「人與人之際」（人間）所構成的「社會」（世）。但在英譯本中有一特殊的講法：「Man among men」（Giles，翟理斯）則「間」作介詞用。我們據此啓發加以引申，恰可符於莊子這篇主題的二重詭義：一、人「在其中」的世法；二、人「間隔於外」的出世法。

〔註23〕在共體中之個體一域，又可分爲：個體對應共體，共體中個體之自處。

這一段點明了：（1）〈人間世〉的兩部結構，及各部包涵的段落；（2）兩部結構，是依個體在共體中最基本的兩種存在處境而設；（3）最重要在於兩種處境的原則不同。在這三重領域中，〈人間世〉專論中間一域，至於「個體之為個體」乃在〈逍遙遊〉、〈大宗師〉揭示，並非此篇主題。前半部的討論，以孔子的「說話」為主。後半部的討論，我們以隱者對孔子的觀感為主。

§3-1　孔子、顏回與葉公——儒者情懷與反省

> 顏回見仲尼，請行。
>
> 曰：「奚之？」
>
> 曰：「將之衛。」
>
> 曰：「奚為焉？」
>
> 曰：「回聞衛君，其年壯，其行獨，輕用其國，而不見其過。輕用民死，死者以國量，平澤若蕉，〔註24〕民其無如矣。回嘗聞之夫子曰：『治國去之，亂國就之，醫門多疾。』願以所聞思其則，庶幾其國有瘳乎？」

〈人間世〉這篇以孔子和儒者為中心的文字，一開始先寫的，正是儒者——甚至三代以來政治傳統的基本關切：對人類（當時能知道的所有人）生命的同體感受，生存憂困之排解（禹，汝平水土；黎民阻飢，汝后稷，播時百穀），以及人民生命之道、內在德性之培育（契，百姓不親，汝作司徒，敬敷五教，在寬）。儒者因此栖栖遑遑。亦即此篇是以儒者的基本胸懷，對民瘼怵惕惻隱的感觸開始，莊子對此實亦深有體會。在顏回的話裡，又引了孔子的重言，這種重言的引用，與見古代賢者而思齊的內涵，在〈人間世〉最頻繁：

> 古之至人，先存諸己，而後存諸人。
>
> ……是萬物之化也，禹舜之所紐也，伏羲几蘧之所行終，而況散焉者乎？
>
> 子嘗語諸梁也，曰：凡事若小若大，寡不道以懽成。
>
> 故法言曰：傳其常情，無傳其溢言，則幾乎全。
>
> 故法言曰：無遷令，無勸成。

〔註24〕此處文句較難解，舊本作：「死者以國量乎澤若蕉」，各家說法可參看王叔岷先生《校詮》（上）頁 118。本文則採用陳壽昌的解釋，雖於文獻無據，但也合理可從，見《正義》頁 51。

但是否依於所聞，思其理想的實現，抱著滿懷淑世熱誠，便可行於蠻貊之邦？

　　仲尼曰：「譆，若殆往而刑耳！

孔子感慨地總結一句：你這不是去送死麼？莊子以顏回影射他所知的大多數儒者，以孔子的驚人之語，說明像他學生這樣的理想主義者，處在當時的危險境況。因為他們還不了解整個人間世的實情，貿然闖進，非徒無益於人於世，更且自傷其生。人間果真這樣可怕嗎？是的，遠比想像複雜。孔子對顏回的教導可歸納為下列三點：

1. 在心齋前的三小節，是孔子展示人間世的真相，以及從對話中一一說明：顏回應世之方，根本不足以走進人世，負起教化的作用；

2. 心齋一小節是重要的橋引，非主題所在，但有其超出字面與表法的特殊意義；

3. 心齋之後才是正文，也是孔子正面提出走入人間世應有的預備。

　　心齋乃歷來莊子研究都必述及的主題。但心齋的表法意義，尚未進入討論。心齋是在什麼情況提出的呢？

　　仲尼曰：「惡！惡可？大多政法而不諜，雖固亦無罪，雖然，止是耳矣，夫何可以及化？猶師心者也。」

　　顏回曰：「吾無以進矣，敢問其方？」

　　仲尼曰：「齊，吾將語若，有而為之，其易邪？易之者皞天不宜。」

　　顏回曰：「回之家貧，唯不飲酒，不茹葷者，數月矣，若此則可以為齊乎？」

　　曰：「是祭祀之齊，非心齊也。」

　　回曰：「敢問心齊？」

　　仲尼曰：「一若志，無聽之以耳，而聽之以心；無聽之以心，而聽之以氣。耳止於聽，心止於符。氣也者，虛而待物者也，唯道集虛，虛者心齊也。」

　　顏回曰：「回之未始得使，實有回也；得使之也，未始有回也。可謂虛乎？」

　　夫子曰：「盡矣！吾語若。……」（卮）

為何提出心齋？因為顏回「猶師心者也」。「師心」針對「內直而外曲，成而上比」教化方式而言。孔子說：問題不在你有多少好方法，而在於你根本不了解問題所在！每人一心，心有純駁不同，你以純德之心面對人群，人未必

領情，也未必因此達到你的理想，因爲這只是以己心既有的體會表露與人，並未明白對方的「心」與你同或不同、相應與否，這是師心。於是技窮的顏回只好等待老師開示：「敢問其方？」那麼孔子是否直接告訴他呢？沒有！那心齋的用意何在呢？我們試先看孔子下面告訴顏回什麼：

> 夫子曰：「盡矣！吾語若。若能入遊其樊，而無感其名。入則鳴，不入則止，無門無毒，一宅而寓於不得已，則幾矣。絕跡易，無行地難。爲人使，易以僞；爲天使，難以僞。聞以有翼飛者矣，未聞以無翼飛者也；聞以有知知者矣，未聞以無知知者也。瞻彼闋者，虛室生白，吉祥止止。夫且不止，是之謂坐馳。夫徇耳目內通，而外於心知，鬼神將來舍，而況人乎？是萬物之化也，禹舜之所紐也，伏羲几蘧之所行終，而況散焉者乎？」（卮）

閱讀這樣的卮言，我們幾乎懷疑莊子傳達的誠意。的確，莊子有時並不在乎傳達，用意別有所寄。爲使顏回能聽明白他所說的內容，必將廣義的「師心」狀態放下。再不憑藉任何已知事物、理論，尤其語言的使用規則，來聽受全新的陳述。因此心齋是爲著兩個情況而有的預備：一是其效果：「回之未始得使，實有回也；得使之也，未始有回也」的眞正的「虛」，亦即解消上文的師心；一是開啓「吾語若」之後的下文，在聽到根器大利的顏回達到心齋的果效之後，孔子說：「盡矣，吾語若。……」待顏回作到完全的虛靜，才開始他就此主題的教誨。也就是說，以卮言表式提出的心齋，乃在解消尋常經驗內容，並涵容全新經驗的開啓。心齋作爲「吾語若……」內容的先行導引，乃就後文的情況而設。文脈雖在前，但其精神卻是後設的：作爲後文的基礎。離此基礎，則後文不可能理解。

其次，心齋除其特殊的後設意義之外，其自身是如何的呢？

> 無聽之以耳，而聽之以心；無聽之以心，而聽之以氣。
>
> 耳止於聽，心止於符。氣也者，虛而待物者也，唯道集虛，虛者心齋也。

我們應注意心齋的表達也有極特殊的形式，同樣不是一直接的傳達「心齋是什麼」的方式，而是層遞句式。這種句式代表什麼意義呢？代表心齋是一歷程。〔註25〕什麼是歷程？即修養工夫透過嚴謹的次第，而逐漸達致某種境界。

〔註25〕詳細論證，請參閱拙著碩士論文《莊子內篇夢字義蘊試詮》，第四章綜論第四節。

卮言句式在此發揮其思理的嚴密功能，文句的進行同時即是（或引發、觸動）顏回心理活動的進行，卮言使聽者解義，並同步用功，就「心齋」的工夫要求，作「成心」的消解、以迄於完全的消融。消融感官、成心的作用之後，呈現生命更基本的質地：「氣」。「氣也者，虛而待物者也。」「待」不再是「有待」的負面義，而指一純粹靜候，靜候物之呈顯，如山谷順任雲嵐飄升流動那般自然。顏回的入耳心通，眞是無與倫比，孔子話音一落，他即答之以：

　　顏回曰：「回之未始得使，實有回也；得使之也，未始有回也。可謂
　　虛乎？」

個體數十年的經驗積累、意識型態，竟只短短的幾句言談之間，便化融無跡，顏回的敏悟是何等的生命品質啊！師弟子的體合無間、對答間即達致生命的啓悟與昇華，亦世上少有吧。像這樣的話前提示，莊子只在一、二處極難的卮言之前安設，如〈齊物論〉近尾聲：

　　長梧子：「……予嘗爲女妄言之，女以妄聽之，奚？……」

先使聽者急欲有所得之心稍微鬆弛，而後才開始其卮言。此段是〈齊物論〉第二部分的總結，綜合表達一個很複雜的卮言和思想交織。〈人間世〉的心齋，在第一段提出，不只作此段卮言的先行導引而已，也作爲全篇的前導，就此而言，心齋是一很深刻的後設狀態卮言。

　　解釋了「心齋」在表法方面的意義之後，通過心齋，孔子下面這一番話，要表示什麼呢？首先看對應於儒家的部分。「絕跡易，無行地難」可作爲儒家崇高心行的結語。馬其昶說：

　　不行而絕跡，此出世法。行而不踐地，則入世而不爲世攖者。

絕跡指出世，完全撇清現實的繳繞糾纏，還是一件容易的事；但要入世，卻又能若無其事，不染一塵，他人也看不出你足跡，則非常困難。儒家總是入世胸懷，雖未必能「無行地」，但此輩老是挑難事做的卓絕心行，殆非隱者所能體會想像。莊子（孔子）深知其中艱辛，故建言如此：

　　對方若能聽諫，才能發表意見，否則應保持沉默；

　　發表意見時，別大張旗幟，上書「顏」字、「替天行道」，彷彿以正義之師出征，如是人亦將舉其旗幟與你相抗；內心應保持安定，而只在不得不然的情況，才應機行事發言；

　　人之處於人際，必有修飾，你應撥去其表象所現，而直探其人自然狀態下的本來面目，如此才是了解他人的正途；而且與心齋的作用一般，不應再

以已知內容、憑藉，套公式標定人的樣態，試將心地打疊清淨，則自能如實符應眞相，且保持內心的安詳。一旦如此，則世間的一切變態幾微，都能安止於心；此即古聖王的本領所在，教化所以大行，萬物莫不潤澤的緣故啊！

整段話都由極不尋常的卮言，配合各種象喻來表達：「鳴」、「翼」是以鳥的象喻，隱指顏回若能如此，方（則）能遊於人間世；以「宅」、「寓」、（虛）「室」等屋宇形象比喻心，隱指入世之樞機在心之安定，此安定在下一段（葉公子高）更明顯地闡發；以「鬼神」的渺茫變幻，甚或可怖，象喻人心的幽隱難測；……最後不忘再現本篇的一貫形式，提出重言來壓陣。

這和我們從《論語》所得的孔子印象有何不同呢？莊子既回應孔子（儒家），必有不同的表述，不同的重點何在呢？儒家的精神，莊子很能握其樞要；他透過孔子發表己見，主要在：「以無翼飛」「以無知知」「虛室生白」之後，自己不再爲外物所擾動，一方才更能貼切於現實層面下人的複雜。孔子四十而不惑，孟子四十而不動心，儒道兩家論「德」的內涵雖不同，然就內在的充實言，孔子人格亦剛健光輝，非莊子所欲訾議；但就「現實」政治而言，正因儒家的旗幟太鮮明，君主只是唯唯，少能眞心信從。孔子固然有其不可企及的洞察力——對其學生，對人類存在的根本問題；也有深不可測的洞識——對其前的古文明。然而就「入世」的成功與否論之，則效果是明白易見的。於是莊子乃以對儒家的了解與同情爲基礎，提出上述的建言。這其中有同有異。下一段，更能看出莊子對儒家人性的倫理學，有深刻的相應理解。

第二段，葉公子高的外交難題。這段有極著名的莊子倫理學陳述：

> 仲尼曰：「天下有大戒二：其一命也，其一義也。子之愛親，命也，不可解於心；臣之事君，義也，無適而非君也。無所逃於天地之間，是之謂大戒。是以夫事其親者，不擇地而安之，孝之至也；夫事其君者，不擇事而安之，忠之盛也。自事其心者，哀樂不易施前，知其不可奈何而安之若命，德之至也。爲人臣子者，固有所不得已，行事之情而忘其身，何暇至於悅生而惡死？夫子其行可矣！（卮）

什麼是「大戒」？成疏：「戒，法也。」（《集釋》頁 155）莊子談到了儒家的鎭家之寶：孝弟，但他不用這樣的現成德目，另用自己的術語來理解。但莊子提出大戒，並非直接表述其「應然」的意義，與心齋一樣，都是別有所指的。大戒針對的問題或困境是什麼？

> 葉公子高將使於齊，問於仲尼曰：「王使諸梁也甚重，齊之待使者，

蓋將甚敬而不急，匹夫猶未可動，而況諸侯乎？吾甚慄之！子嘗語諸梁也曰：『凡事若小若大，寡不道以懽成。』事若不成，則必有人道之患；事若成，則必有陰陽之患。若成若不成，而後無患者，唯有德者能之。吾食也執粗而不臧，爨無欲清之人；今吾朝受命，而夕飲冰，我其內熱與？吾未至乎事之情，而既有陰陽之患矣；事若不成，必有人道之患。是兩也，爲人臣者不足以任之，子其有以語我來！」（厄）

葉公子高也在問應事的方法：「寡不道以懽成，……子其有以語我來！」然而明白可見的，孔子答語先提出根本原則，尚未論及方法。爲什麼呢？猶如我們在〈逍遙遊〉中所說，莊子主張思想與生命的修養，以氣魄與見地更居首位。葉公子高的疑慮與問題，恐不在任務的艱難，而在心理的不安。人道、陰陽二患，都源自他心理建設不足，引起了過度憂慮和恐慌。明白及此，我們才能進一步深入探問莊子所構想或引申的「孔子」是基於什麼。易言之，孔子是如此明瞭葉公子高目前狀態的關鍵。這種越過語言的傳達表述（葉公子高的自陳），而直接洞悉對談者的心理與癥結所在，且立刻能恰切中肯地回應，是怎樣的心靈呢？讀者或可說，此只是想像、虛擬的孔子，又不是歷史上的那位！若是這樣的心靈由老子表達豈不更妙？莊子中，老子也多次扮演這樣的角色啊。但交給老子和孔子的臺詞是完全不同的。

很明顯，孔子在回答顏回和葉公子高時，都有一段游離文字在其主題之先。這種語言使用，異乎直問直答。游離文字都具解構消融聽者成心（不論其爲顏回的師心，或葉公子高的內熱）的作用，且是主題的後設基礎。那所謂氣魄與見地是什麼？即莊子藉孔子之名所說的大戒，通於儒家的孝弟。兩家說法有何不同嗎？莊子的倫理學可與儒家發生什麼互動？以下我們要看兩個問題：一是「命、義」的解釋爲何；一是「命、義」在上下文脈的旨趣。

先說「命」。明是後文所說的「孝」，爲何莊子不用孝字？〈大宗師〉：「死生，命也。」是以「流行」爲義，乃天之健動所與，大自然的法爾如此。故其下又說「其猶夜旦之常，天也。」同篇末，子桑嘆歌曰：「然而至於此極者，命也夫！」也不等於今日「命運」之義，而更近於視爲「既與事實」的體認、省察，根源也在不可知之天（非天覆地載之天）。此處命字亦因其根源得名，從「天」而有，即天之所以與我者，生而本然者。相當於孟子的「良」（知）。愛親之心生而天成，卻不直說是「孝」，亦即不由既與德目考量人的眞實，如

此才異於蒙童對傳統之照單全收，而眞正成爲不可解於心之「大法」。〔註26〕
那事親的原則如何呢？「不擇地而安之，孝之至也。」即不論處在什麼境況
（地），兒女都不變其孝心，這便是孝的極致。什麼道理呢？如果我們的孝是
依於條件：或等我有錢才開始、或老父有遺產我才肯奉養、或必求其父母爲
可孝可敬之人方肯（頑嚚之人怎當得起我的孝敬？）……則亦不過是商人之
善計，非孝子之本心。若依此言，莊子對儒家的了解可說不深刻嗎？

其次說「義」。此字在內篇尤爲罕見。除同篇「以義譽之」以外，〈齊物
論〉：「有倫有義」和〈應帝王〉「以己出經式義度」二處，與此意義相近，後
者是較廣義的「規範法度」；前者相對於「倫」之常理，而爲權宜之變，仍有
合規矩之意。〔註27〕問題與「命」相同，明是說「忠」，爲何先別用一字？同
篇「以義譽之」與此字意義相近，指一客觀的規範。但此「義」的規範乃根
於自擇，非出於外迫。因人可不走入政治，今既選擇從政，必有其職位需負
之責任，勉力於職責所在，即從政的正當規範；即使不走入政治，亦往往在
大群中生活，有其官長、上司，而不能免於人群的責任。這兩種在人群的責
任，即是義。因此「義」字亦從其根源得名，唯其是人自擇而有的人際規範、
正當的處群行爲。事君的原則又如何呢？「不擇事而安之，忠之至也。」我
們注意到用字已變，此絕非「修辭變體」，〔註28〕而有其深刻的揀別理由。亦
即，事君是應「擇地」的，但既擇地，則不應擇事。不擇地是誤將客觀規範
視爲天命，以爲不可移易，忘卻自主之「義」，此將混濫俯伏於一切君主之下。
若擇事，是尸位素餐，既貪圖祿利，又畏苦怕難，一無承擔。擇地之「忠」，
因此是就「事」盡己之力言，非就死抱住君主一人或一朝而言。上述原則，
又何曾異於儒家？

顏回單憑民胞物與之胸懷，而鼓救世之熱忱，拯衛民於水火本非其責，
故先爲展示人間世眞相；葉公乃一大夫，久知人世之變相異態，故重點轉在
「人格」，而事次之。確立「命、義」兩者，才能進而談足以獨當一面的「德」。
同樣是一歷程。道家（或莊子）雖未必認可儒家的德性能在人間世起教化作

〔註26〕 父子之親，莊子或視爲「天屬」，見〈山木〉篇，唯彼處自父之愛子而言，「命」
　　　　自子之愛親言。
〔註27〕 〈齊物論〉尚有「忘年忘義」，「義」字深，可指知識總體；〈大宗師〉「其狀
　　　　義而不朋」，但其訓詁應從俞樾讀爲「峨」；「躬服仁義」「回忘仁義」則是一
　　　　般意義。
〔註28〕 修辭變體是指：雖是不同語彙，但表達相同的意義。

用，但就進入人間世任事，而求其有所樹立，必根基於人格的深厚內涵與修養，則絕無二致。道家的德之至爲何？是「自事其心」與「知其不可奈何而安之若命」。「自事其心」又非顏回「師心」之類，乃另由其前「事」父、「事」君皆有所「不擇」而生的安定感，內轉爲「服從心之所主、德之所充」的安定感，所以「哀樂」不再能輕易擾動他；如此不論事態如何萬變炫迫於目前，都能清明洞見其爲自擇之路必經之淬煉，而心猶靜定，若視爲自然如此者，此由大戒、事心而生無懼無畏大勇，才是「德」之極至。由此又與〈人間世〉的下一篇，〈德充符〉所謂「保始之徵」相聯貫了。這樣的兩段臺詞：表現無與倫比、雄偉勁健的人格，都交由孔子朗讀，這樣是否意味莊子所見之孔子即是如此呢？

§3-2　孔子與隱者——道家的回應

> 孔子適楚，楚狂接輿遊其門曰：「鳳兮鳳兮！何如德之衰也！來世不可待，往世不可追也！天下有道，聖人成焉；天下無道，聖人生焉。方今之時，僅免刑焉。福輕乎羽，莫之知載，禍重乎地，莫之知避。已乎已乎！臨人以德，殆乎殆乎！畫地而趨。迷陽迷陽，無傷吾行。吾行卻曲，無傷吾足，山木自寇也，膏火自煎也。桂可食，故伐之；漆可用，故割之。（寓）
>
> 人皆知有用之用，而莫知無用之用也。（卮）

在《論語》中，已有許多隱者、逸民和孔子相遇、交涉，其中間雜少數的對話。從這些片段，可見孔子永遠對隱逸之人保有深厚情感，想和他們說話、想聽他們說話。〈人間世〉最後一則重言（寓言）的原版，即出自《論語》〈微子〉§5：

> 楚狂接輿歌而過孔子曰：「鳳兮鳳兮！何如德之衰也！往者不可諫，來者猶可追。已而已而，今之從政者殆而！」孔子下，欲與之言。
>
> 趨而辟之，不得與之言。

楚狂接輿爲何詠歌而過孔子？隱者豈非不問世事？但聽其以「鳳」比孔子，以「殆」譏當時從政者，則其心情惜孔子者多，譏刺之意殆無。此段末後記孔子下車，希望和接輿說話，見孔子對隱者仍有一番深情。然隱者多以爲世不足爲如此，不待多辯，往往不領孔子之情。莊子依這則實事衍爲故事，用意安在？舊注或以爲譏刺孔子，如憨山：

此人間世立意，初則以孔子為善於涉世之聖，故托言以發其端……終篇以楚狂譏孔子，意謂雖聖而不知止，以發己意。乃此老披肝露膽，真情發現，真見處世之難如此，故超然物外，以道自全，以貧賤自處，故遯世無悶，著書以見志，此立言之本意也。故於人間世之末，以此結款，實自敘也。〔註29〕

是則接輿乃莊子之自比，而孔子入世之聖，亦在所非之列。「以此結款，實自敘也」，極簡要地說明此節的意義：本篇結語、自敘所以安身立命之道。但自敘必牽涉對孔子的「譏刺」嗎？這恐怕並非莊子的用心。然而莊子的用心如何可知呢？

看文句形式，是四六駢文，對仗極工整。但若與《論語》對照，即知是歌，而且是以四言句式為主的詩歌。多加虛字襯足：兮、也、焉、乎。詩、歌皆可唱，表示莊子原有一番心情要抒發，故順《論語》的原版加以改作。這番心情是什麼呢？此段開頭與《論語》完全相同，是詩的比喻手法，寄寓甚深的慨嘆：

鳳啊！鳳啊！你這美麗的德禽，為何這樣的不清明呢！時代並非你的時代啊！

麟為仁獸，鳳為德禽，〔註30〕皆應有道方現身於世，無道則應退隱世外。而今時代「如此」，鳳猶出現於世，豈非智有所不明麼？此節「德之衰」，是指孔子對其所遭遇，反省能力尚有不足之處，否則「明知其不可」，為何還堅持「為之」呢？究竟這是怎樣的時代呢？

你的理想，在這時代和未來已不可能實現了；而你所嚮往的周文，早就成為僅供典藏的昔日輝煌而已，也不可能回歸再現了啊！天下有一合於人性的秩序時，聖人便能為人所識，而得以成其教化；若天下已昏亂不堪，則聖人也只能確立其自身存在之意義，而不再能於世有所作為；而今呢，連確立自身的存在，都未必可行，只求能倖免於刑辱而已。

〔註29〕見氏著《莊子內篇註》卷三，頁47～48。
〔註30〕聞一多〈龍鳳〉提出此章「鳳」字，乃以殷人的圖騰象徵孔子，猶孔子以楚人的圖騰「龍」象徵老子。（見《神話與詩》頁69～72。）但最先以「龍」喻老子的《莊子‧天運》還有這樣一段：「龍合而成體，散而成章，乘雲氣而養乎陰陽，……」是則龍、鳳雖源自民俗學的圖騰，卻不只是單純指出氏族，亦有隱指其「德」的意味。

自此以下，莊子開始異於原版，獨抒己見。以最美麗的鳳作爲孔子的象徵，然而德禽仁獸總是不合時宜地出現，因此世人也總是毫不吝惜地加以遺忘、排擠、鄙棄、乃至殺戮。孔子難道不明白這些嗎？孔子是這樣地異於垂涎祿位之人，這樣異於吮癰舐痔之人，……由§3-1 的解析可證。那既知是這樣的時代，爲何孔子還這樣執迷不悟呢？

> 在這樣的時代，你竟對自身的利害全不關心。若聰明地爲自己打算，很容易依你的名聲載回一車車的利益；或至少選擇隱居之路，馬上可以生活得安逸自在，這也操之在己，輕而易舉的，可你都不願這樣做；反之，如今世局險惡多患，任人都難以承受其重量，你又這樣堅持走入人間世，完全不知迴避凶難！還是德之衰！

但果眞是孔子不清明嗎？還是……？以下莊子說明他所了解的孔子，以及爲何孔子如此關切人間，卻不能成其教化：

> 算了吧！算了吧！如何能以你内在充實完美的德性與世人相交接呢？太危險了！像你這樣堅持原則與界限，而後才願實踐你的道路，與世俗之人如何能打成一片呢？徒然疲困自己啊！

此節「臨人以德」的「德」，才眞指孔子内在的深厚修養，然而這樣豐厚的生命如何爲世間所承載呢？更何況如此深刻的生命型態，還堅持他的原則，「辭以病，鼓琴」「俟其亡而往」……。莊子如此感慨孔子的心志，與其理想之不行於世。感慨交由詩歌，則見情感更深摯、更沉痛。如〈大宗師〉：

> 子輿與子桑反，而霖雨十日。子輿曰：子桑殆病矣。裹飯而往食之。至子桑之門，則若歌若哭，鼓琴，曰：父邪！母邪！天乎！人乎！有不任其聲，而趨舉其詩焉。子輿入，曰：子之歌詩，何故若是？曰：吾思夫使我至此極者，而弗得也。父母豈欲吾貧哉？天無私覆，地無私載，天地豈私貧我哉？求其爲之者而不得也。然而至此極者，命也夫！

子桑之貧病，有不足以言者，故以詩歌抒發，連詩歌也不足以達之，故不任其聲。兩個轉折，正見生命中許多不明來由、莫可奈何之遭遇、處境，不用詩歌不足以發其鬱結。詩歌之長引以舒慷、頓挫以凝咽，情感起伏故旋律抑揚，音聲迴盪如思緒百轉。回看〈人間世〉，此段前半節歌詩寄慨之深，筆者只見其深知深惜孔子，未知「譏刺」之何在也！〔註 31〕既是寄慨，則莊子亦

〔註31〕譏刺自也可唱成詩歌，如《詩經》相鼠、葛屨、碩鼠、狼跋諸篇。然與感慨

當別有所見，別有主張，人間是一叢叢的荊棘，人能怎麼辦？

> 荊棘荊棘，別妨礙我的步子！我會彎曲穿過棘叢間路，可別弄傷我
> 的雙足！

最後莊子指出，人間世的「用」「價值」都是對生命的殘害啊：山木的折枝、油膏之焚身、何苦禍不至而自招之？即人不自召，單單將自己擺進人間世，他人亦將不顧一切地剝削你：桂「可食」而見伐、漆「可用」而見割，仍舊以比喻形象語句表達，增飾以詩歌的節奏。只在最後一句以卮言點睛作結：徹底支離於人間世，也能自有其價值啊！──又回應於〈逍遙遊〉最後的「無所可用」！

整段表達了莊子對此篇的總結，蓋藉詩歌形式，寄託無以名之的感慨：對孔子生命的體會：鳳德；對孔子的深惜：超乎常人的德性充實與原則堅持；對行事風格之賞歎：超乎自身禍福的關注。就〈人間世〉的主題而言，孔子與顏回的儒者情懷，仍是極可珍貴的。甚或整篇的基調都是建立在情懷的感應、和心意的體貼，在相映於孔子的心情和筆調時尤然。當然還包括此前所說人性負面情緒的對應，如「若能入遊其樊，而無感其名」，如「彼且為無町畦，亦與之為無町畦」。這是〈人間世〉的特色。也由這層細膩基調，使重言的表達，和寓言有造型造境相近之處，即文字以外曲折映射的意旨。如匠石夢櫟社樹，覺而診其夢，其弟子問：「趣取無用，則為社何邪？」匠石說：

> 密！若無言！彼亦直寄焉，以為不知己者詬厲也，不為社者，且幾
> 有翦乎？且也，彼其所保與眾異，以義譽之，不亦遠乎？

櫟社樹的行為一樣不為人知，不易索解；而匠石之為「師」，乃在其能放下原先的理解：視櫟社樹為「散木」；又能立刻從櫟社樹夢中一番話，便深知它立身之特殊處：「彼其所保與眾異」，我們無法以一般的規範去了解這株「散木」，這是對所謂「出世者」的知音。

莊子雖深知儒者之心，但並不與之全同。他並不堅持非走進人間世不可。但走入／走出，真是這樣簡易的二分嗎？顏回除與孔子周遊列國之外，一生多半只在陋巷中啊！所以更重要的，是保持清明地了解實況──對人間之處人、對無用之用之處己。因此最後展示自己的道路，超越世間價值的價值──無用之用。只以「超離既有」為前題、通則，至於具體的實踐、抉擇、與無用之「用」之落實，皆交付予每一特殊個體的省發。

應可別。

§3-3　重言人物形象「多重性格」的意義

如果重言真像我們在引言中所說，只是虛設行號，那麼莊子為何還使用它作為三種表法之一？而且任一敏銳的讀者很快就會發現，除了人物形象和我們習知的大不相同之外，同一人物的形象本身便不一致。如：

1. 黃帝得之（道），以登雲天。〈大〉

    黃帝將見大隗乎具茨之山，……至於襄城之野，七聖皆迷，無所問途。

    適遇牧馬童子，問塗焉。……黃帝再拜稽首，稱天師而退。〈徐〉

2. 受命於地，唯松柏獨也，在冬夏青青。受命於天，唯舜獨也正。幸能正生，以正眾生。〈德〉

    蒲衣子曰：而乃今知之乎？有虞氏不及泰氏。有虞氏其猶藏仁以要人，亦得人矣，而未始出於非人。〈應〉

3. 雖有神禹，且不能知，吾獨且奈何哉！〈齊〉

    （伯成）子高曰：「昔堯治天下，不賞而民勸，不罰而民畏。今子（禹）賞罰，而民且不仁，德自此衰，刑自此立，後世之亂，自此始矣。〈地〉

如此之例，舉不勝舉。最常出現的自是孔子。孔子偶或做莊子思想的代言人，或作老子的學生，或是無所不通的大師，或是未得道的魯鈍學者，……堯舜也不能豁免於這樣的命運。而這似乎一點也不奇怪，即使黃帝──道家的大宗師，也會「迷路」、「遺其玄珠」，還會被植物（長梧子）批評（〈齊物論〉：「是黃帝之所聽熒也」）；齧缺──許由之師也不例外，還被學生批評一番呢！（〈天地〉：「夫何足以配天乎」）何況孔子！

這些歷史人物的形象不一，我們應如何看待呢？若回到與重言、寓言相近的小說表法來考量，小說頗忌扁平人物。〔註32〕單一性格，黑白分明，忠即完美至極，奸則處處可恨，自篇首至結尾，一以貫之而無發展，……。在現實人生與世界，豈有這種樣板人物？任一個體，總是呈現多樣而複雜的面貌；而人之自視、或解釋其所聞見，亦可因時因地而異──「孔子行年六十而六十化，始時所是，卒而非之。」覺今是而昨非。人之自身，與人之閱世，皆可有此飽滿（人格之充實）、或多樣（人人不同，有如其面）、或變化（上

───────────

〔註32〕借用佛斯特《小說面面觀》的名詞，不全取其義。在其書中，以兩類人物分小說一切人物，扁平人物乃以其「典範性」而立，非絕對的劣義。

達或下達）的可能。

依此我們回頭看莊子書，歷史人物，尤其孔子的多重面貌，可視爲「複數眞相」。亦即，我們尋常所認知重言人物的「不變實體」，反而是虛構的；莊子虛構的破碎拼貼，反而鄰於眞實，是以囊括古今的歷史觀點看歷史人物，亦即：整全的。當我們以任何一可接受的觀點來了解古人／傳統時，各個時代、不同觀者，必定形成不同的視野和理解。在這不同的視域中的圖象，並不必然有單一視域是完整的，反而需再透過諸視域的融合，且是不斷地在主體內融合，而後可謂趨近於對歷史／人物的完整理解。莊子參差、支離其筆下「重言人物」形象，正不要我們以自己或任一作者的單一觀點，輕率地對「他人」下「定義」、「註解」，而應從諸觀點、諸視域的「總和」（數量之「和」，故稱爲「複數」），而求得對人物的全面了解，以及歧異的消融貫通。〔註33〕歧異的融貫正莊子所體會之「和」（心境之「和」諧）。〔註34〕「和」的意義，我們將在論卮言、天均時再深入探討。

莊子爲何要提出「複數眞相」呢？唯由此，孔子或歷史人物才可以不再是偶像或絕對權威。不再是權威，又如何呢？我們明白歷史人物的重要意義，

〔註33〕 與此相近的意義，可參看卡西勒《論人》，頁 203～204；以及。

〔註34〕 鄭雪花在其博士論文批評此處的說法：「與其說是對歷史人物的理解是多重視域的加總，不如強調他對歷史人物的『應用』是意義贅疣的清除：既有歷史敘述對歷史人物的詮釋，總是帶有特定價值體系所支撐的設定，然而，由於偶然的目的性論述僞裝成必然的本質性論述，於是在理解上形成不經反思、視爲理所當然的先在結構，莊周通過虛構或降格予以改寫，往往藉由形象的差異與敘述的裂縫，讓先在結構在意識光照下顯現其偶然性及遮蔽性，然後以想像的自由變異，開啓對於相關事物的本質觀照，使意義在本質觀照之中流動與更新。」又「量的總和並不必然導向質的全面的、完整的理解，……「全面的、完整的理解」不可能，也不必要。」《非常的行旅——〈逍遙遊〉在變世情境中的詮釋景觀》，頁 75～76，正文與註 46。兩個批評皆甚佳。首先，是兩種對「差異」的論法，我們自可在差異中因其互牴而相消，並由此滑移出新見解，此一路；另爲由差異之互形而同意沒有任一差異可以互消，一時而並呈，由並呈而共和爲一天，此又一路。於此可以兩行，不知何以定歸一路？其次，將「歷史」詮解視爲集愚昧與成見之大成，亦一特定觀點而已，以此定說而對歷史的其他可能觀點加以排斥，是否「確定」爲莊子之所持，也可以再商榷。又次，複數之和不知爲何定與其所言「質的理解」相牴而不諧？本文並未設定質、量互斥不容，則總和爲何不能包括各種質的理解（的差異）？在某些情況的確是質、量有別，但若必謂質、量必牴而僅取其一，則亦同時必謂僅存（本）質的唯一解，此又必與鄭文所持之「流動、更新」互斥。最後，涵攝性之量與擴散性之量不同，至於完整與全面，也不必是一封閉的狀態，既可能也必要。

心中生起尊崇，與將他視爲權威，是截然不同的景況。權威是一封閉性質的思路，在此封閉疆域之外，很難容許其他可能。而且，即在權威的涵蓋之下，能否藉他達致眞實的理解，亦未能保證。莊子與道家那自本自根的解蔽性格，從其對應於傳統時，最能見其端倪。亦即，不自傳統解蔽，則眞相有限，無以漸次呈露；反之，「解蔽」若成爲純粹地否定傳統，以至於虛浮無根，同樣是一蔽。

莊子之對應孔子，如我們所舉證，尊之是無疑的，唯其尊之的方式不與孟子同。這同樣是複數眞相，並非莊子便高於孟子。弔詭之處便在此，孔子與歷史人物形象在《莊子》中之不一致，反而像是預言：他們在後世人心中的多樣面目。

第三節　以卮言爲主的範例——〈齊物論〉

引　言

嚴復先生曾說：

> 南華以逍遙遊爲第一，齊物論爲第二，養生主爲第三，老子首三章亦以此爲次第，蓋哲學天成之序也。人惟自知拘虛，大其心，擴其目，以觀化，而後見對待之物論無不可齊，而悟用力最要之所在也。

果眞是這樣麼？如果〈逍遙遊〉的隱藏結構，如§2-1、§2-3所論，頗與《老子》第一章相應，那〈齊物論〉是否也對應於《老子》第二章？這豈不是任意比附嗎？「對應」不是學步，而是主題的近似。只因爲《老子》第二章歷來引起許多誤解，〈齊物論〉更連篇題都爭紛難定，〔註35〕因此兩篇便很難令人聯想在一起。而且〈齊物論〉延伸得更廣闊、更深入，也使得對應的痕跡更不明顯。當然老子還有許多篇章對應著〈齊物論〉，而不只第二章。那兩篇

〔註35〕〈齊物論〉篇名究應作何解，歷來爭論不休。或以「齊物」連讀，以論爲文章體裁；或以爲內七篇未有以體裁立名的，當作齊「物論」才是，如王應麟：「莊子齊物論，非欲齊物也，蓋謂物論之難齊也。」嚴復：「物有本性，不可齊也，所可齊者，物論耳。」；或直就篇旨論「齊物」，如章太炎：「此篇先說喪我，終明物化，泯絕彼我，排遣是非，非專爲統一物論而作。」各家說法較詳細的羅列，可參見錢賓四先生《纂箋》頁8。又或以「齊物」的胸懷作根源，而有對「物論」的齊平，如潘栢世《齊物論講述》頁2。筆者的解釋是依最後一說，主張此篇「齊物」亦「齊論」。

在何處對應？在價值問題上相契接。〈齊物論〉的主題，舊解都只著重「泯是非」，但「是非」的判斷，很少孤立地完成。一方判斷是基於人的知識形成，因此〈齊物論〉前半部主在反省「知」與「言」；一方代表人對價值問題的好惡傾向，因此後半段論「美」、「仁義」、「特操」與聖人的生命特徵……等。而且莊子的「是非」也常和「彼是」之意互用，其實是提煉過的觀念，不只是指向一般意義的是是非非而已。此正如老子第二章討論「美、善」的成全與缺失所用的方法：先指出美善等具價值意義者，實踐時所以有缺蔽（斯惡矣，斯不善矣）的原因，而後以聖人的心境、心法爲恢復價值圓滿的對照和指示途徑；〈齊物論〉前半部的要點有二：

1. 〈齊物論〉的自我解構——吾喪我；
2. 「是非」形成的根由與超越——提出「成心」，和討論「言」的問題：人類知識構成的反省；「以明」歷程的展示：超越彼是、是非、知識限制的方法。

後半部才接上價值問題，也有兩個重點：〔註36〕

3. 就絕對眞理與「人」的關係言價值問題——至人之所知；
4. 就「人」作爲有限存有者，所能實踐的終極價值爲何？——長梧子回答聖人的生命特徵一節。

在厄言範例，我們不再能像〈逍遙遊〉的解析一樣，緊隨著莊子本文，因爲〈齊物論〉的篇幅高出一倍有餘！若句句段段討論，將流失重心，而且會變得極冗長。因此擬就與厄言特性最接近的表法，拈出兩個主題爲例。一是〈齊物論〉的自我解構；一是「以明」建立的歷程。爲何是這兩者？

〈齊物論〉最大的難題，應在於如何融通兩個領域，而後眞足以圓融無礙，亦即慧解與論式。當「齊平」的慧解以「論」的形式表達，與所欲平齊的「物」、「論」有何不同？彼此都是一論！〈列禦寇〉：「以不平平，其平也不平！」如何使〈齊物論〉不致「以不平平」，而落入自我矛盾？莊子所用的方式，是先建立「齊物」的眞實心境，以此超越自身「論」的形式限制。此意主要由第一段南郭子綦的寓言來表達，中間第六段又重新審視，最末的第十一段夢蝶，也可以解釋爲對本「論」的解構。這樣的自我解構與厄言有何關係呢？正因解構即「言無言」之一義。〔註37〕

〔註36〕分部依據潘栢世

〔註37〕以上的分部、分段，主要依宣穎《經解》、錢賓四《纂箋》以及潘栢世《齊物

其次才是本篇的主題，即慧解自身。我們把重點放在「以明」歷程的建立。相應於〈逍遙遊〉的層遞進程，〈人間世〉的循循善誘，〈齊物論〉也不只是提出一簡單的觀念來齊平物論，而是透過完整的系列。前兩章解析的寓言、重言範例，都已隱隱顯示莊子不斷透過歷程來展開他的思想。而「歷程」正是卮言的一大特性，此意則待下文闡發之。

§4-1　〈齊物論〉的自我解構──吾喪我

> 南郭子綦隱机而坐，仰天而噓，荅焉似喪其耦。
>
> 顏成子游立侍乎前，曰：「形固可使如槁木，而心固可使如死灰乎？今之隱机者，非昔之隱者也？」子綦曰：「偃，不亦善乎？而問之也。今者吾喪我，女知之乎？女聞人籟而未聞地籟，女聞地籟而未聞天籟夫。」（寓）

莊子由南郭子綦「荅焉似喪其耦」，以說明任一閱讀者，不再把此「論」當作一對象，如個體或形軀一般結聚時，「齊物的天籟」才能聲聲入耳。才不至以為〈齊物論〉與世間諸論一般凝結，從事彼是相非，或以此論再去譏非他論。

接著南郭子綦說「吾喪我」，乃正面表出〈齊物論〉的自我解構：此正是別於一般理論之處。但這已是卮言的說明。莊子的語言使用，伏筆早已設下，正在「隱机」、「仰噓」兩個形象化的表達！「隱机」若不求其意義轉換（即不將「隱」換為「憑」），則正是「齊物」最深入的造型──人與机的「莫得其耦」。而「仰噓」則由另一方式來傳達人的內在變化──亦不透過「言」。〈齊物論〉，全書卮言表法的最大結集，在其發端，意旨竟不交給明確的命題，反而先以兩個寓言造型來呈現最深的齊物胸懷，其次方用卮言完足其意。換言之，就第一段的功能設定──解構全論而言，莊子一開始，雖讓寓言、卮言交互而出，卻更仰賴寓言暗示隱喻的方式，塑造其非語言明說、授意功能的效果，與讀者一起預備進入論題的特殊意識：解體的舒放閒散。此一狀態，若不如此分析，其實也可能在閱讀過程中自然完成了，而未必得經由確定的語義傳輸。因而南郭子綦的形象在此極重要，與篇末的莊周同樣表達「言論」在「人」內在的特殊狀態。「吾」表示子綦仍有一中心、或內涵，使其鋪展齊物之論，但此論並沒有一般因於堅持宗旨，而致排他與不相容──人我之對

論講述》。

立。

　　提出「天籟」，也是寓言的表達，由此鋪展人籟、地籟……各種聲響：

　　　　子游曰：「敢問其方。」子綦曰：「是唯無作，作則萬竅怒呺。而獨
　　　　不聞之翏翏乎？山林之畏佳，大木百圍之竅穴，似鼻，似口，似耳，
　　　　似枅，似圈，似臼，似洼者，似污者。激者，謞者，叱者，吸者，
　　　　叫者，譹者，宎者，咬者。前者唱于，而隨者唱喁。泠風則小和，
　　　　飄風則大和。……」（寓）

雖寫地籟，亦暗指人籟。作為以下「大知、小知」「大言、小言」卮言的寓言
版。此處沒來由地，莊子極盡能事排比竅形、竅聲，力圖呈現竅的各種變貌，
風的各種情態。眾籟各以其差別情態呈現，乃由「隱机」而後能領略，並且
包括下一段人心之複雜、合五蘊六根所變現的地獄相。而眾籟之異時以起，
異聲而唱，我們果真只容許一聲壓倒餘聲，或在眾聲中找到統一之聲？莊子
又以兩個具體情境點明相異可以並容：前後相隨的唱和，和同時並起的唱和。
以音樂諸聲並響而能彼此協調，使人於異聲（論）並呈時，自動類比於一切
可能情境的聆聽方式。同樣的，在這種歸結語句出現之前，莊子都已使用形
象化的寓言描述先行（竅形、竅聲的排比），而不是只交託給理論文字而已。

　　〈齊物論〉的第二次自我解構，恰好在其中段，第六段：

　　　　今且有言於此，不知其與是類乎？其與是不類乎？類與不類，相與
　　　　為類，則與彼無以異矣。（卮）

王夫之說：「此欲顯其綱宗，而先自破其非一定之論，期於有成，蓋亦滑疑之
耀也。」〔註38〕莊子為何在此又安排一次〈齊物論〉自身的解構呢？因其前
本論的主旨「以明」已經充分展示，因此回頭審視「論」的自身，看看是否
已避開物論的「為是」思路。這段自解，和首段寓言作用不同。首段只作為
進入本論的預備，這段則確實反省「本論」與世間諸論究竟有何不同。其切
入點在於：若一切論的表達都必依於語言，則「觀念運作」的一般原理為何？
這是〈齊物論〉也無法避免的論述方式。因此成了論旨「以明」敘述完畢之
後，首要考察的問題。以上為第六段第一小節，旨在說明不管〈齊物論〉和
世間物論同或不同，結果都是一樣的（最後一「類」字，字義略異於前）。但
若果真如此，又何必寫〈齊物論〉？則以下必重新解釋此論與眾論之差別：

　　　　雖然請嘗言之。有始也者，有未始有始也者，有未始有夫未始有始

　　　也者：有有也者，有無也者，有未始有無也者，有未始有夫未始有

　　　無也者。俄而有無矣，而未知有無之果孰有孰無也。今我則已有謂

　　　矣，而未知吾所謂之其果有謂乎？其果無謂乎？（卮）

這是第二小節。這一節旨在說明一般觀念使用規律，及語言的誤推：不論就時間的始點，或存在的起源，都如前文「方生方死」之說，觀念相依而後得以成立。此處又有進者：徒然以一推源之法以得共同基礎，或後設之法以超越、平齊眾論，則將無一可平齊眾論之論，爲什麼呢？有下列二因：

　　（1）推源、後設，若以分析的方式，則永遠分不盡；因爲我們永遠可以就一觀念而設想其對立面，甚或由後設方式超越一層，如上所示不斷的翻案，而使最初設立的命題看來搖搖欲墜，幼稚可笑。之所以如此，乃因於語言的使用、規定、界義、概念思辨，實不可能決定根源或基礎。換言之，不論我們執定始點、起源應爲始或無始、有或無、……，都只是語言的誤推而已。因此果眞是一可齊眾論之論，並不因其能找出眾論的基礎，亦不在其居於後設之位，即表示佔一較高之位置，反而在其明白就一切觀念運作的相生疊架之中，究竟應何時停止：「無適焉，因是已」。

　　（2）但這無窮觀念運作之止息，並非只是不堪其擾而勉強施設，亦非無所爲而然，而有其本應如此之充足理由。正爲了「寓諸庸」，亦即生命自身不可放棄的價值。反之，放任觀念與其對立面交引互生，只是罔顧生命現存的戲論而已。

　　莊子此處卮言表法，有幾個特色。第一是最精簡的用字，如「始」字既作爲觀念：「時間之開端」；又作文法虛字：「（未）曾」。又如「有」字，共有三個意義，既作寬泛的存在指示詞：「有」有也者；也作語詞所指的根源自身：有「有」也者；又作肯定之意義使用：其果「有」謂乎？（其果無謂乎）第二是後句皆爲前句的翻越，而又全無意於各句之表義，彷彿對太初、本根分述種種立場；總說「無窮盡式的分析」的表面精細，只是歧路於實相而已。因此這段的會意，絕非透過意義探尋、細部解析而得，因其文意全與字句意義無關，反而交託於綜觀整段文意的領會。總地說，即指是非的止息，根本在自六合之外始，領略智性分析之無益，因而自然止息依於語言思辯的推源、或後設。

　　那麼莊子所用的卮言和上列思路有何不同嗎？

　　　天下莫大於秋毫之末，而太山爲小；莫壽乎殤子，而彭祖爲夭。天

　　　地與我並生，而萬物與我爲一。既以爲一矣，且得有言乎？既已謂

> 之一矣，且得無言乎？一與言為二，二與一為三，自此以往，巧歷
> 不能得，而況其凡乎？故自無適有，以至於三，而況自有適有乎？
> 無適焉，因是已。（卮）

「無適」對比於「適」，是莊子自述其思路與態度之歸宿處，亦即「因是」。
還是「因是」，但適用領域不同。這一樣是一種卮言表法。莊子使用同一語詞，
但其意義往往隨其文脈略有不同，既達到思路的一貫內涵，又解消我們對任
一語詞的定義執著，回應於每一段文字的特殊情境、與意義關切，讀者可有
自己的詮釋。如前文「因是」有以下諸義，或「因物論之所是而是之」；或指
「聖人不由而照之以天」之因是，乃「因」於世間之是非無定而然，故「照
之於天」仍有其「因非」（不與世人同在是非場中攪和）；狙公賦芧的「因是」，
則是切近於實際的生活情況，而能符應地因應而言；此處的因是，則是「因」
於「無適」而知止。為何要知止呢？正因為不論莊子的內在體證是如何「絕
對平等」，自未「齊」的他者來看，仍是一不齊；而內在之齊表達為語言（自
無適有），又因思想觀念的運作，而將轉生轉遠（自有適有），也將永不能齊。

此節所用的語言節奏也很恰當。就「自無適有」、「自有適有」兩者，一
樣是後句就前句翻騰，而且都是很整齊的對句，但最後歸結至自家思想處，
則重複先前的語句，簡潔收束。

至於最後一則「莊周夢蝶」的寓言，亦可以是全論的解構。但筆者不在
此處討論，而留待§6-1一併說明。

§4-2　〈齊物論〉論旨的建立——「以明」的歷程

整個〈齊物論〉的核心，即在對比於「成心」而展示「以明」的歷程，
〔註39〕總共跨越了第三段起的五段。

> 夫隨其成心而師之，誰獨且無師乎？奚必知代而心自取者有之？愚
> 者與有焉。未成乎心而有是非，是今日適越而昔至也，是以無有為
> 有。無有為有，雖有神禹，且不能知，吾獨且奈何哉！（卮）

這裡才真正進入此論卮言的核心。為什麼呢？自此論前文迤邐而來，至此方

〔註39〕「以明」作為〈齊物論〉論旨所在，〈齊物論〉的主旨在法法平等，核心觀念
則由「以明」達成。「以明」的重要，可參看唐君毅《導論篇》；牟宗三《中
國哲學十九講》；以及潘栢世《齊物論講述》。至於成心，簡言之約有三說：
視為絕對負面義；視為中性義，如郭象；視為真宰之變辭，如憨山。本文取
第二說，故重以明而略成心，餘詳見下文。

點出「成心」——巵言造詞——說明是非之根。而如何確切了解成心，即是確切明白是非所以生，與如何超越的關鍵。「成心」是不是一般所謂「成見」呢？不是。郭象注：

> 夫心之足以制一身之用者，謂之成心。（《集釋》頁61）

成心原是日常經驗習慣的結集，足以使生活便利、生命豐富。這一結集自經驗來，又投射至經驗中，供給每一個體生活的一切所需，習一技能、得一常識、甚或專精一門藝術，……。〔註40〕然而猶如莊子說：「其分也，成也；其成也，毀也。」成心提供生活的便利：成；同時也塑成某種偏向：毀。而「是非」正因成心的情況而生。超越「成心」，莊子說：「欲是其所非，而非其所是，則莫若以明。」以下我們討論〈齊物論〉的表達形式，及主題「以明」的相互關係。

巵言的種種表式中，有許多一般哲學思想文字也使用的觀念直接表達，但在〈齊物論〉的種種哲學論述，有一種特殊的表出形式——對句或排句。但我們只舉出這形式，還不足以說明對句、排比為何與巵言相關，甚或〈齊物論〉為何大量使用這種形式。這種形式可以為任何文章採用，如《論語》，如六朝駢文。〔註41〕因此必須點明莊子的對句、排句如何運用，以及分屬那些不同的情況。

1. 排比並立

對句、排比作為一種確定意義的表達，如〈逍遙遊〉的「小知不及大知，小年不及大年」。其中又略有不同，或純為對句而並置諸元素，如：

> 大知閑閑，小知閒閒；大言炎炎，小言詹詹。

> 道惡乎隱而有真偽？言惡乎隱而有是非？道惡往而不存？言惡乎存而不可？道隱於小成，言隱於榮華。

> 道行之而成，物謂之而然。……物固有所然，物固有所可。無物不然，無物不可。

> 天下莫大於秋毫之末，而太山為小；莫壽乎殤子，而彭祖為夭。天地與我並生，而萬物與我為一。

〔註40〕 「成心」的塑造力與解說，可參看潘栢世《齊物論講述》，頁25～28；趙藹祥《莊子成心問題研究》；及牟宗生先生《現象與物自身》對「成心之執」之分析，頁160-1。最新綜合舊來三說則有謝明陽〈〈齊物論〉「成心」舊注詮評〉。

〔註41〕 《論語》中的對句、排句使用，請參看錢賓四先生《論語文解》。

對句偶或擴大而成排句，亦並置諸句意，如開頭形容竅形、竅聲處皆各八句，其間並無高下優劣之分，即一例。其後又如：

> 夫道未始有封，言未始有常，爲是而有畛也。

> 六合之外，聖人存而不論；六合之內，聖人論而不議。春秋經世先王之志，聖人議而不辯。故分也者，有不分也，辯也者，有不辯也。

> 夫大道不稱，大辯不言，大仁不仁，大廉不嗛，大勇不忮。道昭而不道，言辯而不及，仁常而不成，廉清而不信，勇忮而不成。

> 不就利，不違害。不喜求，不緣道。

以上所列，各句都有自在完足的意義，而其對比項則或是同層的羅列；或是相反意向的辯析，如大言小言之屬，大抵不離這兩類。〔註42〕但對句與排比的用意，還不止於此。如果莊子的表法確有其哲思的理由，卮言句式將不止於上列的指義方式而已。

2. 再現複義

所謂「再現」，原本只是一詞一義之重播，應是「一」義。但是自〈逍遙遊〉的「適」「笑」……等字眼重複出現，便已不斷變換其字義，甚或在同一文句中可以複義解之（「彼且奚適也？」）。如此篇主題「以明」，即附在一組再現的句式中：「是其所非，而非其所是」：

> 故有儒墨之是非，以是其所非，而非其所是。欲是其所非，而非其所是，則莫若以明。

這類再現複義很容易造成理解的困難。不只二句再現，「以明」也共三見。因此王夫之即說此處以明是不好義：「欲之者，其成心也；即下文所謂『其好之也欲以明之彼』。浮明而以之，乃自謂以明，愈明而愈隱矣。」〔註43〕又：「敬按：兩莫若以明，與後『此之謂以明』，讀莊者多混看，《解》中分別觀之。」〔註44〕其實「以明」只一義（不歸於複義），而釋「以明」之句，與其前句句義也相同，唯一不同的是意向。前句指出儒墨自是相非之事實，後句多一「欲」字，則說「果眞要使其肯定、否定皆得其恰當，則莫如用明」。「以明」的內涵尚未透露，但其超越成心的意義已可見。在生活的落實處，絕對的無「彼

〔註42〕還有一種純粹是文章轉接的技巧，則不在所論之列。如「南冥者，天池也。齊諧者，志怪者也。」是以工整的對仗完成文章的敘事轉換。

〔註43〕見《解》頁16。

〔註44〕《解》頁17。

／是」決不可能，人即使有時能一心二用或多用，實際操作時，一人也無法同時彈琴與不彈琴、或寫書法同時作菜。生命的方向亦然，此中必有選擇、實踐，而各有其「如此」（是）而「不如彼」（非）。莊子唯求：人不因實踐的分別，構成其意義的對立、不相容、不互相理解。

又如「彼是方生」之說：

> 故曰彼出於是，是亦因彼，彼是，方生之說也。雖然，方生方死，
> 方死方生。……

第一個「方生」是單邊生。彼是本相因而有，若只知「是」己而非「彼」（人），即自認所持之理論、意見可獨立存在，而自以為「是」；對他人則不能包容，而予以排擠，即以人為「彼」。而以下的「方」生或釋為「並」（如方軌、方舟），或釋為「初在一端」（才）之義，二義又別。並生，是指「彼是」二者，乃並起並滅，但如此則「方死方生」句不易講明；解為「初在一端」，乃謂「觀念互依而後明」彼是亦然。試舉一例，如才說「生」，必隱含著死的一面，反之亦然。否則生、死兩個觀念俱不可立。

又如以「因是」為例，也是以極繁複的層層意義出現：

> （1）因是因非，因非因是。是以聖人不由，而照之於天，亦因是也。

上引句有二「因是」。第一個指「由於」自是，「遂」於人有所非；第二個則是說明「聖人不出（彼是相非之路），而照之於天」的理由，也是「因於」前述是非不止的「情況」而然。字面義和意向都不盡相同。

> （2）何謂朝三？曰：狙公賦芋，曰：「朝三而暮四？」眾狙皆怒。
> 曰：「然則朝四而暮三？」眾狙皆悅。名實未虧而喜怒為用，
> 亦因是也。是以聖人和之以是非而休乎天鈞，是之謂兩行。

這個「因是」和例（1）的第二個因是相近，但進一步指依順情況變化而有因應對策。以上略舉幾個再現複義之例，「以明」「因是」重要術語也已有解釋。字、詞原本即有多義，莊子的「複義」難道有何特別之處嗎？有的。一般用字的多義，只因其字容許故用；但莊子卻「刻意」使字、句重複（此由其對句、排比可見），並使字義、句意盡量變易，讀者一方得將先前印象殘留抹去或淡化，才能接受新的敘述，一方又需敏感反應文脈、文氣的轉換，甚或今日體會與昨日又不同。一起在貌似重複的單調中，莊子不斷帶我們領略文字世界活潑新鮮的生意。由作者不斷賦予文字複義，不斷翻側、包容歧義，指涉似可彈性擴張，有些決無法查證於字典，近乎寓言的造型而實不同，此可

另稱爲「造義」。

接著看對句、排比的其他形式。

3. 對稱互攝

這在卮言中是較特別的。彷彿是第 1 類，但第 1 類的對句或排比，並不一定顯示諸句間的內在聯結。對稱互攝則是句意不同，甚或貌似相反相抵，其實互相滲透、補足：

> 無謂有謂，有謂無謂。

後句絕非只是前句用字的顛倒而已。前句言在無言中亦時時有道境的發露，後句言在語言表述中未曾離於內心無言的定境。兩句分指無言／有言的境況，但內涵又互相攝入。同一語詞也是再現複義。此即〈寓言〉篇：「終身言，未嘗言；終身不言，未嘗不言。」之意。又如：

> 化聲之相待，若其不相待。和之以天倪，因之以曼衍，所以窮年也。

此處的互攝更形複雜。此處「待」字亦非「有待」的負面義（和「虛而待物」一樣，都是再現複義），指向「對應」「等位唱和」之意。「化聲」表象上不能達致共識，彷彿互不聯屬、各自獨立，但其內在實是互相連結，且彼此和諧；兩句互攝，象表一特殊的異質和諧。此和諧如何可能？透過天倪，此句攝前兩句，並攝下句。和「之」，指前述情況；因「之」，則指天倪。因著天倪，宇宙的多樣性（曼衍）才成爲可能。換言之，莊子肯定多樣性的同時，乃非相對主義者，而是依於一基準：天倪。

以上兩種卮言都是正面申述，已隱涵超離語言概念的固定性之意。尚有兩類也是爲解構觀念運作、語言固執而設。

4. 對比相消

這類語句並不難發現：

> 庸詎知吾所謂知之非不知邪？庸詎知吾所謂不知之非知邪？

話裡面有一種很特別的生命經驗。在童稚時，閱歷未廣，偶或以爲生活中所有者即是世間最好者；其後稍有聞見，才知原先所「知」連一知半解都算不上。而在某些人的語言表達，當他說「不知道」時，其實可能對吾人所問所談的主題，已深入到一境地，而他尚無語言可直接傳達、或仍謙沖於所未知者而自認無知、……。莊子借此，移以說明：「知」未必是眞知，「不知」非全無知。所謂知與不知的界限，正不易畫分。既消解吾人之自以爲知，亦消解吾人以不知爲劣。

> 予惡乎知說生之非惑邪？予惡乎知惡死之非弱喪而不知歸者邪？

這類句式都不是傳達單面意義，而在以對比句令吾人讀後，發現原先的執著
竟不可恃。莊子意不在否定「說生」而肯定「說死」，而在由對比顯出「說生」
乃未經反省之荒謬執著。面對「死」的不可知，我們如何明確指出其實況，
並由此說服任一人「惡死」的情緒是必然的呢？

5. 後設離端

此所謂「端」，是指邊見、偏見，即「彼是方生」。而由後設超離邊見，
又與前類略異。前類乃雙破相消，此類則是前句可立，但恐人執著凝滯，故
不斷後設，以超越邊見。如§4-1解析的〈齊物論〉第六段便是很好的例子。
又如：

> ……是以聖人不由，而照之於天，亦因是也。是'亦彼'也，彼"亦是"
> 也。彼亦一是非，此亦一是非。

提出「因是」、照之於天，這個聖人彷彿飛翔於宇宙高處，俯瞰蚩蚩芒芒的眾
論淆亂。然而果眞是這樣嗎？之後的「是'、是"」，指聖人照之於天的情況；
「彼'、彼"」指聖人不由「因是因非」的情況。「亦」字指「彼／是」二者是
一樣的！這不是很荒謬嗎？莊子馬上解釋爲何會這樣荒謬——其實一點也
不。「彼亦一是非」，有所是、有所非；「此亦一是非」，我（或聖人）也「不」
由因是因非之路（有所非）、而照之於天（有所是）。果眞有什麼差別嗎？其
後接著是：

> 果且有彼是乎哉？果且無彼是乎哉？彼是莫得其偶，謂之道樞，樞
> 始得其環中，以應無窮。

此是超越地看「因是因非」之後，莊子自問：若我之超越乃與眾論隔絕，則
我猶立一彼是對立，與眾論無以異矣。且超越觀點的虛涵綜攝，畢竟不同於
眾論之實有所成就——成心足以成就的那一面。故又以兩句，並觀超越者之
自己、和被超越的彼端，實各有所是／非，而消解原先已自以爲超越的傲氣，
平視「照之於天」、「是亦一無窮」與「非（彼）亦一無窮」雙方，各有其無
限性，不自認「超越」可眞正脫離、代替眾論各自的成就。又如：

> 已乎已乎！旦暮得此，其所由以生乎！非彼無我，非我無所取，是
> 亦近矣。而不知其所爲使。若有眞宰，而特不得其朕。可行己信，
> 而不見其形。有情而無形。

這段是以厄言自理論意義破除自我感，但人人明皆知有一「我」，如何說「無

我」？此段不直敘「無我」，或以「定義」規定無我之義，這樣彷彿以灌輸的方式注入讀者。而以不斷後設的方式，一步一步審視「自我感」的種種可能。第一個「此」，指上列種種人心變態，「非彼無我」之「彼」也是指「此」；「非彼無我」是人常由易感的種種心理現象而覺彷彿有我，「非我無所取」則又反探其根：若非先有一我總持、涵受諸心念，則諸散落之心理現象，又將從何攝取？至此彷彿有一眞我，但若再探問其本，則又不知此總持之我之所自來；即使反思至此，彷彿有一「眞宰」，莊子仍步步後退，先說「不得其朕」以解消其可持；立刻又說「可行己信」「有情」而確立其必有；確立其必有，又以「無形」不可見，抹去此肯定，……既展示言說者的思路，也能提攜讀者透過後設反思的歷程，默會題旨，故厄言又有以下一義。〔註45〕

6. 歷程旨冥〔註46〕

莊子雖英資天縱，其造文往往不顧讀者的現實狀況，反要求讀者能「怒而飛」，隨其飛往南冥開展宇宙實相；但另一方面，莊子又苦口婆心，疊疊示意，恐怕讀者不能追步。所謂「歷程」，乃是莊子一種敘述策略，將入道的種種可能，窮盡其唇舌展示步驟，以期與後世大聖相遇於旦暮。〈逍遙遊〉的「階次遞進」設計，是莊子最先展示的歷程；其次即〈齊物論〉的「以明」；再次即是寓言、重言特有的對話形式，也是歷程之意，如〈人間世〉的前三大段，一面剝去人間的浩然巾，如鬼神、虎喻、馬喻……等；一面消融我們尋常面對人間世的心態：單純的熱情、過度的德目旗幟、簡化而不切實際的應世方法……；一面將進入人間世的應有預備，殷殷垂示：心齋、達之入於無疵、命義大戒、託不得已以養中、……。

若單由局部的厄言表法而論，前述五項也都可收攝於「歷程」。如對比相消：「果且有彼是乎哉？果且無彼是乎哉？」在其文脈中，則又可視爲後設離端。對句、排比、再現、對稱互攝，更明顯是展示歷程，不待多論。

〔註45〕 這種層層後退凌觀的觀照，在莊子書中很常見，除〈齊物論〉外，§3-1論「心齋」「無聽之以耳，而聽對以心，無聽之以心，而聽之以氣。」亦後設地消解。而整段至其後「吾語若」，則綜合爲一歷程。尚有如：「嗟乎！我悲人之自喪者。吾又悲夫悲人之悲者。吾又悲夫悲人之悲者。其後而日遠矣。」（〈徐無鬼〉）

〔註46〕 「旨」是中國閱讀傳統的重要理念。粗分爲兩層時，多是「文義」「意旨」對言；另有細分爲四層的，見《藥地炮莊》（下）頁587：「紫柏曰：義非文而不詮，意非義而不得，旨非意而不冥。冥則無思，無思則同；同則無實，無實則無同。」這是很精密的四層文學存有論，「旨冥」一詞採擷於此。

　　所謂「旨冥」，是指不求讀者完全由對莊子文義的「確定」掌握為上，而在「以其所知養其知之所不知」。讀者最初固由解義程序入，但莊子文章構成之「無端崖」，將使「本意」「原意」失去意義。因此莊子多半經由歷程來展示思路與階序，使讀者可循序以入，或觸會於任一過程。〔註 47〕歷程固未必能與旨相冥，但不透過歷程，則人的生命無以開展，而求其體驗宇宙人生之種種境界，如何可能？透過歷程，則又顯示：任一對宇宙人生實相的理解、任一生命智慧的凝煉，絕無現成方便之物可得可傳可授，而必由學道者不斷自我激發、轉化、體驗融貫諸境界，不止於知識的擴展之類，正如「逍遙」無待、齊物「以明」之所立，必成為主體人格之實存狀態，而後境界得其實現，這才是莊子展示歷程的用心！也由「歷程旨冥」，前述各項方有歸宿宗主，否則對立諸項乃成任意羅列，或現象之敘述而已，此則全成戲論，非果真具有意義的對比。

　　今依〈齊物論〉「以明」的體用，略說此篇和寓言、重言兩篇範例一樣，都展示入道的歷程。自第三段開始，莊子每一段說明一或兩個觀念，次序如下：

　　三：（以明）——道樞——環中
　　四：（為是不用而）寓諸庸——（天均）——兩行
　　五：滑疑之耀——（為是不用而）寓諸庸
　　六：因是
　　七：天府——葆光（以上皆卮言，末以寓言補充說明葆光）

　　三、四兩段先提出「以明」之用。「道樞」是自他、彼是的綜觀，顯現平等無別；「兩行」則又回到實踐的分途、肯定抉擇的多元價值，兩者前文都已解釋。

　　五至七段才說明「以明」之體，即「明」之自身：光、耀。「葆光」「滑

〔註 47〕〈大宗師〉也以歷程說明入道階序：「南伯子葵曰：子獨惡乎聞之？曰：聞諸副墨之子。副墨之子聞諸洛誦之孫，洛誦之孫聞之瞻明，瞻明聞之聶許，聶許聞之需役，需役聞之於謳，於謳聞之玄冥，玄冥聞之參寥，參寥聞之疑始。」自玄冥以後，皆非心知所行境界。而在女偊的修行入道過程卻有重要意義。雖非心知之所知，但仍然在人的生命中起著作用。類似的入道歷程還有：庖丁之解牛，由所見無非牛者，以至於「官知止而神欲行」；女偊之守卜梁倚，以聖人之道告聖人之才，以至於外生、朝徹、見獨、無古今；北門成聞黃帝咸池之樂，由懼、怠而惑，以至於蕩蕩默默而不自得；海若與河伯的七問七答，自具體的大天地小毫末之淺見，以至於形上的天人之際、反其真……等皆是。

疑之耀」二者最特別之處，在其光皆不明朗。不明朗非謂其光濁闇，而指光之遍照眾物，又不外露其明。「滑疑」一詞即從其遍照言，「葆」字即從其不外炫言。何謂「遍照」？王夫之說：

> 夫滑疑之耀者，以天明照天均，恍兮惚兮，無可成之心以爲己信，
> 昏昏然其滑也，汎汎然其疑也，而遍照之明耀於六合矣。（《解》頁
> 21）

自提出「以明」之後，莊子至此才指出此「明」之超越意義，迥異於尋常意識：恍兮惚兮、滑疑，不似官知名言之明確限定；「無可成之心以爲己信」，亦不以任何確定的心知、或思想爲其內在眞實；昏昏然，即此篇的「聖人愚芚」，融會於天府之廣大境域，非局於人的有限心知；汎汎然，猶此篇之「曼衍」，照見分殊的彼我皆可，流散無極的多樣性。如是稱爲遍照，其活動法式則是天均。

葆光，是滑疑之耀的超越界訊息，透出於吾人有限心知。就其互動於超越和經驗兩界而言，具有不易講明的兩面特性。如成疏：「葆，蔽也。至忘而照，即照而忘，故能韜蔽而其光彌朗。」《釋文》：「崔云：若有若無，謂之葆光。」〔註48〕憨山注：「葆猶包藏而不露也。」〔註49〕略與最後的夢覺相應，都討論以人的有限，如何向超越界開放、觸會、體證的問題。亦因其兩面向的特性，故表法至此又有一變化：總束此前觀念迭現的巵言，而落實爲可經驗的寓言，「堯欲伐宗膾胥敖」一則，以曲示葆光橋接於超越、經驗兩界的傳動特質。〔註50〕一如爲顯示「兩行」的意義，乃自「道樞」落實於多樣性的認可，亦用「狙公賦芧」寓言穿插，作爲示例；使抽象表達的觀念，得以和具體、特殊情境的現實經驗相照應，更易體會觀念之實義。以至篇末夢蝶寓言等，莊子總在大段落的結尾處，輕輕提點，指示觀念與現實生命間的通路。且將較難領會的心知（體、光、耀），置於其作用方式之後，更能見其歷程安排的苦心。

由三言的歷程安排呈顯「以明」，使讀者得以契合其旨，莊子乃使其表法具有工夫論之意義。此工夫論之意義，猶如§2-1所說，詮釋莊子有賴於讀者參與重構。由參與而得漸與其旨冥合，此冥合爲「以明」，自是心智之光，然何以其體爲恍惚不定之體：滑疑之耀；爲不露其明之用：葆光？又由其語言

〔註48〕皆見《集釋》頁89。
〔註49〕《莊子內篇註》頁61。
〔註50〕葆光的意義詳論，請參看拙著碩士論文，第四章第一節。

表法之呈示工夫），如何使讀者漸契於「以明」心體）？

以筆者對〈齊物論〉及大部分篇章的閱讀而言，需有一貫的理路使詮釋得以安穩進行，但也發現，無法只以己見爲定案。細至文句訓解，大至篇章旨歸，多處同時存在二種以上不相背謬的異說，單舉〈齊物論〉之例，如§6-1 將討論的莊周夢蝶即是；而全篇字義、構詞、造句、立旨，乃如全新創造的宇宙般呈顯，故吾人的閱讀歷程，常需在文義與其實境反復勘磨。一用心於詮釋的讀者，其理解過程，必然是異釋歧解並存的「兩行」狀態；但又得回到自己選擇一義，以順讀上下文脈，而落實爲「寓諸庸」；當我們對此模稜多義「爲是不用」，能「因是已」，則能握其道樞、環中，以應意旨之無窮相應於宇宙內涵之無窮）；如此藉由表法，乃能打通「爲是」「自無適有」的分析之路、離異之隔，眞正在心境顯現「欲是其所非，而非其所是」的「以明」。此「以明」心境，亦如前所示，非一定案孤懸，已是眾義等觀之心境。故其「體」仍不斷顯發義理意旨，而爲一不定之光，所以又說「是故滑疑之耀，聖人之所圖也。爲是不用而寓諸庸，此之謂以明。」；就其讀者必出離於文字，闔上莊子，回到自己的現實生活，則有其自「滑疑之耀」來的不止根源，乃爲不自知之「天府」；其照見事理，往往有其不能完全自明之細膩感觸（如「不釋然」），是爲「葆光」。此即卮言「歷程」所以可具工夫意義，而能成就「旨冥」之故。

§4-3　論卮言的對稱形式

如上節§4-2 之分析，本篇卮言是以對句排比爲基本形式，這一形式本節將以「對稱」之義再加說明。「對稱」前節已略有解釋，此詞是異響交和之意。「對」指其對立、並現、多端、散殊無統，若其不相待；「稱」指對立項互相符應、均等、共構一旨，化聲之相待。

對稱並不只是二者的對稱，也有多元的並比。整篇的對稱句，或是意義對當排列、或在反複中變換指義、或互補互攝以衍義、或因前文而後設地擺置、或使對立句意義相抵而消融……故文章的進行極具節奏感和再現形式，彷彿講了半天話，沒講什麼內容。實則這種對稱是轉調式的變奏，變奏帶著文章在時間中流瀉，讀者逐漸接受每一突如其來的同景異境；異境並列對稱，讀者就文本可上下迴旋，使語義彼閃此滅，或並閃而增加亮度，或並滅而失卻所指。我們由其情境、對稱、並排而延伸思索。本篇討論的主題：審慮眞理問題、重估美善價值，這些對稱敘述的構成，是最基本而必要的觀點位移。爲什麼呢？

　　對稱的局面，使讀者看到並存情境的互相關聯、構結、支援。亦即「彼是方生之說也。」莊子為要打破「為是」的孤立心態，見樹不見林，順就「語言」的運用、概念的了解，必有其對立面為其基礎，而不斷以形式的擺設，暗示常為意識忽略的對立面。因此文末歸結說：「化聲之相待，若其不相待。」表面看，彼此獨立：不相待；實則內在有很深密的聯結──如聲之和諧。對稱正要回到化聲原本的和諧狀態。

　　「對稱」的擺設情境，近乎「兩行」；而其擴大為排句，乃是化聲之和之「曼衍」：

> 因人之所是而是之，天下有是而無非。兩行，是雙方都行，而無一
> 方之不行，這便是無可爭論，也不能相凌涉。〔註51〕

兩行，是使人間的價值能依各人之所是而行。對句、排比共構為對稱的后言，都在展示觀點的異動，而這異動可融攝於可能情境，不見一觀點必然優越於另一觀點……。對稱的性質中，最特殊之處是：無論觀點如何變動、內在諸元如何恢詭譎怪，「對稱」自身是不變的。這不是很奇怪嗎？而且莊子開頭就說：「荅焉似喪其耦」，又說「彼是莫得其偶」，「對稱」正所以立「偶」，如何能以形式符於〈齊物論〉的主題？「耦」指與「神」並生之身，失其身正為不與他身相對立；〔註52〕「偶」即對立之義，是不諧不融之「對」，「莫得其偶」乃所以遍運無方：謂之道樞。但莊子中儘有這樣的描述：

> 與物化者，一不化者也。〈知北遊〉

> 日與物化者，一不化者也。〈則陽〉

這類句式在§5-2還會進一步討論。就其句意，也是對稱：相異的陳述、事實，構成一和諧的整體。這與「化聲之相待，若其不相待」一樣，都是后言表意和形式在「對稱」很重要的結論。對稱非只是一般圖形的，或只因其為對句的表相，或隨意平列兩物多物，……而是根源於「稱」的和諧、完整而有其意義。

　　至此，我們可作個總結：對稱並非兩個全等事物分立在不同時位；正好相反的是，「對」正指彼此不同而分立，但是「稱」則指彼此照應、匹配，而領略時根本不分別。對稱，不是相等事物的複製、模仿，而類似於鏡像甚或和聲。鏡像絕非相同，其內在結構都是相反的；而和聲則更表對稱諸元或互

〔註51〕 見徐復觀《中國人性論史》頁401。
〔註52〕 「耦」依司馬注：「耦，身也。身與神為耦。」詳細討論參看王叔岷先生《莊子校詮》（上）頁41。

為根依、或共有根依（律），可由共振，既保有獨自的音響、又交奏出新的樂音。這也是莊子在本篇開頭提出「天籟」寓名，末後又以「和之以天倪」作結的用意吧。就本篇主題而言，莊子透過對稱（天倪、天均）的體會，顯象為文章的對句、排句與結構的對應形式，使相異諸元不斷並置，並非為了排序、列出等級、評定價值優劣、或比較真理層次並澄真汰偽，而是為了彌補概念思考的許多盲點。以「音樂和聲」的體會作為整篇〈齊物論〉的基礎，本論文只能提點至此，其餘應交由原文的閱讀／聆聽了。

第四節　論三言的其他形式與篇章構成

§5-1　論三言的其他形式

　　我們雖然已經用三節範例說明三言，但還有一些形式不方便放在大段落中討論。

　　我們先說寓言。寓言有一種表法是托名，即造一人名而寄其意，王夫之《莊子解・齊物論》說：「鵲有知，梧無知。……鵲目不寧，梧壽最長，亦寓之為名。」（頁26）即指取名也屬於透過寄寓方式，相同例子尚多，比如：許由的兩個老師——齧缺、王倪；〈大宗師〉的副墨，以至參寥、疑始；〈應帝王〉堯的另一個老師的蒲衣子（即被衣）；〈天地〉篇的知、（離朱）、喫詬、象罔；〈天運〉的北門成；〈知北遊〉的知、無為謂、狂屈；〈則陽〉的夷節、王果、公閱休……等。齧缺是堯四位頂尖師資群中最滑稽的造型，牙齒有脫落或牙縫過鬆，使得他的說話總是不那麼流利順暢，象徵體道者在表達方面的困難；王倪首次出現的場合是〈齊物論〉，王象徵「真宰」「真君」，但亦猶第二段遍尋不著，只能說「有情而無形」，故只是「倪」，透露一點端倪而已；蒲衣子，如道總有所覆蓋地呈露，總非整體顯現、為人一眼望盡，必有所隱蔽之貌。〔註53〕

　　北門成一段論聞樂證道之事，以北門成一名總攝其旨。「北」如前已釋，乃暗指不可知之玄冥、無，聞樂而能以玄冥為通徑，則是能自成之人，「成」既指樂章之段落，亦指人格之樹立。〈知北遊〉一篇是莊子極玲瓏空闊明澈文

〔註53〕三人象喻的解釋，乃依據潘栢世《齊物論講述》頁70～71。另夷節等可參看王夫之《解》頁227。

字,「知」是一求道者,雖知有玄冥之境:北、玄水之上、隱弅之丘,亦如黃帝遺其珠一般,與無爲謂相遇而不得所問;「無爲謂」在第二順位出場,代表此篇最高人格範型的心境與外觀——「無爲」示其心境之無造作、無成見、不爲經驗束縛、無情執,「無謂」是永不鑿破渾沌整一的愚芚、默然。至於〈天地〉篇象罔等人在§10-1、10-2會進一步解釋。

其次是我們在§1-2所舉老子最先使用的狀詞。莊子使用得更靈活。如其仍隱指大道:

> 夫堯既已黥汝以仁義,而劓汝以是非矣,汝將何以遊夫遙蕩恣睢轉徙之途乎?〈大〉

> 汝游心於淡,合氣於漠,順物自然,而無容私焉,而天下治矣。〈應〉

或指得道者的心境,如:

> ……是故滑疑之耀,聖人之所圖(希圖)也。〈齊〉

> 泰氏其臥徐徐,其覺于于,一以己爲牛,一以己爲馬,……〈應〉

> 吾與虛而委蛇,不知其誰何。因以爲弟靡,因以爲波隨。故逃也。〈應〉

> 夫明白入素,無爲復朴,體性抱神,以遊世俗之間者,汝將固驚邪?〈地〉

> 北門成問於黃帝曰:帝張咸池之樂於洞庭之野。吾始聞之懼,復聞之怠,卒聞之惑,蕩蕩默默,乃不自得。〈運〉

> 形若槁骸,心若死灰,眞其實知,不以故自持,媒媒晦晦,無心而不可與謀。〈知〉

或指得道者人格特質,如:

> 古之眞人,其狀義而不朋,若不足而不承。與乎其觚而不堅也,張乎其虛而不華也。邴邴乎其似喜也!崔崔乎其不得已也!滀乎進我色也!與乎止我德也!厲乎其似世也!警乎其未可制也!連乎其似好閉也!悗乎忘其言也!〈大〉

初讀莊子,對這些觸目皆是的狀詞,頗無可奈何,總覺得很難確定其指義。但對表法、中國語文特色、道家語言使用……等漸有體會之後,才知道這些語詞原即因其確義難定而使用。面對確指之詞,我們易成一純粹的接受者,被動而不自覺地吸收訊息;閱讀狀詞,任一讀者皆需駐足睇觀,使其不確定之意能爲吾人領略自得而止(當然,「略」過亦非不可能)。而狀詞之所以也屬於寓言,

是就其和造型的共通性質著眼，訴諸吾人之感觸，遠過於要求吾人的智解。

以上所說寓言在造詞方面的幾種運用。但同樣是造詞，有一些則屬於巵言，如〈齊物論〉的大部分專門術語：眞宰、成心、以明、因是、道樞、環中、天鈞、兩行、爲是、滑疑之耀、天府、葆光、弔詭、物化。這些語詞大部份在§4-2已解釋過了。

另有一類巵言造詞是並置異質元素於一名的，如：南冥、攖寧、象罔。南冥就其爲意象而言，自是寓言表法；但就其爲觀念而言，則屬於巵言。〔註54〕南是明朗，冥則爲黑暗，南冥的造詞是一詭詞；攖是擾動、紛亂，寧是心之定靜，體道者在外物變動之勃發中，仍能保持天君的泰然；〔註55〕象罔簡言之，即「非有非無，不皦不昧」，進一步說明見§10-1、10-2。

這種異質並置，由造詞擴大爲構句，即如範例解析所提的最基本模式：對比、排句。我們進而要考察莊子更特別的巵言句式：

1. 乘天地之正，御六氣之辯，以遊無窮者，彼且惡乎待哉？〈逍〉
2. 參萬歲而一成純，萬物盡然，而以是相蘊。〈齊〉
3. 化聲之相待，若其不相待。〈齊〉
4. 審乎無假，而不與物遷，命物之化，而守其宗也。〈德〉
5. 殺生者不死，生生者不生。其爲物，無不將也，無不迎也，無不毀也，無不成也，其名爲攖寧。〈大〉
6. 且方將化，惡知不化哉？方將不化，惡知已化哉？〈大〉
7. 故君子苟能無解其五藏，無擢其聰明。尸居而龍見，淵默而雷聲，神動而天隨。〈宥〉
8. 合喙鳴，喙鳴合，與天地爲合。〈地〉
9. 與物化者，一不化者也。〈知〉

以上所列的句式，都指向同一類的表達：眞常／殊變的一體不二。首句之「正」，一般皆解爲「氣」，若依莊子系統原亦無不可，因氣在「虛而待物」的心齋，是指精神能量，亦即與「神」同層。〔註56〕但這樣如何與下句「六氣」分別呢？且「正」本不一定必解釋爲氣。如郭象此句便逐釋爲「順萬物

〔註54〕此處寓言、巵言的重疊，我們將在§8-1說明。
〔註55〕攖寧是一極深邃的觀念，其解析請參看拙著碩士論文《莊子內篇夢字義蘊試詮》第四章。
〔註56〕請參看拙著碩士論文第二章。

之性」，是以「常」之義釋「正」，再以萬物之常即萬物之性，實指出「性」字。而以「性」釋「正」，將「天地」代換成「萬物」，仍不免有可議之處。比如徐復觀解釋「道生一，一生二，二生三，三生萬物」，以為「二」或指天地而言，則天地與「萬物」仍應區別。那「天地」應如何解釋呢？

> 由「天地之間，其猶橐籥乎」之語推之，天地為生萬物所不若缺少的條件。因為中國傳統的觀念，天地可以說是一個時空的形式，所以持載萬物的；故在程序上，天地應當生於萬物之先。否則萬物將無處安放。〔註57〕

這段雖是解釋老子，但可視為通於中國（至少先秦）對天地的看法。〔註58〕此處莊子的天地應是先在的整體，而非萬物雜多綜合的總體。與本文相近的解釋如林希逸：「若夫乘天地之正理，御陰陽風雨晦明之六氣，以遊於無窮之始，而無所窮止，若此則無所待矣。」〔註59〕天地之正，即宇宙整體之常，對比於「六氣之辯」之變，二者又不一不二。不一，故以兩句分指；不二，故並聯言之，以渾合歸宿於精神無限之開展與自適：遊無窮。其餘句式亦然，唯有第3句略有不同，其解釋已見於前文對稱互攝部。〔註60〕

　　最後我們作幾點歸結：

　　1. 莊子除範例解析中所示，在文章全面造型、立旨、篇章形式中，不斷顯示三言的賦形與思辯力之外，三言也顯現為詞句的全新表達。而正如我們所說，重言嚴格說，不是表法，或者應說其在表法的意義，主要是與演出人物相稱的主題，而不在形式。這一點，在詞句創用方面的考察，便顯而易見了。寓言的造詞，主要因於故事性的要求，所以筆者都視為人名，用以表達一種人格型態或工夫進路。至於厄言的造詞造句，亦與其觀念表達的特性相應，多是指向心靈境界。

　　2. 就莊子行文的字義屢變而言，一方要使字義的多變，造成文本意義的不穩定，一方則欲使讀者絕不能膠固於字典學的閱讀方式。因「字」實有其生命，而字義之匯聚成詞，更具有如「種」的衍生能力——即字的引申義、

〔註57〕見氏著《中國人性論史》頁335。

〔註58〕可參看錢賓四《晚學盲言》（上）。亦以時空形式解釋中國傳統「天地」一詞。見頁38～48，〈時間與空間〉。

〔註59〕見氏著《口義》頁6～7。「理」「氣」對揚，固與林氏學術淵源有關，但「正、變」之不一不異，於此可見一斑。

〔註60〕第2句式的解釋，請參看拙著碩士論文，第一章。

孳乳義、……等，甚至作者的體驗義而自創用法，都使文章含不盡之意。

3. 由1、2要求於讀者的，乃在養成極敏銳的「當下」心行，即將每一字句段落章節構成，都視為一全新的境況來咀嚼、玩味，即使重複閱讀亦然。以讀者對境況的了解、融入，方決定每一字句……等的可能意義，再無確定的成規可循。

§5-2　論「三言」的篇章構成

最後要談三篇範例的篇章構成。我們用「構成」一詞，其實便是結構。但今語「結構」帶有一些負面的聯想，尤其文學的結構主義。〔註61〕「構成」也許可以避開「結構」的二元對立、理智分析……等先入的觀念。另一原因是，「結構」不免有先在決定的意味，而「構成」則更像是在未定形的、自由的情境中，隨順機勢逐漸組織起來。

以上已大致說明了三言的分別使用，和交互組織的情形。如果我們不僅描述一「現象」，或不滿足於此，則進一步應問三言如何構成整篇文章？這些構成是否也依三言的方式？其意義如何？便成為我們討論「表法」的最後重點所在──「表法」不應只限字詞意象，或造句組節而已。〔註62〕

此外，討論篇章構成的理由，還因於這樣一種說法，認為莊子說話（文章）是反邏輯，非邏輯，無次第的。這話似是而不定然如此。在〈逍遙遊〉的解析中，固然可看到文章進行，往往不是以明確的因果順序娓娓說來，其中有許多現代藝術手法（如電影、劇場），這些固然與一般硬生生的觀念文字組構有別。但我們所謂的「邏輯」是指什麼呢？若將「邏輯」視為廣義的「思維方式」；或能思層面預設的分析；或依當代意義，視為對「意義形式系統」的思考，即展示使真理和真理的詮釋得以成立的各種條件；甚或揭露各個不同理論形式，並

〔註61〕 參看蔡源煌〈結構主義的爭論〉，見於氏著《從浪漫主義到後現代主義》頁147～153，以結構主義引進美國為例，自1966至1973Donato的預言證實為止，「為時不過七、八年，也未見到成功的結構主義模式之文學研究。總之，結構主義是一條沒走過的路。」

〔註62〕 分析篇章構成，本應一併談內七篇的總構成，如宋黃庭堅已指出「內書七篇，法度甚嚴」（《纂箋》引，頁1），以及張默生分疏第一等作品的甲類（先總論，後分論）、乙類（先分論，次結論）兩類形式；但是至今未有人說出法度之何所是（似），以及甲、乙類的分法如果正確，則這樣的組織、構成有何意義呢？但筆者衡量本論的結構，以及這部分完成之後的分量，或許還需數萬字的討論，只能暫時擱下。

研究演繹系統的結構與建構的問題，……則應別有進路。〔註63〕

　　首先，我們陳述邏輯所審察的意義形式系統問題。最初點引火線的是羅素 1901 年發現的著名詭論（paradox）：

> 類（classes）並不是它們自己的成員（members）。正常情形下，「類」並不是類之中的一個成員。假如我們把所有的類組成一個類，這個新的類會不會是它自己之中的一個成員？無論答案或是或否，都會導致矛盾的結果。由於這個弔詭，因此在集合論中必須設定各種限制，才能排除那些造成矛盾情形的賓詞（the predicates）。然而，這些限制本身往往又會造成新的難題；而且若要獲得一致性，則又必須犧牲完整性。〔註64〕

最後一句，即指當我們視為相近、相類、相同之事物置於一集合，則其一致性將破壞完整性，換言之，體系常需排除許多彼此矛盾的情況，而這些排除、限制造成體系自身的涵蓋面不足。因此，我們如何解決意義系統的內在一致性及完整性之間的不相容關係，便成為任一具有集合形態的意義系統，必須考慮的問題。但是羅素所說的「一致」，是指不違於邏輯的矛盾律、排中律，換言之，只是二元構設中的真／假分判，而在二元之外的一致與否，顯然當另有考量，如藝術的諸元素，如諸色調、諸音符，未必皆是截然真假二分的。當然，亦非隨舉兩個不同領域、範疇，妄為比較而說其不一致，如色彩表現與音聲演奏自是不同，其不同與不一致全無關聯，然亦非矛盾。換言之，實際生活（包含較多的異質事物）與藝術（單一媒材），不一致未必即是矛盾（不相容）。

　　其次，我們回顧中國的藝術傳統，所謂「規矩」或「法」的問題。即使在最具獨創意識的畫家、詩人，他們的個人（畫派，詩派）風格雖極鮮明，然而在其內部亦必有「法」可尋可循，只是此法，一非習知的成規，一不若「成規」之易識。〔註65〕我們可以石濤論「法」在藝術表現中的意義為例：

〔註63〕當代邏輯，再非如我們設想的那般，「只是思想的技術」，而是深思真理得以成立建構的一切條件。上述邏輯的目的、主題，可參看《胡賽爾與現象學》第三章。

〔註64〕同前註書，頁 49，註 3。

〔註65〕可參看 Cahill, J.《中國繪畫史》頁 150～151：「在獨創主義畫家（指髡殘石谿、漸江弘仁、龔賢三人）拒絕接受成規定型，堅持親身去了解造化的時候，他們絕對沒有走向『寫實』風格；……如果畫家的性情很怪異，他的畫的確也變得很怪異。但是中國繪畫從來沒有變成一種發展充分的非具象藝術，無

規矩者，方圓之極則也。天地者，規矩之運行也。世人知有規矩，
而不知夫乾旋坤轉之義。……雖攘先天後天之法，終不得其理之所
存。所以有是法不能了者，反爲法障之也。古今法障不了，由一畫
之理不明。（〈了法章〉第二）

法於何立？立於一畫。一畫者，眾有之本，萬象之根；見用於神，
藏用於人，而世人不知。所以一畫之法，乃自我立。立一畫之法者，
蓋以無法生有法，以有法貫眾法也。（〈一畫章〉第一）

至人無法。非無法也，無法而法，乃爲至法。凡事有經必有權，有
法必有化。（〈變化章〉第三）〔註66〕

石濤的「一畫」是貫通宇宙論、畫事本原、繪畫技法三者的精澈觀念，〔註67〕
此則非吾人此處所欲論者。重要的是，石濤在繪畫史上，是和弘仁、石谿、
八大山人同列「獨創主義」的畫家。前引的片段，都可以看出石濤在客觀之
「法」、「規矩」，和創作主體的交互關係兩態：了法／法障，藉由「一畫」而
有極好的融通：「法自我立」，「至人無法，非無法也」，「蓋以無法生有法」，「乃
爲至法」。

　　回到莊子，在討論過表法的各元素後，最大的問題，應是這些原先分散
的章節字句，如何一一植入，以什麼次第進入意義領域，構成文本？這些篇
章常常看似錯簡，難道眞有什麼「統一」的構成？莊子如此天縱飄逸的風度，
如何肯將思想情意局局間間地縮在「法度」內呢？

　　首先，我們由主題來看，莊子往往在一篇之中，置入兩個完全相反的兩
個主題。如〈逍遙遊〉寫大鵬之圖南，若可擬於飛龍之在天；但末了卻彷彿
無此氣魄，以「所用之異」自解，而曰「浮乎江湖」；以「無所可用，安所困
苦」自解，而貌似消極地一無作爲。〈齊物論〉初寫成心和「以明」，似乎對
物論之造成，與是非困境的超越都有了交代；後半卻又寫出王倪四問而四不
知，及影子「惡識所以然？惡識所以不然？」莊周的困惑「不知周之夢爲蝴
蝶與？蝴蝶之夢爲周與？」這兩部爲何並置？又如〈人間世〉後五章或以爲
非莊子手筆，或以爲錯簡，正因爲：「前三章言材用，後五章言不材無用。思

論曾走到離它多麼近的地方。……同樣的情形也適用在書法上，以比較狂放
的風格寫出來的字體可能完全無法辨認，但是無論離得多遠，它總是和原來
字體保有若干程度的關連。」
〔註66〕見石濤〈苦瓜和尚畫語錄〉，《畫論叢刊》（上）頁146～158。
〔註67〕參看葉朗《中國美學史大綱》頁527。

想截然迥異。後者方為莊學本色。」那麼前三章呢？「係以儒用道，故雖有道家理路，都是儒家本色。」〔註 68〕那並置貌似冰炭的兩家觀點，用意何在呢？

〈逍遙遊〉，〈人間世〉歷來解其文句者尚多，因此以為篇中前後半不相侔者亦多。〈齊物論〉歷來即使文句，也不易得其解者，更不論篇旨與構成了。既然如此，兩部分並置的用意何在呢？除這樣大分兩部之外，整篇的構成，還有什麼特色呢？

我們先看〈人間世〉。〈人間世〉是內七篇最奇特的。就其外觀而言，全是重言、寓言，而無獨立段落的卮言。〔註 69〕莊子在此篇深藏自晦，不露一丁點表相。

其次，我們要注意的是〈齊物論〉的卮言，與他篇偶見類似的卮言形式。〈齊物論〉的一般分段中，「罔兩問影」、「莊周夢蝶」都不過數十字，卻各佔十一段中的兩段；又如〈養生主〉最後一小節「指窮於為薪」，似獨立為一段，又像附屬於「老聃死，秦失弔之」一段；又如〈應帝王〉最後兩段，原本「無為名尸，無為謀府，……」一段卮言也似已總結全篇，但其後卻又補記「渾沌」一節，……這麼多貌似拼貼的附錄，究竟有何意義呢？

我們若綜合先秦典籍的創作情形來看莊子的特徵，尤為明顯。「六經皆史」，原非有意於著作。如《書》、《春秋》，皆因史而依朝代、年代為序次；《詩》因地域，亦因所用而分。中國第一本著作，應屬《論語》，「論」固只是集結，依「侖」取義，更有組織、條理、秩序之義。〔註 70〕今觀《論語》的編排，內在的一貫與條理，早有前輩指出。〔註 71〕大致上，一篇都有一主題，其章

〔註 68〕陳冠學《新注》頁 217。
〔註 69〕依陳冠學分法，可有卮言。見《新注》頁 227～228。即視「山木自寇也」至「而莫知無用之用也」為後半四章的總結，則此小節不隸屬於楚狂接輿的重言。但依大多數註家的分段，我們仍將其視為第七章。此外，此篇自內部看，則主要是卮言。就全篇以孔子為主，表達莊子心目的理想儒者形象，屬於造型，則應視為寓言。
〔註 70〕《說文解字》：「侖，思也。」「論，議也，從言侖聲。」何晏《論語集解》序：「論，理也，次也。」
〔註 71〕如錢賓四先生《論語新解》已注意某些章節的聯貫；又錢先生《中國文學論叢》頁 85：「把小品拼成大文，論語中也有，如微子，鄉黨兩篇。……微子一篇，各章可以先後配合，成為一整篇，懂得到此的便少了。又如鄉黨篇，本來不應是文學的，但最後加上山梁雌雉那一章，便使全篇生動，把各節都成了文學化，這最見記者編排篇章之一番匠心。」

節乃環此主題的各個要目，如〈學而〉篇：

〈學而〉把種種人之道逐一展示出來，給予人一原則性說明。

第一句說明人作爲個體時之道。

第二句說明人作爲子之道。

第三句是爲補充第二句而說的。

第四句說明人作爲「事人」及「友人」時所應有之道。

第五句說明上對下之道（即士或君之道）。

第六句說明弟子之道。

第七、第八兩句從「學」而總結以上種種道。

第九「曾子曰」一句則把人民德行之道作一整體的總結。……〔註72〕

雖是如此，但《論語》自其外觀決不易了解至此！隨舉一例，第二篇〈爲政〉首章爲：「爲政以德，譬如北辰，居其所而眾星拱之。」第三章爲：「道之以政，齊之以刑，民免而無恥；道之以德，齊之以禮，有恥且格。」都非常明確地與「爲政」主題相關，但是第二章呢？「詩三百，一言以蔽之，曰：思無邪。」乍看之時，彷彿支離破碎，誰人相信其編排是精心縝密的呢？然而其內在脈絡之一貫，卻是無庸置疑。

《老子》亦然。初先大分爲二：上經下經，其次依帛書老子不分章，我們由此原始面貌可以看出，許多章節乃有意相次，而指向一主題並互補、引申。〔註73〕然而也不易在初見時了解其線索。《孟子》亦然。如〈萬章〉論歷史事實及意義，〈告子〉闢世俗論性之謬；〈盡心〉則全幅建立孟子的德性形上學。〔註74〕論孟都是語錄體，所載對話都是生活中原自有起訖，以每一章而言，完整意義本不待構思。但其成篇，也和《論語》、《老子》一樣，其用心與編排之嚴謹，都很難從字面、句義直接體會，看來都像是無機雜湊。事實固非如此。莊子則是純著作，即使與惠子的對話，都似是寓言而非實錄，此則近於老子的體裁，且篇幅比以往著述篇章更長，每篇乃綴集許多小段成「一」文章，此則之前未有的形式。此形式之創用，既不在寓言中，亦不在

〔註72〕見譚家哲〈人不知而不慍〉，《哲學雜誌》第六期，頁39。

〔註73〕請參看潘栢世〈由帛書老子與王弼老子注之互校・略論老子哲學〉，《哲學與文化》三卷，四期，頁30～33。

〔註74〕如趙岐〈孟子篇敘〉：「趙氏孟子篇敘者，言孟子七篇，所以相次敘之意。」所說大抵可從。唯文末以爲字數也具有「深義」，則未免太過。（見楊勇《孟子譯解》附錄，頁四。）

重言，應屬卮言。關於篇章表法，莊子似乎可鑑覆車，後出轉精，避免前此著作的表面「缺陷」。事實又非如此，其支離尤有過之而無不及，為什麼呢？吾人如何觀其意義構成？

要思考莊子篇章的兩部構成、話舌添足，應先回到我們對「篇章」的最基本認定，我們認為一章是完整的，主題是一致的，如《論語》「學而時習之」章，如《孟子》「孟子見梁惠王」章。事實也的確如此。「學而時習之」三句，表面上看不出彼此的映射與互攝，實則三句極縝密而精微地傳達一共通的意旨。因此這種認定，不只是文章得以創作，也使閱讀可以進行；同樣也可以基於這種認定，解決一些章節的閱讀難題，再如《論語》〈公冶長〉§6「子曰：道不行，乘桴浮於海，從我者，其由與！」一章，錢賓四先生便是由文意的一致性來超越歧解。〔註75〕章既如此，由章成篇也不會例外，如〈泰伯〉§9「民可，使由之；不可，使知之。」一方應從斷句定其文義，但又必須從上下文、全篇之宗旨來定其旨歸。既然一般篇章構成都有法可循，那為何莊子卻會將「兩部」「不同」主題放在「同一」篇中？這不會破壞「篇」的完整與一致嗎？

一般所謂的「完整」如何界定？以物而言，形體應具確定邊界，無破損（刻意製造的缺口不計，如亨利・摩爾的雕塑），便可謂完整；若由功能看，則運作正常而形體稍缺，亦不害其為完整。但完整有時須由比較方知，如人慣見椅四足，若見三足椅，初定以為不完整，及見三足鼎，三足椅……方知「三足」亦完整。更進而言之，「完整」並非由單一「物」構成。比較難的如藝術品與思想、繪畫、詩文、電影戲劇、音樂，換言之，在「意義」領域、或意義系統形式，如何可見其為「完整」？這些由許多物素組合，如果少了什麼，我們如何鑑定？如何發現？了解思想家的思想，為他寫一篇「學述」，則如何可稱「完整」？如何是識見不足，於義有缺？如果〈逍遙遊〉止於「眘然喪其天下焉」，我們會感覺有所不同嗎？對〈逍遙遊〉主題有何影響嗎？具體物的完整如拼圖，我們易見其完整與否，但抽象的意義版圖呢？具體物完整與否的判定，由拼圖原樣給予我們「先行理解」的基礎，而抽象意義完整的先行理解從何給予？最後，「完整」是否即是「一致」的？不一致是否一定「不完整」？如〈人間世〉表面的不一致，果真破壞了完整嗎？

〔註75〕其解在朱註為一章兩意，而錢先生則以為其意向應一致。見《中國文學論叢》頁81。

這樣詢問下去，永遠沒有終結。因此，我們暫時這樣歸結：所謂意義的「完整」其實只有兩種情況：一、「完整」根本不存在，是一個虛設概念；一是「完整」無法界定，永遠有一發展的「完整」。前一項姑置不論，因爲我們所見的「成品」都彷彿有一邊界來提示他們作爲一一個體，如音樂必有始終，繪畫必有上下首尾……等。那麼何謂「發展的」完整？莊子〈大宗師〉：

> 故其好之也一，其弗好之也一。其一也一，其不一也一。其一與天
> 爲徒，其不一與人爲徒，天與人不相勝也，是之謂眞人。

「完整」、「一致」在中國古代都可用「一」表示，如「參乎！吾道一以貫之」，主要就一致而言，孔子自言其生命之路有主軸貫通，並非散而無統；莊子〈天下〉：「神何由降？明何由出？聖有所生，王有所成，皆原於一。」此「一」指道術，即整全、完備之意，莊子敘述神明聖王非牽補多罅之德，而出於一整全完備之「道術」。我們繼續由範例的三篇來看。

以〈逍遙遊〉這一主題而言，至「窅然喪其天下焉」似已表達「完足」，各章節也能配搭一致，末兩段反而只是對著前半部的議論，此議論也不由「主題」的相關問題而發如蜩與鷽鳩、斥鴳之「議論」便是相關於主題，而另由「用」—相當現代語言：實用，及以實用爲價值唯一所在之「價值」義。

其次〈齊物論〉到末後兩段，主題與〈齊物論〉其實若即若離，如「罔兩問影」可引申爲因果系列或因果網的討論，夢蝶的延申意義更廣，未必盡在「齊物」一意而已。換言之，比起前九段都具有較長大篇幅，末兩小節各自成一「段」的編排，形式、主題漸與「齊物」不相一致，這不「一致」非相互矛盾，只是不完全相關聯，以一般推論、分析而言，似可有可無，甚至不當置入。

在〈人間世〉則是連若即若離都不見，成爲貌似矛盾的前後兩部，其不一致則更甚於〈逍遙遊〉、〈齊物論〉。

但〈人間世〉依我們所解析的來看，前半指「處人」，亦即在人類群體中之自我或個體，固然是涉入人間的；但人不完全是「在人間」的，人亦必有其在人間仍感孤獨者，或處於熙攘繁華之處而獨不見此繁華者，或必有獨處之時，或必有其獨知而不能與同伴相悅以解者……換言之，人即在人群中，亦必有作爲「個體」當行之道，此個體之眞正建立，如前所說，乃在生命完全內在於自己處，才有眞正的人格可言，若有一念渣滓未盡，而求與外在現實相合，則「人格」之建立必定不眞，至少其基石必不穩固。換言之，媚俗。

而「俗」根本不可知不可定，潮流屢變，「格」亦隨遷，則斷不成其「自立」之道，故至支離疏，幾乎是背向人間，「支離攘臂於其間」是多麼突梯滑稽的形象！嘲諷世俗價值這樣理直犀利！反之，就「處人」而言，「人間」必有「人間」之眞實，不明白此眞象而與之對應，則必粉身碎骨（馬喻）或面牆而立而已，其在「人間」必日夜煎熬於「陰陽／人事」之患。即使如此，對應卻先從「人格」（德）之建立處談，然後才論及「處世之原則」——對人世採取積極的意識。由此見這兩部，有共通的基底，但前後重點極不同，莊子不分立爲兩篇，只合在一處，意義各有所可，雖不一致卻可構成「同一」篇。

再就〈齊物論〉之解析看。前半部就一般的主題而言，在葆光與「堯欲伐宗膾胥敖」寓言一例爲止，亦將成心的構成、以明的體用，和人類如何與超越的天府通接之途徑都展示完成。就原則而言，前半部以較明確的步驟交代思辯的歷程，並得出實踐之結論；後半則反而以寓言故事，一則一則地搖蕩於不確定的筆調和語句中結束。也因此「罔兩問影」、「莊周夢蝶」雖極短小，卻因不確定意指，使其詮釋的延伸幅度更廣更豐富，似與前半部不盡一致。但這不一致，也更深入〈齊物論〉「一往平等」的論旨。

最後回到〈逍遙遊〉，同樣的，我們可用前二則的考察結果移至此處：兩部主題的不一致，正爲達到體系的完整。「一致性質的完整」，是許多建立體系的哲人努力的目標，但以〈齊物論〉論旨而言，「完整」、「一」「道」內涵的多樣型態，使得「一」只得是「虛涵」性質，絕非死板的「一致性」。因此道的完整，反而是顯現在多樣性徵。「多樣性」必然有些差異，這些差異表面上不同，以至於恢詭譎怪，但自莊子看來，「同／異」依舊是觀點或參考點的問題，而不斷有新歸結，又新分組、新類聚，「同／異」也是不斷離合。於此差異、離合……之中，看出其多樣分殊之散列，也見出散列的完整。因此「一致性的完整」反而是一等待解構的系統。莊子在「同一」篇章，植入相異不侔的片段，一則一則補綴於後，使後設段落成爲對其前段落的觀看、沈吟、反省、甚至賞玩，略作歧出的游步，產生偏離主旨的敘述，這類「多樣並置」「不盡一致」才達到篇章的「完整」。一般設定「一致的完整」的峻削邊界，至此模糊難以指畫。這一「言」而「無言」的篇章構成，不入寓言、重言，應當歸於巵言吧！

然而，是否把不相類，或不一致的思想都擺設進一範圍中，便能達到「完整」呢？實又不然。一篇小學生的日記，一篇試探如何作文的習作，都可能

雜亂無章，既紛紜又無完整樣貌可言。則我們雖說「完整」非出於一致，乃由於不一致；但「不一致」之完整與否如何界定？比如莊子極壞劣的外雜篇，擺在《莊子》一書之中？此可先試以藝術作品的繪畫爲例。

　　焦點透視的畫，畫法固然非常一致，但很明顯的，在立體主義的眼中，卻極不完整。立體主義這樣要求畫家：能捕捉事物各個面向，完整呈現我們的觀看活動與印象層累，則其人物形象常是不盡一致的，如兩目在鼻之同側……等。中國畫的散點透視或迴旋透視，畫面的焦點不只一處，甚或地平線不必在畫面下方。即使尺幅雖小，也能盡量展示畫家心靈遊覽的幅度之大，與所歷境界之完整。同樣的，自蘇東坡提出〈讓王〉以下四篇爲贋作之後，對這四篇的眞僞大致已有共識。而莊子中被評爲壞劣、贋作的文字，不只觀點僵化，也鄙陋不堪，無法和以天倪，休于天均。正表示這種「不一致」，完全脫離配搭成完整體系的可能，與文章、繪畫的多觀點視野正好背道而馳，即其所持以立論的觀點也缺乏涵蓋性質。關於莊子「不一致的完整」和「紊亂的不相容」，二者的區別，王夫之有一段話可作總結：

> 蓋亦内聖外王之一端，而不昧其所來，推崇先聖所修明之道以爲大宗，斯以異於天籟狂吹，是其所是，非其所非也。特以其散見者，既爲前人之所已言，未嘗統一于天均之環中，故小儒泥而不通，而畸人偏説承之，以井飲而相捽；乃自處于無體之體，以該群言，而捐其是非之私，是以卮言日出之論興焉，所以救道于裂。則其非毀堯舜，抑揚仲尼者，亦後世浮圖訶佛罵祖之意。而〈駢拇〉諸篇之鼓浮氣以鳴驕，爲學莊者之梯稗；〈漁父〉〈盜跖〉之射天笞地，尤爲無籍狂夫所贋作，於此益見矣。〔註76〕

最後，我們應補充說明，近代數理邏輯對數學與意義探索之領域奔逸絕塵，遠非吾人所能想像。如哥德爾（Kurt Goedel）的「不完全性定理」，乃回應羅素的詭論而加以解決，他說：

> 一個包含初等數論和一階邏輯的形式系統 P 如果一致，則 P 是不完全的，這是哥德爾第一不完全性定理。……哥德爾進一步把"形式系統一致"這個概念在 P 中加以形式化，並證明如果 P 一致，則 P 的一致性不能在 P 中得到證明。這是哥德爾第二不完全性定理。……哥德爾不完全性定理有很深的哲學意義，從不完全性定理，我們認

〔註76〕氏著《解》頁 280，〈天下〉篇。

識到任何形式系統都有其局限性，無論是數學還是邏輯，都只能從
某種相對意義上反映客觀世界的真實性。〔註77〕

換言之，一切數學問題與思想問題都非一人一時一地所能解決，其解決都必
有延伸之餘。莊子早已預言及此：「其理不竭，其來不蛻，芒乎昧乎，未之盡
者。」（〈天下〉）面對無盡衍生問答與意義境域，莊子只得簡化其「解決」爲
兩部支離參差的主題（對稱、排比），放在「同一」的篇章，且於篇章之末，
再一則一則綴補寓言、重言、卮言，以化解原標題主旨的一致性所不能窮盡
涵蓋的問題葛罿。這種篇章構成乃基於對整個「意義」領域體會之精密，思
索之深邃，莊子固然精彩絕倫，而中國文獻有一些罕匹傑作，也是如此構成
的呢！〔註78〕

第五節　小結：論文章風格所呈示之「道」

以上四節，我們儘可能不帶成見，不憑藉對「道」的既有知識、傳統理
解，在莊子文章尋找熟悉的認證與套用。則不再有某種先決條件可以依賴，
框定「道」的內涵，以及「道言」「應」何所是。而是隨著文本自身的軌跡，
經由歷程逐漸開顯「道」與「言」的了解。上述分析的文章特色、三言交織，
如何顯示莊子所體證「道」的內涵呢？

首先由「歷程」開始。此乃莊子所以能以三言展現「道」之原由。正因
莊子不再預設或虛懸一純粹不動的「道」，等待吾人一證全證，反而由三言的
展開，以「道言」的方式呈示：「道」之生生不已，總展示爲歷程顯發其自身，
而非封閉完成；另由道言自身的歷程，顯示「道」的體會，乃是「不斷由人
參與體證的活躍生機」，而非可設想爲超絕於人。其文字貌似超絕的片段，如
「藐姑射之山，有神人居焉」，「無何有之鄉，廣莫之野」，亦將在讀者領略、
重構畫面時，成爲心靈彷徨遊息之域，非所以推遠於生命現存。

由此歷程，「道」不再總是「在那兒」，或純粹的「無」的設想，……。

〔註77〕請參看《現代邏輯科學導引》（上冊）頁 19。另見 Dyson, F.J.《全方位的無限》
　　　頁 75：「五十年前，愛因斯坦最密切的朋友之一的高德（Goedel, Kurt）證明
　　　純數學世界是無止境的，我們不能以任何一組公理和推理定律導出所有的數
　　　學。任導提出一組公理，我們都能找出這些公理無法回答的數學問題。」
〔註78〕於此略贅數語，如中國之集注、集解、纂疏……等解經法，雖對其所注解之
　　　經有其一致性，但其一致性無法由內證明，此爲第二不完全性定理；而不由
　　　一家定其義，而必匯眾說以成，亦見無有一家之權威，且任一家

乃是由「有（南）／無（北）」模型所示，不斷「開顯／苞藏」的活動，這是否即等於道的性質並不可知。但由人體認道，則必顯為二重性質。欲忽略此事實，而理想化「道」的超絕位階，也只是遠離人的虛幻構想而已。此二重性由寓言的雙重結構，和巵言的對稱可證。

　　以下再由三言各自的特性來說明。寓言綜合多項藝術表達的新穎手法，以及「而後乃今」若匯聚時間於當下即時，乃顯示「道」的顯發，並不純是知性概念，而更富於立即性的感觸——近於長久受貶抑的感性。感觸為何變得如此重要？莊子不是說：「官知止而神欲行」「墮枝體，黜聰明，離形去知，同於大通，此謂坐忘」……嗎？這些話乃就「人」身體之滯濁處而言。反之，「心齋」乃落實於氣之虛靈清通；亦猶「喪我」之後，乃能與「大塊噫氣」無別而得聞天籟。氣之留動成體（〈天地〉：「留動而生物」），體之清通無礙為復氣之虛靈，此時仍是敏銳地感觸。再從另一面看，即使似居優位的「心靈」，也可能由「師心」而塑造「成心」，由成心不能融通而生出是非，浸至生命變為封固不化的領域。而且由「怒而飛」和要求讀者參與的動畫文風，更顯示著（1）道「可傳而不可受」，除非生命現存內在具有豐沛之感觸與動力，「親自」回應於道之顯發，否則道將不對之開展。（2）感觸與藝術，在參與道之開顯具有重要意義。這些又直接隨其文章展開，而逐步顯示道的內涵。而我們不斷提及「顯發」，一方自是道呈顯於吾人，一方則是吾人能深刻理解「道」及其創生的事物的內涵。由藝術感觸與「道」之顯發契接，及內在體物的理解而有寓言，二者如何可能？我們將在§6-1後設分析解釋。

　　重言的特出處，不似純粹寓言之謬悠荒唐，主要表現在人倫價值的反省，和人物形象的塑造。其中的寓言運用，主要對應於後者，亦即由與歷史人物對話、產生了解，而有人物性格的新造型；巵言運用，則以深遠的後設情境表出，顯示對問答主題的深遠觀照，仿若自寥天一的高處提出不切時機的言論，實則有莊子真正體認的依準：「唯道集虛」「舜禹之所紐也」……，非泛就人事糾葛考慮利害得失、待人處事而已。和會眾人的理解，共鳴於歷史人物的內心世界，乃重言創用之所由。此處乃顯出人之為人的特質：心志、情懷、抱負、理想，傳統承繼與開展……，「道」之顯發於人文，其質地乃於交互主體之際最見精采。另由人物的多重性格表顯的「複數真相」，初可說明「人物」可有多方面的真實，唯視觀者所持之觀點如何而已；其次則暗示「道」的內涵總非一端可盡，即使現實事物如「水」，其味道常因時因地而異，其概

念與象徵亦豐富多姿，更何況人物和「道」呢！

再看卮言的各種對稱形式。「再現複義」，顯示大自然貌似不斷重複的回歸，其實一點不曾滯故襲舊，晝夜四時只是「循環」，我們如何能說日夜和事象的反複，其「意義」完全等同於昨日或上回，而一無變化？「對稱互攝」更進而顯示，單字、單句的區隔，或一切存有者之分立，內在實有往返不息的「意義滲透」，超乎滯濁感官、尋常心知所知。〈知北遊〉：「天地有大美而不言」，天地不自我表暴，不以言宣嚷其內涵，故當吾人能領略大美，即是其內涵與人相攝互滲。至於「對比相消」和「後設離端」，以兩股以上勢力不斷消解，消解之後仍有意義衍生，如〈知北遊〉以「盈虛衰殺、本末積散」描述宇宙現象，亦表諸力之生剋消息，而卮言自消自解之曼衍，象表的既是句義內在之力的消息，也是狀表現象的盈虛。

寓言之顯現如藝術特性，乃因莊子所領略之宇宙，是以豐美呈顯與吾人，如〈知北遊〉：「天地有大美而不言」；卮言以其理致呈現者，亦有如「四時有明法而不議，萬物有成理而不說」。「不言、不議、不說」亦猶寓言、卮言表法，皆非直白表露，常以隱藏方式暗示。藝術造型、思想造義，三言不像一般語言，只是對應於現成事物而命名、描摹既有現象……等為已足，反欲以種種瑰奇之想像，表達宇宙不可思議的賦形造化；又如〈天地〉〈知北遊〉〈則陽〉有多段形上學、宇宙論的描述，皆顯示「道」之生物，乃由氣賦形，此賦形非直接、不套樣板、無一律複製。而是任一個體之誕生，都必顯為特殊的形象創造；為顯示既造之後又無時不變，故又以奇想的神話變形呈示。故在莊子寓言的風貌，和卮言的構詞、造句、鋪設歷程，則顯示莊子「道」之真實之美，與老子所體證「內斂素樸」〔註79〕的道，實有韻味的不同。

最後則是篇章構成方式所顯示「道」相的意義。由前述的讀者參與、親自重構、當下感觸、體認意義的互滲消息、……種種，都像是人由參與「道」之顯發，逐漸聚積收納對「道」的理解。而非先有對「道」的認識，再尋求認證。不斷撤消先行理解的解蔽心行，莊子在篇章形成時，依舊不直接吐露其思想，而重新不斷自解、構成、自解。字句固然歸向主題，卻又不斷由主題延伸、支離、補綴，又不致斷裂散落，共構為「不一致的完整」，仍是回歸

〔註79〕此內斂素樸風格之「道」，可由《老子》的文章風格為證；其次，可由老子自提的話語為證，如「知其雄，守其雌」……等；再可證諸〈天下〉篇的評語：「以空虛不毀萬物為實，以濡弱謙下為表。」

在二重性質中不斷顯發、重構⋯⋯。如前所述，並未有可「一證全證」之道，不論從體道者或學道者，莊子並不提出現成可享、可被動承受的道，反而由其文本的特殊呈相，和特殊閱讀方式，提示「道」的領略必由個人的無止境參與，而後道乃無限地開顯；個體生命力量的萎弱，亦即個體理解之「道」之萎弱。

最後作一歸結，莊子的「道」再非如老子的素樸呈貌，雖然莊子也說「滑疑之耀，聖人之所圖也」，仿佛老子的「和其光，同其塵」。但由「庖丁解牛」、〈達生〉〈田子方〉諸多「技進於道」「驚猶鬼神」的奇人偉匠，顯發宇宙神采奕奕的另一風貌。其次，「道」不再只是高懸超絕、不可企及，而可由文章表法副墨的詼詭，觸會「滑疑之耀」。也不可能構想「道」為現成、固定不變的凝滯實物，而應在宇宙間所有變化的呈顯中體會。可注意的是，王夫之註解〈知北遊〉的文字時，如此論道：

> 生死相貿，新故相迭，渾然一氣，無根可歸；則因時、因化、因物，不言而照之以天，又奚答哉？則又奚問哉？
>
> 此之謂本根（腳註：無根以為根），⋯⋯
>
> 然而自古固存之大常，人固見為美、見為法、見為理而得序，則存者存于其無待存也，神者神于其無有形也。意者其有本根乎？而固無根也。⋯⋯沈浮以遊，日新而不用其故，何根之有哉？名之曰本根，而實無本無根，不得已而謂之本根耳。⋯⋯故唯知無本無根，而沈浮不故者，乃可許之觀天。（《解》頁185～186）

王夫之一直用「無根」解「本根」之義，實震懾吾人的慣常理解，但細予理會，更切近於莊子的原發語境，和獨特體證。道不斷顯發、開展，人不與之共振搖蕩，則是人自封於天地大美之外；若能與之同波浮游，則是「與彼百化」「日新而不用其故」，不斷在歷程中開展、曼衍，而無一可持可握、收藏不化之「道」。

第三章 三言的後設意義 I
——〈寓言〉篇解析

第一節 寓言的後設分析

§6-1 言者與寓言：「寓」表言者的創作心靈活動

在這一節，我們主要討論的問題是：莊子為何採用寓言的方式說話？「寓言十九，重言十七。」重言包括在寓言中。〔註1〕「寓言十九，藉外論之」，以莊子一書的表現方式說，藉外論之便是比喻的奇想迭生以託意、故事、藝術造型、意象冥想之融合、神話的取材轉化，以及在虛實之間的歷史人物對話。「親父不為其子媒」，言者與寓言之間，是父子的創生關係，而父親幾乎

〔註1〕 關於「十九」「十七」的解釋，在此取呂吉甫註：「寓言十九，則非寓言而言者十一。重言十七，則非重而言者十三而已。」（《翼》卷九，頁3）傅山批註頗有趣：「初看不知說甚，想來有個見解。」（《傅山全書》（二），頁1168）另外姚鼐說：「莊生書託為人言者，十有其九，就寓言中，其託為黃帝、堯舜、孔顏之類，言足為世重者，又十有其七。」（《纂箋》引，頁228）姚氏的說法，也為我們解決了十九加十七變成十分之十六的問題，近人張默生也有解釋，見《新釋》頁15。至於郭象注的說法，在現實上不易成立。而且〈齊物論〉莊子自謂「是其言也，其名為弔詭，萬世之後而一遇大聖，知其解者，是旦暮遇之也。」並未因他在表法上的改變而達到取信數量的改變——雖然有「取信」的要求；而且我們若要確證郭注為莊子之意，則勢必在古今中外作讀者的市場調查，這又絕不可能。此外，郭象如此注和他整段的基本立場相關，細節參考郭注本文，《集釋》頁947。

完全退位。莊子採用這樣的表達方式，主要是因「以天下爲沉濁，不可與莊語」（〈天下〉），以及人情的「應同反異」（〈寓言〉）。說明至此，寓言的意義似乎已經窮盡，我們還能作什麼進一步的後設解釋嗎？

問題是：莊子以寓言爲最主要的表達方式——「寓言十九」，寓言何以名爲「寓」言？「寓」字是什麼意義？如果確定「寓」字的意義，對我們了解寓言是否有所幫助嗎？果眞可以由「寓」字來了解寓言的後設意義嗎？這些問題是否過度延伸，過於著相而瑣碎？這樣支離的追問，有什麼詮釋上的必然性與依據嗎？對我們了解莊子是否有任何助益？

最早注意到莊子寓字具有深刻意涵的是金嘉錫先生，在其《莊子寓字研究》一書中，視寓字爲莊子關於「道」的思想所寄。〔註2〕金先生謙虛，整部書只討論了「寓」字，〔註3〕並將「寓言」的闡釋留待未來。〔註4〕本文之所以要繼續考索，是基於同樣的理由：對「寓言」的了解，不止於「想當然耳」而已。莊子所用「寓言」一詞，取名命義都和現代理解大相逕庭。若我們想突破這樣的理解困局，個人以爲莫過於回首審視立名之所由。首先得如此問：「寓」字的意義是什麼？

除了寓言的複合詞之外，莊子「寓」字共出現七次，原文如下：

惟達者知通爲一，爲是不用而寓諸庸。

爲是不用而寓諸庸，此之謂以明。

忘年忘義，振於無竟，故寓諸無竟。（以上〈齊物論〉）

無門無毒，一宅而寓於不得已，則幾矣。（〈人間世〉）

官天地，府萬物，直寓六骸，象耳目，……（〈德充符〉）

寓而政於臧丈人。

適矢復沓，而方矢復寓。（以上〈田子方〉）

〔註2〕 金嘉錫先生《莊子寓字研究》〈第一章「寓」字本身〉有詳盡的討論。其中頁47～48 是簡短的小結：「本章所討論七個寓字的用法，全部是以動詞型態出現，幾乎無一例外。……其含蘊意義似乎都存有道隱藏不顯的譬喻在內。……總括而言，莊子之道所以不顯，就是由於無物非道，必須隨所寓而安，因此就寄託在寓字身上以爲關鍵所在。」案：末句「寄託」二字原文作「案託」，經詢金先生，確是誤植，故逕改之。

〔註3〕 還包括和「寓」同音的「語」、「魚」二字。

〔註4〕 同前引書，「寓言二字合成的複合名詞本書共用三次，由於牽涉言字問題，茲事體大，當另作討論，」（頁47）

最可注意的是：寓字在內篇的用法，幾乎都指向人的心靈活動，外篇則否。而〈寓言〉雖編在雜篇，但其「寓」字使用，毋寧是同於內篇的，尤其是〈齊物論〉。〔註5〕那「寓」字的意義是什麼呢？依金先生與舊注，「寓」字在莊子中有三義：藏、寄、托。「寄」是寓字的字典本義，此字從「奇」，為「奇異」，或「不耦」。〔註6〕寄的本義則為「託」。託字從「乇」，與「宅」字源同。「宅」，段注：「依御覽補字，託劫，寄也。人部亦曰侂，寄也。引申之凡物所安皆曰宅。宅託疊韻。」〔註7〕而宀部的「客」字，《說文》亦解釋為「寄也。」輾轉相因，作為寓字本義之「寄」，遂本有一「相反相成」的意義：就其聯繫於託、宅，乃指人之所「安居」；就其係屬於客、寄（奇異、不耦），乃指人之「離居而外宿」、「暫留」、「轉寄於他方」。結合於「藏」，「寓」在莊子中的用例，便成了這樣的主體活動：自我隱藏／安居於某處／轉寄他方而遊。更進一步說，寓言其實是兩個動詞的結合──「因寓而言」，而非一既成的複合名詞而已。〔註8〕

　　於是我們得到這樣初步的了解：「寓言十九」，敘述者在此易容隱藏／進駐安居／暫托寄遊於他者，以誘取信任。因此言說一方是敘述者自我展示，卻又同時自我隱藏，自我易容，寄托於他身，在寓言中。故事逐漸展開，敘述者化身鯤鵬、蜩鸒、堯與許由、肩吾、連叔、接輿（〈逍遙游〉），一一代為發言。交談的複調，卻只從一個敘述者發聲，一如口技而進於口技，宣說著生命中各種主題。這樣看似矛盾的多重意義，如何「安居」在一個「寓」字中呢？三字的交互關係又如何呢？我們應由「寓」之結合於「言」處，看莊子作為說故事的人、作者，如何由「寓」的方式發言。亦即「寓言」作為後設的命名，指涉作者的創作活動，那麼莊子由「寓」而言說的主體狀態如何？

〔註5〕　兩篇有許多段落相似、重複，題旨亦相近，古人早有論列。
〔註6〕　見《說文》段注，頁345。
〔註7〕　同前引書，頁341。
〔註8〕　我們還可以舉出一絕佳例證，證明莊子寓言應讀為：因「寓」而為言，即A.C.Graham《Disputers of the TAO》對「寓言」的解釋為：「'Saying from a lodging-place'」，並單釋「寓」字：「However, in Chuang-tzu's terminology to 'lodge'（yu 寓）is to assume the temporary standpoints from which the sage judges with the '"This" according to what he goes by ', in contrast with the fixed position from which the unenlightened apply '"This" which deems'.」（p.201）。此解釋對比於一般的「dwelling words」最大的區別在於兩點：（1）dwell 是定居字，一如 live，而 lodge 是暫時寄宿之意；（2）用「words」是只就既成文本的靜態說；而「saying」是從其「說」的動態著眼。

作者寄身於飛潛動植或寄聲於他人，寓言的藉外論之，敘述者的現身頻率一如希區考克在其電影中的露面，且又自覺地隱晦行跡，那麼誰是作者？藉眾人之口代爲宣讀文告，誰是言說者？而當寓言尚未進入閱讀階段時，莊子和諸化身／故事的展開之間，又是怎樣的境況？主體既要安居，又要寄遊，是否在「離居」時即被分割散裂？還是別有存在可能？試以莊周夢蝶爲例，說明在寓言中莊子心靈如何活動：究竟他在隱藏什麼？他安居在什麼地方？又如何寄遊呢？

　　莊周夢蝶，題旨不可確定，而新詮迭出，〔註9〕以一般的閱讀經驗而言，此意旨的深覆隱藏，正是莊子文章的一大特色。即宣穎所說：「夫正言易知，反言則意曲而隱矣」，〔註10〕只是莊子善於創作更大的彼／此懸隔，以致他的文意往往不是表面看起來的那個樣子。簡言之，「隱藏」的第一層應就「意旨」而言；其次就「藉外論之」而言，莊子的偶爾露面，隱藏的自是作者。何謂作者隱藏？即〈齊物論〉開始的寓言造型：隱机、仰噓、喪我。這兩者，都可以在夢蝶寓言中得到印證。我們且由它的特殊位置來觀看。這一寓言在〈齊物論〉篇末，是莊子唯一化身於他者的實例，正可以說明寓言十九中「言說主體——他身」的關係。可是，在此，誰是他身？「莊周」作爲莊子筆下的人物時，注意莊子對自我的看法：「且也相與吾之耳矣」（〈大宗師〉）「非彼無我，非我無所取」（〈齊物論〉），〔註11〕則夢蝶中的莊周其實也是他者，未必是眞君、眞宰——那眞正作爲一主體的內在根依。反之，蝴蝶貌似他身，但蝴蝶作爲一寓象，在古代正是心靈的象徵：自我蛻化、可以飛翔、展現美姿。〔註12〕誰是他身？以「夢」爲蝴蝶泯除自他的分別，莊子所要隱藏的正是對此形體邊界的確認堅執。

　　又如果莊周確然是深根寧極，回到「未始出吾宗」（〈應帝王〉）的眞人狀

〔註9〕　關於莊周夢蝶的寓言旨趣，有心者可翻讀歷代注釋，詮解各異，又似皆可並存並立，此一證。另見杜維廉（W.F.Touponce）1982，〈芻狗——解構析讀劉若愚的中國文學理論中的擬仿問題〉。舉出劉若愚、拉崗對夢蝶故事解釋的有所不見，並提出自己的看法。

〔註10〕　《經解》頁3。

〔註11〕　參閱拙著《莊子內篇夢字義蘊試詮》頁89～90；112～113。莊子以種種考察與論證，說明一般指稱的「我」或爲知情意諸紛雜念相的綜合體總稱，或爲相對於他人的關係詞，……在眞宰證知之前，「自我」渺不可得其眞實義。

〔註12〕　見格拉姆・帕克斯〈漫遊：莊子與查拉圖斯特拉〉頁368，（《道家文化研究》第一輯）

態，那夢蝶在此象徵什麼？〈齊物論〉——內篇最繁複的文字，在此已進入尾聲，如果我們將故事視為莊子對自己言論的反省：「我所說的與世間言論果真有何不同？」那夢蝶的「不知周也」似乎正在表明：「以上所言，如我昔夜化身蝴蝶一般，完全抒寫蝴蝶的生命情態，忘記言說者，只有『表達之自身』。」究竟是我表達以上言論，還是言論的表達通過我而已？換言之，以言說總體而言，莊子輕巧地由夢反轉，反問一個一般作者不問的問題。在一般情況下，創作者高於／廣大於／包含作品，這是無庸置疑的。一如詩人的內在狀態，定然比他個別的詩更豐富，即使綜合詩人一生的作品，也不能涵蓋詩人主體。但莊子問：「是否可能，關於以上所說言論的源頭，實逸出主體範圍之外？言者之所說、主體之所知所為，實有非言者、主體所能主宰的？我只是夢為蝶而已，我何嘗是蝶？就『言說』這一活動而言，更深的實在景況，其實有目前的我所不能窮盡的？」涵蓋〈齊物論〉的言論而為其根源的「言說主體」是誰？如果主體渺不可得，或不局限於「我」，誰是他身？而「夢」成為「言說／活動」的象喻，夢中的「不知周也」更說明了「言者／他身／表達」三者並無確切的主從關係，亦無明確的限界。這和世間言論出於「為是」有我的心態，乃大相逕庭。

　　如果莊周夢蝶是莊子寓言表法的簡鍊表達，則又可別有說明。夢，作為人契入實相的基礎方式，一旦開顯，便是與他身／蝶相涉入。〔註 13〕那麼如果我們定要依據醒轉時（覺）物物歷然的觀看世界之道，永遠會落入一個陷阱：以為人定為主體而能瞭解物之客體；反之，如果以「夢」亦為人類共通的經驗而言，反而意味著有一似乎私有的世界，換言之，世界可為兩重性以至多重性。亦即人人皆有這樣一個世界——與醒時共通共有的「客觀」世界不同，夢境總是一人獨有，必待「言」方能與人分享；在經歷之際，乃「如人飲水，冷暖自知」而已。就世界播分為耳目所接的物理世界，以及人心幻構的內在世界來看，是為兩重性；若就人人皆自為一內在世界來看，則為多重可能。透過這多重可能，並無任一個人處在世界所謂的「中心」地位，而視一切物／他人為環於我的「外圍／邊緣」，在這狀態中，我們不能達到真切的瞭解（自彼則不見）。莊子以為，要達到「法法平等」的齊物胸懷，〔註14〕

〔註 13〕　同註 11，拙著《莊子內篇夢字義蘊試詮》，頁 27～28，60、64、71。
〔註 14〕　法法平等，引申自章太炎以「一往平等」、「畢竟平等」之義解說〈齊物論〉
　　　　　篇旨，見《定本》頁 1。另見方東美《原始儒家道家哲學》頁 261～262。「齊

我們應該改變成另一觀物的方式：夢。由夢，世界顯現爲多重；欲使多重之真爲多重，也唯有夢能「居進」而變化。不夢，則內在經驗各自封閉於自體，如覺時的個體鼇然分立，則世界依舊只是單一凝滯的主觀而已。夢的不斷重演，不斷化入他者，才是主體生命的擴大——以寓言爲廣。在「不知周也」之中，而有「栩栩然」「自喻適志」，正是物對人的啓發！換言之，透過「寓」的寄身，我們才由已知的局量拓展到未知。因此，莊子所謂「廣」並非以一「個體」試圖涵蓋全體的量的廣大，而是主體與諸個體間不斷化入／自內體知／化出的方式（自是則知之）。尼采和巴赫汀各有一段話和以上所述，有驚人的神似：

> 哲人當自覺胸懷包覽宇宙而與之爲一體時，仍然保持一種沉著。此沉著乃戲劇家所獨有的，他們把自己變化入別人的身體，從那裡說話，卻仍然能把這種變化移置出來，投射在寫下的詩裡。〔註15〕

這是尼采敘述 Thales 時，論哲人特質的結論。他先論及戲劇的模仿，卻又巧妙道及詩的形成。詩、劇的敘述，在柏拉圖有三模式：純述、模仿、仿述混用；而尼采的「自模仿中走出」，與混用不同。此一走出或是「出於他身」，或更在「返回自體」。又如巴赫汀所說：

> 美學活動的第一步是神入（empathy）：我必須感知、體會，甚至體驗他所感知的，我必須居進他的位置，甚至與他認同。……但這種完全的合併就是美學活動的最終目的嗎？……完全不是！眞正的美學活動還未開始……美學活動的開始，在於我們回到自己，回到他以外的位置，並賦予神入的經驗內容一種形式，並把它提昇到完整的狀態。〔註16〕

物胸懷」一詞及相關問題請參看潘柏世《齊物論講述》頁 2～4。

〔註15〕 尼采《希臘悲劇時代的哲學》頁 34～35，節略。

〔註16〕 〈Author and Hero in Aesthetic Activity〉25～26，轉引自《文學的後設思考》頁58。而大陸方面新譯的〈審美活動中的作者與主人公〉（收入巴赫金著作系列之一《哲學美學》，曉河譯），相關段落則譯爲：「審美主體，即讀者和作者（他們是形式的締造者）所處的地位，他們所形成的藝術上的能動性的始源地位，可以界定爲時間上的、空間上的和涵義上的外位，……這樣一來，才能以統一的、積極確認的能動性，來囊括整個建構，……審美移情（Einfuehlung。按，即相應於本文所引的神入與 empathy），即從內部對事物和人物進行觀照，就是從這個外位的視角上積極地實現著；正是……通過移情獲得的材料，與外部視聽的物質結合在一起，組成一個具體而完整的建構整體。外位是把圍繞幾個主人公所形成的不同層面，歸結爲一個審美形式的統一價值層面所必不可少的條

這兩段話彷彿都註解著夢蝶的三重解讀，而「寓」的活動方式，之所以能形成「寓言」的呈貌：藝術造型與神話想像，亦由此可證。但夢蝶與這兩段又有些微的差異。就其「神入／居進／回復」的形式來看，是共通的；但夢蝶「不知」的疑詞、「有分」的斷語、「物化」觀念的衍義可能，三者則為尼采、巴赫汀所未有。〔註17〕且巴赫汀的神入乃特就「主人公」（Hero）而言，目的在了解主人公的性格，一切可能的言語和行事……等。但莊周之夢蝶，表面上也是單一對象，但實際是表「一切物」的。〔註18〕「寓」的「居進／寄遊」，乃是以「體觀萬物」為其活動領域，因此「寓」也啟發後世文人解決美學問題的靈感。

　　莊子一書自魏晉以後，雖自幽居的山谷遷入學術的殿堂，但對莊子的活用，當推唐代司空圖，和宋朝蘇東坡。〔註19〕司空圖《詩品》主要還在借用概念語言，如「超以象外，得其環中」（雄渾），「薄言情悟，悠悠天鈞」（自然），「若其天放，如是得之」（疎埜）。蘇東坡才更變化莊子寓言之典，如：

> 予驚歎曰：「妙蓋至此乎！庖丁之理解，郢人之鼻斲，信矣！」二人者釋技而上曰：「子未睹真妙，庖、郢非其人也，是技與道相半，習與空相會，非無挾而徑造者也。……」〔註20〕

這是連庖、郢的神技都看不在眼裡了。不過在〈書吳道子畫後〉他又這麼說：

> 出新意於法度之中，寄妙理於豪放之外，所謂游刃餘地，運斤成風，蓋古今一人而已。

用的還是庖、郢的寓言。兩段重點不同，各有理致，自不相妨。蘇東坡又說：

> 物有畛而理無方。窮天下之辯，不足以盡一物之理；達者寓物以發其辯，則一物之變，可以盡南山之竹。學者觀物之極，而游於物之表，則何求而不得。故輪扁七十而老於斲輪，庖丁自技而進乎道，由此其選也。黃君道輔諱儒，建安人。博學能文，淡然精深，有道

件。」（頁 79～80）在次序、譯詞與文義上，都略有出入，但大意上仍可通。劃底線處是可彼此參照的要點，今取臺灣譯本為立論基礎。
〔註17〕關於夢蝶的美學意涵，尤其主體與他者之關係，請參看拙著《莊子內篇夢字義蘊試詮》。
〔註18〕見張默生《新釋》頁 81。
〔註19〕這裡所謂活用，是指運用莊子的語彙。另如徐復觀《中國藝術精神》所說：中國山水畫，是莊子精神不期然而然的歸結之地（頁 228）；莊學的純淨之姿，只能在以山水為主的自然畫中呈現（頁 230）。則是在藝術表現的落實，並非理論的應用。
〔註20〕《東坡文集》卷十一，〈眾妙堂記〉。

之士也。作品茶要錄十篇，委曲微妙，皆陸鴻漸以來論茶者所未及。非至靜無求，虛中不留，烏能察物之情如此其詳哉？昔張機有精理而韻不能高，故卒為名醫，今道輔無所發其辯，而寓之於茶，為世外淡泊之好，此以高韻輔精理者。予悲其不幸早亡，獨此書傳于世，故發其篇末云。〔註21〕

這是進而以觀念、寓言相輔。此段精意迭出，不斷透過對比顯發其意旨，足以闡證莊子「寓」字之旨，故分說如下：

1. 物雖有畛域，但其內涵（理）則無本質、無定性：無方。因此一般明理有兩路，一路是歧途：言辯。言辯藉由概念之路，只能達到物的有畛，而無法整體觸會無方的理；然而若能寄寓於物，則所體會到一物包蘊樣態之豐富，以「言」來形容，寫盡南山之竹也差足相抵而已。此是由「達者」（知通為一、有道之士）以「寓物」為契入實相的方式，對顯「言辯」之不足。

2. 寓物而後能觀物。而其極致，在「游於物之表」。〈超然臺記〉又說：「余之無所往而不樂者，蓋游於物之外也。」此游於「物外」「物表」，非對物之脫離、漠視、鄙棄，而是透過「游」而與物契接，卻又不為所圍。所以下引二喻以證之，阿扁與庖丁皆與物游而不為所拘，故能接近無方的無限性：道。

3. 「寓」「游」之所以可能，正因主體之自我隱藏：虛中、至靜。不止如此，此虛靜必至於極，而無絲毫為成見所迫使，不只以舊習知見決定意欲的目標：無求，而由靜中喪我以顯物之「理」；同時，靜而不死，所以虛中至動，活絡而不息不滯：不留。如此方能契入物之真實：察物之情。

4. 藝術（以品茶為喻）中的寓物，不儘以顯發「物之理」為已足，藝術還有一成分超脫止於求真的規模，或在真實中必透出另一質素與之相輔，而後藝成為藝——淡泊世外之高韻。對比於醫理之精審，高韻才是由人出發，又關係乎「人／物」之際者，而不只是顯在人之智，或察在物之真而已。

由此四意，東坡進而歸結出君子（主體人格）的人生態度：

君子可以寓意於物，而不可留意於物。〔註22〕

蘇東坡提出「寓」的主體活動方式，乃是基於他對莊子「寓」字的獨特解會。〔註23〕寓／留又重新進入對比，而可「寓」（藏／居進／寄遊），不可「留」（自

〔註21〕同前註書，《文集》卷六十六，〈書黃道輔品茶要錄後〉。

〔註22〕前揭書，卷十一〈寶繪堂記〉。

〔註23〕蘇東坡提出的「寓物而不留物」，在宋代美學理論史的發展是很大的突破，回

顧／繫縛），正符於莊子「寓」字的三重義蘊。

我們雖尚未窮盡夢蝶寓言的可能，但透過以上三個角度的考察：「寓」字在莊子用法的意義、莊子「現身說法」的奇特寓言、以及蘇東坡對「寓」字理論意義的開拓，可以歸結這一節的問題：「為什麼是『寓』言？在寓言中言說主體是何樣態？」我們的看法是：「寓」言，絕對不是我們今日所了解的一般意義的故事，以動物代人發言，曲諷隱諭……等而已。就寓言的呈現樣態，如範例解析，是藝術性質的表達；若就「寓」字的立名而言，則特指莊子創作時的心靈活動方式，而我們由解析所知的寓言特徵，皆自此活動方式創發。莊子作為「言者」恰是沒有邊界、與固定形態的，他透過「寓」的三重活動，由自我的隱藏，而能居進於一切存有者，與之互相融攝，亦即意味著「萬物與我為一」的「一」。正因為一，所以是寓言：主體在而不在，一切都是寄託，包括莊周。其次，只有一的無邊界狀態，才是讓物說話的可能方式（斥鴳、長梧子、櫟社樹），物的說話亦猶人的言說，由此「將可瞭解性整理出來」。〔註24〕由「寓」達到物的內在理解、以及得到啟發的無「中心／外圍」分立狀態。──他身都是言說者，卻又不能涵蓋言說主體，所以歸結於「周與蝴蝶，則必有分矣。此之謂物化。」〔註25〕亦正如此，在§2-1 我們舉出或有疑惑「作者獨白」和「讀者重構」間的困境，在「寓」的活動中，正因「雙身」的特性而不復存在，猶夢中周蝶無二無別。若說莊子獨白，必不可能為讀者構想閱讀情境，並加以激發，正是基於「人／我」不可融通的假設，此則以他系思想架於莊子之上方有的分割。莊子中、夢蝶裡，乃以實演「分而不分」的內涵，超越此懸絕的疏離。

§6-2 寓言與讀者：以寓言為廣

寓言若只是敘述者扮裝的嬉耍取鬧，大概無多大意義。若是特別的分身遊戲，則另當別論。但二者如何區分？屏幛之後，一人演宣眾聲，幛幕上，櫟社

應了韓愈、歐陽脩以來，藝術創作主體（人）和自然的關係未決的難題。詳細論證請參看鄭文倩《蘇軾藝術思想研究》，頁 15～22。

〔註24〕見陳榮華為《走向語言之途》中譯本所寫導讀 vii，論交談的基本意義。

〔註25〕關於夢蝶泯化主客界限的詮釋，另見楊儒賓《莊周風貌》頁 53～54：「所謂的物化，它所要表達的豈不正是物種之間可以相互出入，沒有固定的界限？」而物化背後的理論基礎乃是：「此時人與外界的交通已經不再是經由感性、智性合作的管道，而是人內在的氣與構成萬物存在的氣一同呈現，彼此交流。……我們再也找不到任何獨立的標準，不曉得那裡是主？那裡是客？」

樹、長梧子等植物論道，眾狙發怒、蜩鸒發笑，作用何在？莊子說「親父不爲其子媒，親父譽之，不若非其父者也」，這段話原本似乎只在說作者親自推銷作品，如賣瓜者然，不若他人代爲宣傳。但成玄英疏：「媒，媾合。」似乎更可傳達深一層「作者——讀者」的交涉境況。「媒」在此不止是「說媒」「媒介」而已，敘述者倩外人作媒，重點在完成婚媾。閱讀者與故事文本覿面攜手，既非故事訓示教義，主宰閱讀，也不是讀者任性恣意撕裂文本，而如理想的婚媾——男女精神意境上的共鳴和合。遠源自《詩經》關雎與《易》上下經以乾坤咸恆四卦爲首的深遠取象，而移轉爲「言者——讀者」的共振結構。

婚媾，是關係乎人的。莊子說閱讀活動，並非只是人對文本（近乎物，或者言說的客觀存在），而是人與人的。婚姻在今日，其實況固多陰缺而少圓滿，並且偶被視爲強行架構的制度，既不合於自然，亦不適於每一人。然而婚姻原來也可有多種樣態，我們仍然可以在理想狀態下設想婚姻——非就其制度，而是就其形式。因此婚姻可以有三層綿延：（1）婚姻不是單一個體作主的事象，不是一方吞噬、削弱、凌暴另一方，而是雙方各爲獨體，卻又非分立的獨體，而有生命擴大的交融合會；（2）在擴大中，又非兩獨體交會至完全疊合爲一，仍保有個體的獨特性；〔註26〕（3）擴大又不止是在夫婦之間而已，更可以是生命的持續衍生，閱讀中的意義詮釋、理解，如嬰兒誕生，原非單屬任一方。對比於一切的兩端關係以至於人倫，「婚媾」是莊子類比於閱讀最適切的比方。如以君臣爲比方，則主要以「民事」爲中心，君禮臣忠的關係，也不是完全的結合。朋友固有完全的知契結合，但又不足以表象持續衍生。人與物之間的冥想式合一，也可以達成交會的橫向擴大，但不足以達成縱向的衍生。〔註27〕

我們據「媒」字作無邊際的想像，究竟是否能貼近莊子的「本意」呢？且看〈大宗師〉：

（女偊）曰：「吾聞道矣。」……南伯子葵曰：「子獨惡乎聞之？」
曰：「聞諸副墨之子，副墨之子聞諸洛誦之孫，洛誦之孫聞之瞻明，

〔註26〕討論兩端交會中的同／異性質分合，請參看拙著《莊子內篇夢字義蘊試詮》第二章論夢蝶部分。

〔註27〕此外可參看關於生物學上的生命持續／物種滅亡的生死關口，戴森（F.J.Dyson）《宇宙波瀾》。類比人文語言——自然物種，主張：「語言若要返老還童，需要類似有性生殖的方式，藉著語言的混合與字彙交流而得滋養。」並以 clade 和 clone 爲例，解析甚詳。

瞻明聞之轟許，……玄冥聞之參寥，參寥聞之疑始。」

副墨即文字，引申爲文本。值得注意的是莊子並不說聞諸副墨，而說聞諸副墨之子，則單純複誦文字的「記問之學」固不是道，閱讀文字的隨興聯想也不是，也不是極力追尋作者「本」意，而是以閱讀活動之初步成果爲婚媾、生子、以至子孫繁衍的歷程。閱讀所生之子，當然不是客觀之物，而是精神之子。然而猶婚媾有三層綿延、生子必當細心養之育之，閱讀亦決不止於形式的開卷、意義的單向輸出，或單程的浮掠所得。而在綿延的重疊往返，與心得之領略不斷深化、衍生意義，以歸於與文本再無彼我邊際之「疑始」。此段文章表法，以「聞諸」的方式，層層深入，似以進階超脫前層。實則果眞如此，則「之子」「之孫」二詞，將不可能出現。今莊子故設此二語，由其精神層次的意義，乃見眞正意義的「閱讀」，即始於「自得」，一切「聞諸」都源於兩端之互動、互體，而由讀者心理活動展開意義構成的歷程，並非設想「讀者／文本（語言文字、外物）」的分立狀態，企求捨此以進彼。因此，即使歸於「疑始」，融入太初渾沌之造物者，亦非斷裂於文字，而是以「基因正文」涵攝「現象正文」的方式。厄言部分§8-5 將進一步申論。這樣的說法在莊子中成立，是否也適用一切文本？抑或只是局部有效？我們的說法是：局部有效。爲什麼？

自一時一地觀之，文本的意義、優劣是絕無定準的，眾口可以鑠金，黃鐘可以毀棄。如此則任一文本，都可說具有產生「精神之子」的潛能。但自歷史觀之，則糟粕淘洗殆盡，各時代的精華方才呈露。如孔子，如莊子，如巴哈。一如羅蘭・巴特不斷分疏書寫性文章／可讀性文章、極樂／快樂、文本／作品……等，姑不論巴特的「樂」是建立在現象分割的擺盪間，或是目標在將人自標準化中解放出來，也不論每一讀者心中所愛的「文本／作品」如何千差萬別、如何互爲反證，這樣的區分，依舊萬古常新。

因此婚媾的三層綿延，構成閱讀世界的全新境況，不論讀者或言者，雙方都得到開展。詮釋學的「境域交融」在此得一印證，但更不妨說是交互主體性。因爲伽達瑪的境域交融，並不追尋作者本旨，而赫胥（E. D. Hirsch）對反於此所主張有一確定的作者含義（Sinn），貌似「以意逆志」「尚友古人」，實則與我們的傳統不符。〔註28〕莊子則以爲，文本固然有其「言者」所欲表

〔註28〕請參看赫胥《解釋的有效性》。赫胥的看法似乎和我們相近，但中國的閱讀批評獨有「以意逆志」傳統，總要體驗作者的人格特質，深掘作者的「用心」，

達的主題與初心，但仍有待在「閱讀——婚媾」的歷程，才能圓滿宣說主旨的空位，而開啓主體之際的共鳴互振環流。讀者固然力求溯源作者用心，但用心豈眞能窮究全得？閱讀又豈能客觀化，至於一定向與定解？諸古典注疏的繁聲異貌，豈非明證確據？

「以寓言爲廣」的第二個意義，便在讀者身上發生。透過閱讀的婚媾意義，生命諸個體匯流而擴大生命經驗，是「廣」。但是「廣」在讀者身上如何確定其意義呢？如何知道不只是知識的累積、記憶的增量、見聞的眩惑，而定是生命經驗的擴大呢？我們將在§6-3回答。

§6-3　莊子寓言與其他寓言之比較

但是一切文學藝術的創作，不也有許多是創作者的自我隱蔽嗎？一部小說、童話故事的撰寫、一幅畫作、碑與帖？作者往往寄身於技藝或寄聲於他人。那麼寓言的藉外論之，是說明莊子表法的特出處，還是指出藝術表現共通的理想方式？什麼是「莊子的」寓言？要回答這些困惑，我們將莊子的寓言與其他寓言並觀。一是《孟子》「儲子曰王使人瞯夫子」章，〔註29〕一是《韓非子》〈內、外儲說〉〈說林〉，一是《伊索寓言》，一則爲米蘭‧昆德拉《小說的藝術》。

首先我們要依據前兩節的分析，重新釐清對「莊子寓言」的理解。唯有通過先行陳述個人對莊子寓言的了解：呈現樣態的解析、「寓言」立名之所由，再回顧通常的說法，這個問題才能有效地釐清。因為若一開始就進入一般的寓言討論、比較，或許很難避免成見，終而只以既有定義範圍莊子。比如汪惠敏〈先秦寓言的考察〉批評了李奕定《中國歷代寓言選集》，以爲李氏所選寓言，在先秦二百零四則裡，「符合寓言定義的，事實上只有六十四則。」其後有一附表詳列細目，若注意其備註欄註明不符寓言定義的理由，將發現「定義」適成爲判斷的限制。剔除的理由主要有三：無寓意、採擷不當、譬語。列於無寓意的有「莊周夢蝶」、「莊惠濠梁之辯」、「夸父不量力」（《列子》）、「楚

重點在讀者與作者之會心，而不在設定一「客觀存在的意義」，和赫胥所說仍大有別。對赫胥的批評可參看 D.C.霍伊《批評的循環》第一章；以及蔡源煌《從浪漫主義到後現代主義》頁229～236，249。

〔註29〕此爲〈離婁下〉第32章，第33章即傳統所謂「齊人有一妻一妾」章。此二章自范肯堂（原名鑄，更名當世，號肯堂 1854～1905）始，已疑其當合爲一章，近人張大春亦然，見氏著《小說稗類》。

人和氏得玉璞楚山中」(《韓非子》)……等。〔註30〕這些為何「無」寓意？故事有無寓意如何區分呢？更難理解的是，莊子自言「寓言十九」，而汪氏卻說李氏中選集的莊子故事是「無寓意」或「採擷不當」，豈不是反客為主嗎？問題正出在以西方的寓言定義為基準，似乎有共通的寓言格式來衡量一切寓言，而忽略莊子寓言的獨特界義、和深度理解的探求。故汪氏又分別譬語和「寓言」，依西方傳統或就一般而言，自是精密，但又與莊子不相應了。如§5-1 所舉之例，人名亦可以是寓名，則包括§2-1 的分析，亦可確定小段落的譬喻也屬於寓言，不必是「完整故事」才畫歸此類。關於界義，我們已在§6-1 略述，且進一步說明「寓」作為莊子心靈活動方式的特性。這一節則討論詮釋與理解的問題。

　　我們以莊子的「寓言」翻譯伊索的 fable，二者只有表面的相似，「表法」的意義卻完全不同。伊索的故事主角多半只是教訓的代言人，如公雞與珍珠、狐狸與葡萄……，發言的角色代換成其他動物並無不可，重要的是如公雞對「華而不實的物品，並不能濟急」的感觸；雖然也有主角帶有象徵意味的，如獅子與老鼠，獅子自是象徵一切強而有力者，老鼠則象徵卑微者，卑微者並非一無是處，在適當時機，也能救強有力者一命。但故事都僅止於此，我們有所領略，難有開展。〔註31〕

　　《孟子》的「儲子曰王使人瞷夫子」章，寓義也甚明白，篇末作者亦自加評論，點明本旨。《韓非子》有些故事具有較豐富的內涵，如和氏璧。故事架構仍帶有很濃的法家色彩——卞和為何一定要把璧玉獻給君王呢？只因君王代表崇高與尊嚴？但我們另就璞石的「際遇」來看，既指驥驪之屈辱於皁隸，困頓於板車，而無伯樂憐識；或指哲人的博厚高明，眾人以為糞土；或指天地自然的豐美，而世人以為粗亂無足觀；或統指一文明……；舉凡事物無法自表面驟然了解其意義，而受到極端冷落與嘲諷皆屬之。然而領略的豐富，文章依舊易讀可解。就寓言而言，上述三者主要是提供人生警訓，文義明白，可有異說，但少歧解。換言之，即詮釋可能的有限性。然而莊子文章的難解，各人詮釋的不可確定，客觀題旨難於聚焦，卻是許多閱讀者的共同經驗。

　　再就後兩者看寓言表法，伊索寓言近似莊子，各式飛潛動植發為人言，卻未能像莊子和昆德拉含藏深刻意旨，為什麼呢？昆德拉的小說創作，永遠

〔註30〕有關汪文的敘述俱見《文學評論》第五集，頁1～51。
〔註31〕所引故事見《伊索寓言》第 32、207、360 則。

是在歐洲小說史中的自我定位。〔註 32〕他的小說史觀正是回應哲學史的空乏,「對這個被人遺忘的存有進行的勘探。」〔註 33〕換言之,一部部小說方式寫成的另類形上學史。他自道寫作是:

> 小說的沉思脈絡是由若干抽象詞的框架所支撐的,如果我不願墮入人人都自以爲明白一切,實際上卻什麼都不明白的那個浪潮,我不僅要以極端的準確性來選擇這幾個詞,而且我要給他們定義再定義。(見:傻、命運、邊界、輕、激情、背叛)我覺得,一部小說通常不過是對若干個不可捉摸的定義作長久的追逐。(頁 122)

有些觀念需稍加解釋:(1)「小說」,不是文體,而指其創作「變成詩歌」「承擔詩歌的要求」而反激情(頁 143);(2)「詞」是指存有編碼,亦即:「在我的小說裡,就是要捉住自我對於存有的疑問的本質。」而且不是抽象地研究,而是藉由人物、情節、境況逐漸揭示開來(頁 27～28)。(3)「定義」是指「小說家是一個發現者,一邊探尋,一邊努力揭開存有不爲人知的一面。」(頁 144～145)

　　小說承擔詩歌的要求而揭開存有的奧秘,就表面的意思說,正是莊子寓言「詩性的語言」、「哲理的散文化」的簡潔標識。〔註 34〕小說家想像創造人物,亦如莊子化身鯤鵬蝴蝶,藉由情節、境況揭示題旨。回到莊子,莊子寓言的豐富解讀可能是因於什麼?如果創作者有所意欲表達,則題旨豈不該有不可逾越的限界?那我們又如何可以漫無節制地氾濫文本的旨歸?但若曠觀

〔註 32〕在《小說的藝術》一書,第一章自胡塞爾的問題中引出塞萬提斯在「存有」問題探索的重要地位。第二章更廣泛地歷敘他的小說史觀:薄伽丘、狄德羅、理查得森、以及現代小說的三祖神:普魯斯特、喬伊斯、卡夫卡。而對這些巨匠,他提出一總說明:「所有時代的所有小說都關注自我這個謎。」(頁 20)換言之,這是他觀照中的小說的核心,背景則是歐洲巨匠的文本:「唯一可以使人理解一部小說的價值的背景,是歐洲小說的歷史,……」(頁 145)

〔註 33〕同前揭書頁 3:「隨著塞萬提斯而形成的一個歐洲偉大藝術不是別的,正是對這個被人遺忘的存有所進行的勘探。」同書頁 145:「作家的名字載入他們的時代,民族的精神版圖,也載入思想史的精神版圖。」

〔註 34〕見格拉姆·帕克斯〈漫遊:莊子與查拉圖斯特拉〉頁 361:「莊子與尼采的著作都是極富詩意,……」;明人吳世尚:「易之妙妙於象,詩之妙妙於情,老之妙得於易,莊之妙得於詩。」見聞一多〈古典新義·莊子〉頁 52 引。聞氏又接著說〈則陽〉「舊國舊都,望之暢然。雖使丘陵草木之緡,入之者十九,猶之暢然,況見見聞聞者也。以十仞之臺,懸眾閒者也。」一段文字「果然是一首絕妙的詩——外形同本質都是詩。」而「哲理的散文化」亦見本書頁 50～51。尚有如錢賓四、方東美亦皆主此,當另說,不具引。

莊子歷代注釋貌似義各支離，卻又可並行不悖，不禁要回頭審問：在寓言中，是否眞有框限題旨的創作者？換言之，誰是言說主體？如果創作主體無法確指，讀者便可宣倡「作者已死」，而後任意代入題旨？要回答這個問題，我們仍試以莊周夢蝶爲例。

　　莊周夢蝶，新詮迭出，略如上述，此則異於昆德拉「定義的準確性」。〔註35〕而這篇文章的豐富性由何而出呢？首先是「夢」字的特殊意涵。因爲莊子在此並非將夢視爲引介教訓的媒介，而是題旨的一重心。則夢究竟是指欲望？還是指實際的夢？是作爲一比擬的象徵，如藝術的審美經驗？抑或實指的象徵，如指向一神秘經驗？甚或都非以上所言，而別有喻指的主題，如質疑自我的眞實，……等？即使上述推想有一則主題近似，莊子的意向依舊不可確指，爲什麼？主要是莊子寓言異於一般寓言和語言表達，而特有其如〈逍遙遊〉所示的造型運用。鯤之大、魚鳥變化、北冥南冥、野馬塵埃……無一不是擬於造物的造型。夢蝶亦然。造型超乎經驗內容，卻又可爲心量承載、轉化，此時每一閱讀者的感受、思想已漸漸自由興發，再不是接受一特定意義傳輸的閱讀模式了。

　　莊子接著透過疑詞：「不知周之夢爲蝴蝶與？蝴蝶之夢爲周與？」則即使原先有所理解，亦將自我懷疑：「不知」的疑詞是要雙破、雙立、還是單立？然而其後莊子又很確定地說：「周與蝴蝶，則必有分矣。」「分」字又當如何理會？有分又如何夢而爲一？分與夢如何釐定層次與關係？最後，莊子又以一新詞總結寓言：「此之謂物化」。則「物化」是特指夢，抑或統指夢與覺，抑或指「周與胡蝶，則必有分矣」？「物化」又當如何理解？是如〈天道〉篇鑿鑿言之的「其生也天行，其死也物化」嗎？〔註36〕

〔註35〕關於「定義」，並非只有一種可能。除了哲學上的用法，另有昆德拉的界義。此外尚有定義的負面運用，請參看章太炎《齊物論釋定本》，頁22a，「訓釋詞者，非古今方國代語之謂。一謂說其義界。求義界者，即依我執法執而起。……諸說義界，似無邊際，然皆以義解義，以字解字，展轉推求，惟是更互相訓。」以及方東美《原始儒家道家哲學》頁269～271：「定義法的謬誤」。

〔註36〕只以外篇來約限〈齊物論〉的物化，是一極端，如池田知久〈道家的「物化」、轉生、輪迴的思想與「夢」的故事〉頁2～3：「如果將以上兩例（按：指〈天道〉、〈刻意〉）中的『物化』在其文理中更具體地把握的話，……意味著人的『死』的意思。同時它還包含了『物化』與人的價值觀、感情、智慧、行爲等完全無關的暗示。……總之，最初出現在《莊子》一書中的『物化』語，被認爲是與人的『死』──一般存在物的某種變化的意思──相關聯的概念。（頁2）……這裡的『物化』（〈齊物論〉）也與前面見到過的一樣，是指『莊

於是因爲詞義的不確定、疑詞的運用、主題的指示不詳、詞的交互作用有多重可能、自鑄新詞，以至於每個閱讀者對語句分量輕重斟酌的不同、文句的交互關係理解不同……等，都是莊子寓言難解的原因。這些情形在他人文章也可能出現，但很少將所有的不確定因素如此錯綜複雜交織。這是有意而然呢？或因於寓言（莊子式）的創作方式自然如此？或者這些不確定只是我們不及莊子，文本的含義依舊確定？然而以我們先前對〈齊物論〉的解析，「化聲之相待」正要讀者心境能像自然一樣的豐富，可以聽各意義之籟的和聲齊唱，再縱目曠觀經典詮釋的同律異調，爲何閱讀不可以是歧義性？〔註37〕

試再以莊子惠施的濠梁之辯爲例。這一則可視爲「親炙」莊子的閱讀者——惠施的閱讀困境，這則寓言最常見的四種解釋也有助於繼續討論「多義性」。我們得由四種解釋談起。對於這場辯論，或以爲莊子勝，或以爲無勝負，或以爲惠施理勝，或以爲二說並立。〔註38〕

周』的『死』即『物化』。……依我看來，這是一種轉生。（頁3）」。這是將「夢蝶物化」的意義萎縮至一義，又受制於外篇，且忽略了「物化」還可以與〈齊物論〉論旨互振而豐富其義蘊。對物化做無限制的引申，則是另一極端，如張利群在《莊子美學》第八章上篇〈"物化"式的審美思維方式〉論及夢蝶物化的多義性時，甚至以爲可理解爲莊子不滿現實（頁153）。

〔註37〕 歧義性，可參看魯樞元《超越語言》頁38～44，引呂格爾（P. Ricoeur）對雅克愼（Jacobson）的發揮：「他（呂格爾）以"時間是個乞丐"爲例，說明意義如何在"時間"和"乞丐"的組合中產生，而在這一新的結合體中，"時間"和"乞丐"兩詞都在瞬間增殖了新的含義。這些增殖的含義又是不確定的，具有多種解釋的可能。」及自己的申論：「歧義性可以使語言表達罕見的、新穎的、獨特的、完全屬於個體方面的經驗和體驗，而且只有在這種不確定性的精神狀態中才能產生出人的創造性。」

〔註38〕 這則寓言的爭辯，持「無勝負」的如岑溢成、高柏園、張利群。張利群《莊子美學》：「莊子將魚納入審美思維的軌道，惠子將魚看作認知對象而納入邏輯思維的軌道，……所以爭辯不到一個點上。」（頁141）這看似應歸於「二說並立」，但筆者以爲並非兩人無法對焦，惠子的論點亦不能因著解釋爲「邏輯思維」而成立，因此視爲無勝負。

高柏園說法見《莊子內七篇思想研究》〈莊子魚樂之辯探義〉：「專就論辯本身而言，吾人無法判定其內容之勝負，只能說惠子及莊子之回答中，皆有不當的類比推論。……」（257）容有部分眞實，卻亦未必是：又說吾人可就二人在邏輯問題的企圖上「判定二人皆失敗」；又說莊子的「請循其本」並無深意，又「總結全文可知，魚樂之辯本身實即只涉語意及邏輯問題，而非其他之爭論。」（258）等等，皆與吾人的了解大相逕庭。

另外，近人或以「存在假定」解「既已知吾知之而問我」，而謂此僅足以爲雙方辯論得以進行之前提，而不得爲惠子「已承認我知魚樂」之證，故「我知之濠上矣」爲一無效之論證，亦非。因套用現成西方理論固然炫麗，無奈莊

　　惠施的困境從何而生呢？從他不了解莊子「語意」生。他質疑的是莊子「不是」魚，即兩個分別的個體；由此進而否定分別的個體有「情緒感通」的可能。那莊子言說的意指是什麼呢？是建立在「鯈魚出游從容」的形象感受，而從這一感受作出判斷－－了解魚樂的內涵。換言之，莊子至少在表明：我們永遠可以對現象有所描述、判斷，由此判斷描述，亦必伴有感觸，不論這感觸是什麼。因此惠施的質疑，應就莊子的描述而發，才是擒賊擒王。現在惠施如此問，則進一步將推倒一切我們對現象的描述可能，這恐怕是「歷物之意，遍爲萬物說」的惠子始料所未及的吧。因此這則寓言不論從什麼角度來討論，都是惠子敗了，包括一般所謂邏輯的理由。再更進一步說，莊子在此其實轉換過論點，但惠子始終不能脫離「個體間無法相知」的矛盾－－若這命題成立，則何止人與萬物不能溝通，即人與人之間也不能，則他連問「子非魚，安知魚之樂」都不可能，即使可能也毫無意義。若我們定要說人與人之間可透過語言而相知，則又如何知道人與物不能由別的媒介而相知，包括「語言」？〔註39〕除非我們再退一步，同意浪杖人的說法，借用《莊子》〈知北遊〉「無知無能者，固人之所不免也。」的說法，同意惠子「安知」之問在孤立的狀況下，仍有其對應的領域，使兩說並立，否則這則寓言的意指是很明顯的：「魚與萬物、大地和宇宙，有其可與人感通的旨趣——樂，這旨趣只在我們即目可見處便能領略——鯈魚出游從容。人若忽略、漠視、無感於直接領略，必欲於此強立分別，不只與人與物隔絕難通，亦將失落天地總體的大美。」〔註40〕因此這則寓言既非無寓意，亦非惠子勝出或無勝負。

子並非通過詭辯，其「既已知之」非謂「惠子既已承認『我知魚之樂』」，故不曾枉陷惠子。故此近人之批駁亦無效，卻非莊子之循本無效。
個人同意的看法是莊子勝，但非爭在勝負上，而在論旨的確義與論辯理路之可從兩者，可參看潘柏世〈莊子與惠子魚樂之辯〉。
至於二說並立，出於天界覺杖人，見《藥地炮莊》（下）頁587：「曰：自知之，則知天地人物之知。自亦有所不知，則天地人物亦有所不知。此天下之眞知也。惠莊一段激揚，知音有幾？」

〔註39〕比如傳說中的公冶長知鳥語，蒙古傳說中海力布之懂禽獸語……等，在「不能相知」的預設下，看似足以推翻「傳說」。但基於同樣的預設，任誰也不能做出否證，如莊子反問惠施的。
〔註40〕我們從「感通」詮釋這則寓言，與鍾泰之以「天機」釋旨趣相通。並以此區別於其他說法，如張利群《莊子美學》：「莊子知魚之樂是因爲在莊子的思維過程中已將魚人格化，同時也將莊子擬物化，莊子與魚融合爲一。魚之樂恰好表現的是莊子之樂；莊子之樂亦移情於魚之樂，通過魚之樂表達出來。……」

　　至此，我們略爲總結寓言的意義，並回答上一節未決的問題。正是造型而不止於描畫既有、神話變形的想像、自鑄偉詞、語句的反覆、……種種特別複雜的交織。因此《莊子》的文本吸引我們駐足、凝視，或遊步、沈思，表面上只是對「我」之外的文本閱讀，實則讀者得將全副精神參與其中，沈潛於文本的可能面向，才能雙向開啓「讀者——文本」未知的視域，在這閱讀方式自身，即寓涵生命活動方式。莊子透過文本的不測深度，使我們必得在錯綜複雜的交織裡，嘗試各種觀點，心靈是活躍的，視野重重疊疊，其交會的核心，乃是每個閱讀者的交互主體經驗。

第二節　重言的後設分析

§7-1　言者與重言：「重」表言者居遊之特殊場域

　　莊子偶爾對詮釋活動感到悲觀：

　　　　與己同則應，不與己同則反。同於己爲是之，異於己爲非之。
這是說在閱讀／交談中，共振不作，共鳴不起，交相牴牾，夫妻反目，志氣難抒。透過第三者的以火救火，〈齊物論〉已申明這樣的困境。〔註41〕這困境共同屬於寓言、重言。舊說或屬寓言讀（如郭象），或屬重言讀（如呂吉甫、鍾泰），〔註42〕其實不妨合釋。不論我們因於人類成見的種種情欲糾結、衍生的是非無定，而作的種種努力——藉外論之……等，期加以辨正、破除隔閡誤解，仍未必能達到預期效果。正因爲交談／閱讀的互動情況，屢屢生變而不測，所以尤須更新對策。敘述者不妨再作化身。

　　　　重言十七，所以已言也。是爲耆艾。年先矣，而無經緯本末以期來

　　　　（頁140～141，）張氏一方忽略了「儵魚出游從容」的判斷，一方似乎預設
　　　　了這裡的審美關係中，只允許「以我觀物」的模式——移情。然而「寓」言
　　　　可以是「以物觀物」的方式，「魚之樂」未必只是莊子主觀之樂的投射而已，
　　　　也可以是和魚的生命感通。

〔註41〕見〈齊物論〉「既使我與若辯矣」一段，討論第三者論證。認爲二人若不能達
　　　　成共識，則辯論並不能顯現眞理，第三者的「仲裁」亦只平添熱鬧，完全於
　　　　事無補。另參看唐君毅《導論篇》頁233～235。言墨家善辯、好辯，以爲辯
　　　　必有勝而可使天下歸於一同之義；而此說正是莊老所不能同意。如此，一則
　　　　已先解構「辯」的勝／同功能；一則不認爲人定要歸同一義；一則以爲是非
　　　　並非無客觀之義使然，而是主觀上先有不可解的成心所向之異。

〔註42〕呂吉甫說見《莊子義》頁275。鍾泰說見《發微》頁651。

　　者，是非先也。人而無以先人，無人道也。人而無人道，是之謂陳
　　人。

以寓言的方式爲基礎，因著寄托者的「耆艾」而取得尊嚴。成玄英疏：「重言，
長老鄉閭尊重者也。」〔註43〕耆艾，人道的傳承者，「湯之問棘也是已」，葉
公子高問於仲尼。寓言的寄身無所不在，無所不可，飛潛動植都展現生命，
發爲言語；但重言的託付，主要在人文世界，換言之，是歷史與傳統。《爾雅·
釋詁》：「艾，歷也」。引申爲歷史。人道，成玄英疏：「（無）禮義以先人，（無）
人倫之道也。」即人類世界所以共行共遵的路，即傳統。歷史不必構成傳統，
傳統必寓有歷史意義──穿過時間的磨耗而流傳，在我之先的文化總體。莊
子是目空一切的狂人嗎？是暖姝於舊法傳統的曲士嗎？抑或非毀價值、眞理
的相對主義者？〔註44〕「君乎、牧乎，固哉！」〈齊物論〉意圖重建價值世界，
〔註45〕所謂重建，只是與世俗之說不同，對象不一定是歷史。而究竟莊子是
否看重一個社會或文化的歷史流傳物呢？看重歷史，是傳承寶貴經驗，抑是
因襲陳說成見？是萎縮於古賢之庇蔭，抑守成前人之績業？因襲即不能革
新，傳承即有礙於損益？在承繼與開創之間有無融通之道？

　　傳統與歷史，固然是儒家所特重：「文王既沒，文不在茲乎？」（〈子罕〉
§5）孔子在他自覺的生命裡，以「述而不作」的精神（〈述而〉§1），深深
相應於在他之前累積的全部文化傳統（孟子所謂的「集大成」），然而當顏回
問爲邦時，孔子答道：「行夏之時，乘殷之輅，服周之冕，樂則韶舞。……」
（〈衛靈公〉）已是對周文的反省，與批判地繼承。到孟子雖自道：「乃所願，
則學孔子。」但是抑黜管晏，〔註46〕也和孔子稱許管仲「如其仁」，稱許晏子
「善與人交，久而敬之」，〔註47〕在評價上有出入。任一哲人，除非不顧「眞

〔註43〕此處有一巧合。在古希臘，「尊嚴」一義乃自「老年」一字引申出來。見柏拉
　　　　圖《理想國》頁315。
〔註44〕如楊潤根《老子新解》，對老子推崇備至，對莊子則大加撻伐，指其魚目混珠
　　　　於道家，其實是個不折不扣的極端個人主義，與價值相對主義者。又如格拉姆·
　　　　帕克斯〈漫遊：莊子與查拉圖斯特拉〉頁372～373，以爲「沒有所謂傳統」。
〔註45〕「君乎，牧乎，固哉。」一段，是〈齊物論〉的價值重估主題之一。可參看
　　　　潘柏世《齊物論講述》頁82～86。另以此詞釋莊子他篇，見陳鼓應《老莊新
　　　　論》頁141。
〔註46〕見《孟子》公孫丑上§1：「管仲，曾西之所不爲也，而子爲我願之乎？」
〔註47〕孔子稱許管仲見〈憲問〉§17、§18，「如其仁，如其仁。」「微管仲，吾其被
　　　　髮左衽矣。」稱許晏子見〈公冶長〉§16。孟子於〈公孫丑〉上說：「子誠齊
　　　　人也，知管仲、晏子而已矣。……管仲，曾西之所不爲也，而子爲我願之乎？」

理」之何所是，否則必然明白：傳統與歷史，是我們生存於其中的領域，不論生活樣貌如何大幅變化，任一個體必然在風俗習慣、語言系統、……等薰陶中成長。但我們果真能從中看到屬於人的事實、人的可能性，以及某些屬人的永恆境況嗎？關於永恆與可能性，難道只是保守者的牢結而已，根本不是事實。面對傳統，我們只有迂腐墨守、暴力掀翻、與整理國故……等幾種方向而已嗎？儒家看重歷史乃眾所周知，而道家的排蕩傳統、高視闊步，亦似已成常識，毋庸再辯。然而事實果真如此嗎？老子莊子固然有一些文字，表面看來是抨擊我們習知的觀念，但這些作法若非別用意，便是別有樹立，如「絕聖棄智」、「絕學無憂」。〔註48〕否則像「絕仁棄義，民復孝慈」這類的話，便完全不能理解了。道家與莊子如何省思「傳統」這個問題？

我們先看《老子》。《老子》有許多章節是這樣子的：執古之道，以御今之有。能知古始，是謂道紀（14）；古之善爲道者，微妙玄通，深不可識。……（15）；孔德之容，唯道是從。……自古及今，其名不去。（21）；「昔」之得一者：……侯王得一以爲天下正。（39）；古之所以貴此道者何？（62）……此外還有：故建言有之；故聖人云；……等例。〔註49〕那麼莊子呢？

在〈逍遙遊〉解析中，我們很清楚看出「湯之問棘」的意義；由〈人間世〉的解析，以及同篇的「伏羲几蘧之所行終」等，則更明顯。餘如〈大宗師〉中四段「古之眞人」，以及「夫道有情有信」以下一段奇奇怪怪的文字，不只表明了莊子對歷史的探索而已，更可看出他的態度。我們尚可舉出外篇中的例證：

　　　　冉相氏得其環中以隨成。容成氏曰：除日無歲，無内無外。〈則〉

換言之，當我們說道家「反傳統」時，其實是基於兩種錯誤的假想。一是語

〔註48〕「絕聖棄智，民利百倍」，是將「聖智」視爲僵化的德目論，「美之爲美、善之爲善」的表面價值，若能不由此有名無實，或徇外喪心的惡政，則人民才能復甦其本眞，而得其生命的實益。絕學無憂，陳鼓應歸於十九章，我們仍從舊說，擺回二十章。二十章的主題，陳鼓應說是：「在老子看來，貴賤善惡、是非美醜種種價值判斷都是相對形成的。」（《老子註譯及評介》頁146）「絕學無憂」是說：當一種習知的價值被否定時，也許會隨之發現另一種難以事先覺察的價值。

〔註49〕《老子》中的聖人，徐復觀以爲即是老子（即老聃），「建言有之」、「古之」、「昔之」「是謂」所繫的文字是老子教誨的原始記錄，而《老子》一書的思想是反傳統的。至於其餘文字乃其弟子疏釋、發展而著成的。見《中國思想史論集續篇》〈有關老子其人其書的再探討〉，頁299～304。這也只是一種假定而已。況且弟子發展「師」說本身，便是一種歷史意識。

詞單指的假想，彷彿一個語詞包含著簡單的內容；一則視傳統爲固定不變的完成物。因於前者，而誤以爲「傳統」是一脈相傳之物，只此一線，別無分支；因於後者，乃誤以爲「傳統」只範圍在某特定時空之中，不會擴大、孳生、演變。〔註50〕老子、莊子都已是「道家」傳統的集成人物，在他們之前，應有一極悠久深厚的冥想傳統，以及神秘經驗的密契共印。〔註51〕老子、莊子可能都曾參與、學習這樣的傳統，而且他們也視「傳統」爲一無窮系統，因此在他們智慧深邃的眼中，才能展開「傳統」中各子系統的交互辯證。

那麼〈天下〉「以重言爲眞」便足以說明莊子的立場。重言，代表著寓言廣大的心智遊歷中的特別驛站。承載著可繼可述與可移可議。前者是先人具經緯本末以期待於後世的；後者是無人道的部分。同樣的，傳統透過言者（莊子）的閱讀、詮釋，彷彿成爲一生命體，有其活潑的生機與新意；並透過歷史的時間序列，新的敘述者和閱讀者不斷參與而重構重生，可以代薪而火傳。換言之，若世間原無眞理可言，則即使流傳許久的經驗，亦不過偶然持續而已，與眞實無關；但若還有眞理可言，則眞理必以某種可重現、可驗證、……等方式存在。只是在道家特重心靈自由的「傳統」，不刻意強調這一面而已。

「歷史」遂拋開常識性的輕蔑界定：一切都是過去的陳腐事蹟，吾人何必回首滯故？不論過去如何，都是死人死事，應當面對當代與現世才是；也拋開經驗性的雜亂界定：歷史只是相斫書與錯誤重複，一切都是經驗的，其中並無理則、教訓可尋，換言之，不可能有任何具有普遍永恆價值的事例，眞理應向他處覓求才是；也拋開荒溪型的淺薄觀點：歷史不斷前進、演化，今日我們已站在進化的頂點，歷史將在我們手上完美地終結，如江河入海。這三者都預設了：歷史與傳統可推出生命現存的存在處境之外，然後以一客觀態度來決定它是什麼、如何處置、去取存亡。然而，果眞有一純粹外在的事體名爲「歷史」供吾人玩弄觀點嗎？重言的運用，正在說明：歷史的時間流傳是人倫關係的縱向類比，人與人以經緯本末相融，歷史也由此相續。

〔註50〕人類學中已能注意到「傳統」內涵之複雜，所以有大傳統、小傳統之分。不過在思想的高峰處，要決定誰大誰小，殆非易事。

〔註51〕至於「道家」應包括那些人，其實是一個極基本而應優先考慮的問題，可是卻一直被忽略了。我們都知道「儒」在先秦就和孔門發生關聯，（由墨家、莊子、韓非子的稱呼可證）但是「道家」之名直到司馬談〈論六家要指〉才首次確立。而其學派點將錄直到《漢書》藝文志才成立。因此「古道家」其實還是一個限界未明的景況。A. C. Graham 在 Disputers of the TAOpp. 170～172 提出許多有趣且值得深思的問題。

由以上的說明，我們可以確信地回到「重言」命名因由的思考。許慎《說文解字》只說：「重，厚也，從壬東聲。」朱駿聲則補充爲：「王者安土不遷之意。」〔註52〕是否必與「王者」相關不可確論，但「重」有「安居」「厚大不易更動」之意應是不錯；朱氏又在「轉注」項下引五經「重」字之注，其中《禮記》諸篇注最可探，〈祭統〉：「而又以重其國也。注猶尊也。」〈緇衣〉：「臣儀行不重辭。注猶尙也。」〈少儀〉：「不豐重器。注猶寶也。」〔註53〕是則「重」字在《禮記》成書時，已多寓有「寶重、尊尙」之意。我們可說莊子「重言」之取名，乃表其所活動之域是人可安居之所，有其不遷者在；亦表其中標舉的人物，乃可寶重、尊尙者，非陳人而已。二義亦可互用。

猶如寓言所提示的：人存在於廣袤無垠、豐富多采的生命世界中，重言則啓示：人存在於人文歷史世界中。重言的以今觀古，即寓言「以我居物」的一變形。「古」爲「他者」的另一大宗，以「歷史」「人文」的領域出現。我們在「居進／寄遊」於物時，往往能感受物／我的差異，亦能由此感受而領略某些同質。因此不論程度如何，當我們向歷史探勘時，古、今必俱現「同／異」給我們。由此「同／異」俱現，我們才能深刻而眞切了解：古之所以爲古，與今之所以爲今。若要掌握「今」之特性，而完全不由參照點，則「特」將焉立？人文歷史世界亦如自然世界般天覆地載，「個體——歷史」互相融繪才是存在眞相。

§7-2 重言與讀者：以重言爲眞

「以重言爲眞」是指重言的故事爲眞——曾經發生的事實？或指所寄托的耆艾代表絕對權威？若是，則萬民唯能俯伏聽從？若不是，則「眞」指向什麼？

以前述寓言在婚媾上的三層綿延而論，兩個個體交會時並非產生重疊，重疊只是單一，並非婚媾的意義。因此敘述者透過重言，決不是將自己重疊於歷史與傳統，閱讀者也不是如此。不是重疊，也不是完全鄙棄抽離，那會是什麼樣的閱讀狀態？

我們的範例解析是以莊子「引述」孔子言語的部分爲例，理由是莊子對孔子的回應，有超乎我們歷來的解說和想像者。自蘇東坡以降，已有對《史

〔註52〕以上均見朱氏《說文通訓定聲》，頁87。
〔註53〕同前注。

記》〈老莊申韓列傳〉將莊子學術源流歸於老子一說提出質疑。〔註54〕反對者似都持之有故，如兒島獻吉郎、封思毅、陳壽昌。〔註55〕莊子在此引發爭端，為什麼？反對者其實是因不明白重言的意義而起。如晁子止：

> 熙寧、元豐之後，學者用意過中，……以為莊子陽訾孔子而陰尊焉，遂引而內之。殊不察其言之指歸：宗老耶？宗孔耶？既曰宗老矣，詎有陰助孔子之理耶？……是何異開關揖盜？竊懼夫禍之過於西晉也。（《古史辨》引）〔註56〕

晁氏未反省其基本預設：老子、孔子必不相容，〔註57〕這正是持反對意見的共同成見。這預設比起孔融還沒有幽默感。〔註58〕我們若細審《莊子》內七篇──莊子思想的基本表達，其中重言的諸事例在大多數情況下，都可以由人物言行認識他所象徵的意涵，如顏回、堯舜。他們都不是歷史人物的肖像或擬仿，而是莊子化身的對話實驗，人物形象、評價的參差，都源於此，他從未企圖使讀者在閱讀時，只重複他們對歷史人物的刻板印象。亦即寓言造型在重言人物形象的運用。莊子表面給他筆下人物重新妝扮、穿上戲服，非視為戲偶支配演出而已，正為吾人提供多重視野與複數真相。

　　先以顏回在〈大宗師〉坐忘一則為例，此處正展現了師／弟子間的新關係，教學是師徒的互動，而非單向授受。也更凸顯了（莊子所見）顏回可能卻無緣展現的一面；孔子生前的慨嘆終於得到回報。（〈先進〉§3 子曰：「回

〔註54〕　最早將莊子學脈歸屬於孔門的是韓愈，見〈王壎秀才序〉，但仍將老莊並列道家。直到蘇東坡才明白說莊子對孔子是：「陽擠而陰助之」（〈莊子祠堂記〉）有宋一代還有王安石、劉概、馬端臨、邵博。自宋至今約有五十餘人持此說。詳述請參看§1-6註64。

〔註55〕　兒島獻吉郎：「蘇軾謂彼為孔子系，曰陽擠而陰助，究為文章家舞文之常習耳，無差別之莊周安有此苦心耶？」與封思毅的批評並見陳品卿《莊學新探》頁18引。陳壽昌《正義》凡例一：「太史公謂莊子之言，本於老子。漢書藝文志列莊子於道家，自是定論。是編發明本義，語不離宗，一洗援莊入儒之弊。……」頁5。

〔註56〕　轉引自陳品卿《莊學新探》頁18。

〔註57〕　《史記》雖說：「世之學老子者則絀儒學，儒學亦絀老子。」（〈老莊申韓列傳〉頁2143）卻是指後學而言。孔子則稱許老子：「……至於龍，吾不能知。其乘風雲而上天。吾今日見老子，其猶龍邪？」（同上，頁2140）是欲借孔子之口平議老子，而超乎一般之相絀，非如晁氏以為冰炭不容。

〔註58〕　見《世說新語》言語第二§3，孔文舉詣李元禮，至門，謂吏曰：「我是李府君親。」既通，元禮問道：「君與僕有何親？」對曰：「昔先君仲尼與君先人伯陽有師資之尊，是僕與君奕世為通好也。」時孔融年方十齡。（頁43～44）

也，非助我者也，於吾言無所不悅。」）

再以堯舜爲例。固然有些段落貌似批評堯舜，但若以此認爲莊子菲薄堯
舜，則先是對肯定的段落未加留意，又或以爲堯舜是不可批評的，又或以爲
批評即是否定。我們應當注意〈逍遙遊〉裡，堯是以正反兩面的形象出現。
而舜在〈應帝王〉雖然被描述爲「有虞氏不及泰氏」，但在〈齊物論〉〈德充
符〉都顯示了極高的政治智慧，及德行流布以化民的帝王身分。〔註59〕重言，
是傳統轉述的通孔，由此看見這些人物言行之可述可議之處。而所謂「眞」
或「眞理」，是從這個態度、或方法建立的。

因此重言並非章太炎所謂的「聖教量」，（《纂箋》引，頁 228）原因之一
是印度因明學的「聖教量」並非專指訴諸權威；〔註60〕之二，若是訴諸權威，
將產生幾個難解的矛盾：（1）「是其（神人）塵垢秕糠，將猶陶鑄堯舜者也。」
「有虞氏不及泰氏。」等段落應如何定位？這正是非毀世俗所尊，豈是聖教
量的本意？（2）章氏也說是「足以暫寧諍論，止息人言，而非智所服。」若
如此，莊子亦如同說：「本書的十分之七，智者皆不當信服。」這又如何是作
者本意？（3）又如王陽明說：「夫學貴得乎心。求之於心而非也，雖其言出
於孔子，不敢以爲是也，而況其未及孔子者乎。求之於心而是也，雖其言出
於庸常，不敢以爲非也，而況其出於孔子者乎？」〔註61〕後世之持此論者，
未必皆如陽明修養深粹，但不顧是非而輕詆孔子者，又有過之而無不及，則
只因名列耆艾而托身發言，又如何止息人言，符應眞理？

那重言與閱讀者參與所重構的眞，乃爲一特別的心理作用而設。在§3-3
我們歸結至「複數眞相」，而其不一的人物形象，乃爲引起思索而設。什麼樣
的思索？疑信參半的重探。讀者皆明知其爲假，閱讀過程又彷若孔子、老
子⋯⋯等人在說話，雖不致誤認孔子等人眞說過這些，但我們眞能略過曾經
活生生的人，而只釘住說話內容？閱讀過程的複雜心理現象，誰能定出鐵律：
不管其爲堯舜禹湯，一概化約爲「莊子說！」？莊子只要讀者問一問題，則
其用意便已達成，亦即當讀者質問：爲何使孔、老⋯⋯說這番話？又使他們

〔註59〕在〈齊物論〉舜爲堯的「不釋然」作說明，是葆光的一例證，也是舜對人心
　　　　不易知的遺動的慧識。參看拙著《莊子內篇夢字義蘊試詮》第四章第一節。
　　　　另〈德充符〉：「受命於天，唯舜獨也正，幸能正生，以正眾生。」舜在此是
　　　　與王駘並駕於德修之充實的正例。
〔註60〕見達斯笈多（Dasgupta）《印度哲學史》。
〔註61〕見《王陽明全書》（一）頁 62。

說另一番話？則其宣講的內容立刻會出現不同意義。這種近乎後代「演義」式的表法，由莊子自覺、後設地運用，怎可能不另有文章？疑信參半的閱讀，疑亦深，信亦深。疑因半信益深（懷疑聞見），信因半疑益信（思索所得）。仍是天均迴環之運行。

重言，依範例解析，應近於孔子所說「信而好古」的「古」。亦如莊子所說的「古」之真人（〈大宗師〉），將自己理想的人格範型寄存於上古；或「古之所謂道術者果惡乎在？」「古之道術有在乎是者」的「古」（〈天下〉），皆以「古」為「真」。「古」一義可以是「陳人」的陳舊腐朽；通「故」，如整理國故；但若人所好的真理、價值乃自古已然，且可以繼續流傳久遠，也稱古，如人心不古。古──歷史──傳統，並非指時間陳「舊」死寂的過去，反而指價值之歷久彌「新」，自古已然而且永恆的事理。因此，「所以已言也」並非對讀者壓制是非紛然可能異聲，而是共同通向傳統，三方辯證出真理與價值的典範。耆艾，雖是一通孔，但如果個人顯示的意義不只是個人的，同時也是群體的，那麼他也可以是真理的象徵。〔註62〕

第三節　卮言的後設分析

§8-1　卮言比例：十一與十十

「卮言日出，和以天倪。」卮言沒有比例。依「寓言十九」推算，卮言該是「十一」了，是嗎？那重言十七，寓言、卮言又該是多少？重言既包含於寓言而為十七，卮言和餘二言是否可有蘊涵關係？呂吉甫：「寓與不寓，重與不重，皆卮言也。」（《翼》卷九，頁三）王夫之：「凡寓言重言與九七之外，微言間出，辨言曲折，皆卮言也。」（《解》頁246）呂氏不僅是最先說明十九、十七在郭注之外的比例喻義，也最先提出卮、寓、重的關係又恰符題旨。王夫之所謂「間出」，乃指卮言之「十一」主要作穿插性的表達，在寓、重之前、

〔註62〕所謂「個人顯示的意義」，是指自證慧；「群體的恒久真理」是指共命慧。二詞見方東美《哲學三慧》頁 3。二慧的交會在當自證慧契於共命慧時，則雖成於個人，亦可通於全民族與人類。而共命慧亦需由個人親證，而後知其實義實味。因此不論道家如何破帝蔑神、顛覆傳統、質疑道德名目學，這都不能反證道家能「獨立於文化氛圍之外。」在生命智慧上，依重要旨趣，仍然是「自證慧──共命慧」的環流引生，互構新義，而不是表面的斷裂相或歧出相。且老子與《易》的深切關聯，自魏晉以來已成共識，《易》亦正與儒家有深厚關聯。

中、後，隨機而出，故難得比例。「曲折」則指更大篇幅的理論表達，如〈齊物論〉幾乎以卮言為主。卮言沒有比例，意味著什麼？意味著卮言不只是部分，而且又是整體。既是寓、重之外間出的十一，但並非只佔此殘剩，同時是十十。

寓言、重言表法，我們已說明寄托方式與相應視域。那卮言涵攝寓言、重言是什麼意義？卮言因著十一／十十的兩層後設，一方是「在」二言之「後」，補充二言之未及，或自解語義；一方是「言」的整體之後，即言理的依境。依境，我們採擇劉概的解釋：「水之在卮，猶言之在德，不滿則不發也。」（《翼》卷九，頁 3）依此可為卮言作一簡略的緒言：「卮言作為一整體，與敘述者德養境界完全合一（十十）。卮，即是主體存在方式，以及活動發為寓言、重言、卮言（十一）一切言說的意象。」為何說是意象？

§8-2　「卮」義疏辨：「卮」表言者體合天道之圓德

因著卮言義位的殊勝，卻又未有任一家注釋提供圓融滿全、足以涵蓋「卮」義的內涵，我們有必要經由檢視、綜合各家說法，並曠觀卮的意象，達成新的理解。〔註63〕

> （1）A 郭象注：夫卮，滿則傾，空則仰，非持故也。況之於言，因物隨變，唯彼之從，故曰日出。日出，日新也。日出則盡自然之分，自然之分盡則和也。（《集釋》頁 947）
>
> B 成玄英疏：卮，酒器也。日出，猶日新也。和，合也。……空滿任物，傾仰隨人，無心之言，即卮言也。是以不言，言而無係傾仰，乃合於自然之分也。（同上）

此由動態新變、因物無主之義言卮。我們說是意象，正是由「卮」比況於「意」而來。卮是酒器，郭注成疏由「因物」「從彼」立說，接近寓言，主要有兩個涵義：一、卮對應於外的因物隨變；二、卮所表示言說者的無主無執以至於無心。兩義適所以相成。注裡預設「人——我」交互關係中，消解「我」的主體義。這種消解似與莊子所持的「離形去知」相當，實則大異其趣。何以見得？莊子在〈天下〉篇辨析道家或古代學術諸型態時，已仔細區分各家教

〔註63〕在此我們方法論的選擇，是依據唐君毅《導論篇》頁 3：「吾人觀一名如何次第引申新義，亦見學術思想之歷史發展之跡相。如吾人更進而能綜合一名之各時代的意義，而總持的把握之，亦即可使吾人形成一更高之新思想觀念。」

相的細微差異。〔註64〕而消解主體，完全因物隨變，唯物之從的無主無好義，乃由彭蒙、田駢、慎到等人所持：

> 公而不黨，易而無私。決然無主。趣物而不兩。不顧於慮，不謀於知。於物無擇，與之俱往。古之道術有在於是者，彭蒙、田駢、慎到聞其風而悅之。齊萬物以爲首。……是故慎到棄知去己，而緣於不得已，泠汰（郭象注：聽放。）於物，以爲道理。……

最後引「豪傑相與笑之」評論慎到等所持只是「死人之理」。換言之，完全解消主體以聽放於物，其實預設：或者人即是物，或者人不如物。人的主觀活動固然造作許多是非、謬誤，此乃道家之通義，但若因此以爲「是非無主」（固持、裁斷）才是人對應物的極境，則非莊子所持。〔註65〕

　　（2）呂吉甫：言出未始有言，則其日出猶巵而已。巵之爲物，酌於鐏罍而時出之，中虛而無積也。（《莊子義》頁 275）

此由三原理言巵。他舉出敘述者「中虛」──時保沖曠之體；以「時出」比喻適時而相續，符應於外在情境之用；以「無積」形容巵只作爲水酒（言）盈出的通孔之相。喻義似接近郭注成疏，但不言「無主」「因物」，則不一定是主體的完全泯滅，可能具有「交互主體」以成「時出」之用。不過既然釋義不明確，可再觀他家勝解。

　　（3）劉概：水之在巵，猶言之在德。不滿則不發也。自外來者，益之而不可增，由中出者，雖多而未嘗虧。（《翼》卷九頁三）

此由德之充實於中而發於外言巵。這是郭注「滿則傾」「滿」字的落實。而且「益之不可增，出而未嘗虧」正是出於〈齊物論〉「注焉而不滿，酌焉而不竭」的天府，而與道相應。〔註66〕「德」字，劉笑敢曾歸結出二義：淳樸的自然

〔註64〕〈天下〉篇寫作之際與先秦時期，並無「道家」之名，而後來所共認之道家學者見於〈天下〉篇的也唯有老聃、關尹、與莊子二派。但據唐先生的詮釋，田駢、彭蒙、慎到也屬於道家的原始型態。（見《原道篇》卷一，第七章）而就道家的原始型態說，或許同起源於相通的精神意識，但卻具有不同義理性格，此即區別教相：「哲人在探尋眞理的歷程中，對各義理所作的型態判定，與位階等次的釐定。」如〈天下〉不只在混沌一片的古代學術中，「方以類聚，物以群分」，而且明顯地有著理論自淺入深的次第，如關尹老聃便是「古之博大眞人」，至於莊子更無微詞。

〔註65〕請參閱拙著《莊子內篇夢字義蘊試詮》論夢蝶與《魂斷威尼斯》、鈴木大拙禪學的區別。

〔註66〕〈齊物論〉原文爲「孰知不言之辯，不道之道。若有能知，此之謂天府。注焉而不滿，酌焉而不竭。」

本性，與和諧圓滿的最高境界；並附及德的神奇力量。〔註67〕申言之，德包括了人與境（他人／自然宇宙）整體和諧的修養，以及德的感發力量（如〈德充符〉全篇）。

（4）A 陳壽昌：卮言如酒之在卮，因器爲量，任人斟酌也。……不執我見……（《正義》463～465）

B 馬其昶：獻籌交錯，禮儀卒度，笑語卒獲。古者旅酬之時，少長交錯，皆無算爵，鄉射記云：於旅也語。故曰卮言，義主盡歡，無次第，故曰和以天倪，因以曼衍。（《纂箋》引，228）

此則由容受者立場論交互主體之義。陳壽昌持義也貌似郭注：「因、任」，但立場截然不同。郭注意在將主體虛級化（無主），只成一純粹客體活動的現象；陳氏則似說卮自在爲卮，但任人與卮相交之際，都能因器任人得其飽足。馬其昶則由飲酌場合中，少長盡歡，交錯旅酬一無次第、規矩的自由自在解說。如此又由對酒盡歡增衍卮義。而與林希逸所持相近。〔註68〕

（5）司馬彪：謂支離無首尾之言也。

此由語言逸失日常用語的意義、用法言卮。這個注釋貌似平常，極易忽略，〔註69〕但寓意極深遠。只是司馬彪並未詳釋何謂支離、無首尾。至鍾泰方承其言而解釋爲：「鯤化鵬飛，羌無事實，此卮言也。」（《發微》頁6）但司馬注只在無事實嗎？一切寓言都無事實，則此說還不足以盡「卮」的殊義。

支離，最先見於〈人間世〉的支離疏。二字意略爲：不完整、不合於物、分散（呂吉甫）；偏於正常、離奇（鍾泰）；亦即象徵人存在狀況在表象的歧出、偏離常態。則支離在「言」的範圍是指：與一般語詞、語句、表意、陳義等的內容與方式都剝離而不合。負面地說，純是戲言，但這不符合我們讀莊子的經驗。另一方面看，我們要從支離釋出的，正是莊子對語言的創造性使用。〔註70〕我們若純依於習慣、依於字典學、依於常識……閱讀莊子，固

〔註67〕見氏著《莊子哲學及其演變》頁132～135。並參閱拙著《莊子內篇夢字義蘊試詮》第四章綜論第一節，德有二義：由道的根源而來；對具體事象有神奇妙用。

〔註68〕見氏著《莊子口義》頁1026：「卮，酒卮也。人皆可飲，飲之而有味，故曰卮言。和，調和也。天倪，天理也。以天理調和眾人之心也。」

〔註69〕如劉紹瑾《莊子與中國美學》頁162說這種解釋：「顯然不符合莊子的意旨。……它（莊子）不是以我觀物，以是非、概念把自然大全分割得支離破碎……」

〔註70〕關於莊子語言的創造性使用，除了上文範例解析所見之外，亦請參看劉光〈莊

然也可得窺一斑，但也必常滯礙難通，如「為是不用而寓諸庸」便是罕得善解的一例。〔註71〕

　　「無首尾」則更擴大「支離」之意，在文章進行上打破一般意義的起承轉合，自為其起合變化而無次第，如前述莊周夢蝶的多重詮釋，文句的錯綜交織即是。〔註72〕我們在範例解析中，已透過篇章意義形式的不一致，說明這種異於一般篇章「完整」的界線觀念，正為逼近「道」的整全性質而設。

　　（6）章太炎：此以圓酒器狀所言，是取圓義，猶云圓言爾。圓，遍
　　　　　一切者矣。（《定本》頁51）

此是以「卮」器形狀表義，合於天均循環無端的意象。圓則未必與前述（5）的歧出剝離相牴，而可以是歧分於正常，但總體意旨則圓滿無不及，非剖解大道自為方術者可比。〔註73〕

　　（7）A錢賓四：如莊周寓言，其外貌近賦，其內情亦比興也。朱子
　　　　　所謂幾乎頌而其變又有甚焉者，惟莊周之書最能躋此境界。蓋
　　　　　周書之寓言，其體則史，其用則詩，其辭若賦之直鋪，而其意
　　　　　則莫非比興之別有所指也。……

　　　　　道家之有莊周，……其所陳精義，尤多從觀物比興來。（《論叢》
　　　　　（一）140、142）

　　　　　B張默生：問：單論文章的作法說，詩經的「比」、「賦」、「興」，

子的言與不言〉頁162～169。比如：「莊子意在使語言從社會責任的車轅下解脫出來，通過語言的自由放任而恢復個人言說的尊嚴和原始力量。……他組織了一套個人化的語言程式，並且通過對這些語言程式的任意運用而完成了他的獨白。」

〔註71〕「為是」作為一專門術語，最早注意到的應是宣穎，但尚未明言。其次是傅山在〈莊子批〉中眉批以「為是」為一專用詞。一般都只視為文法詞而已。此外可參看 A. C. Graham Disputers of the TAO p.190&p.201 解釋為「‘This’ which deems」。這個解釋絕不是吳光明所評：「眞是又複雜又無聊！其實這（兩）字句本是日常用語，被辯士及思想家採用，可簡譯為……“for this reason”（「為是」）。」（《莊子》頁16）因葛瑞漢明白「為是」不是「日常用語」，也非「被辯士及思想家採用」，而是莊子自創特設的「術語」。

〔註72〕亦請參看劉光〈莊子的言與不言〉，如：「這種戲語性的獨白帶來了莊周文辭汪洋恣肆的表面風格（頁164）……支離破碎的話語、不著邊際的措辭、不必要的一再重複，突然的話題轉換、眾多的矛盾、文章表述結構的消失（頁165）。」（節引）

〔註73〕用〈天下〉篇語。對比於古之道術「無乎不在」「原於一」的該遍純全，世之為方術者，各得一察焉以自好，判天地之美，析萬物之理，察古人之全。

像不像莊子的「三種言」？

答：像極了！我謝謝你，於此又得到了一種印證。那末，我又可稱莊子是中國的一位「哲學的詩人」了。（《新釋》頁16）

C 王邦雄：所謂寓言，如同《詩經》以此喻彼的「比體」；所謂重言，如同以此引彼的「興體」；「巵言」如同直言其事的賦體。……賦是什麼就說什麼，出乎自然，無所遮攔。（《中國哲學論集》59～60）

之前我們已論及三言表法與「詩」的手法相近。中國自《周禮》、〈詩大序〉以來主要以賦比興論詩，故近代學者因視莊子文章爲「詩性的語言」，遂將三言與賦比興合論，這是極重要的新方向。但六義中的賦比興歷來的詮釋紛繁，迄無定論。三言的展示，在舊說中也不夠充分，我們要如何將兩類尙未確定的表法並論？雖然如此，我們仍然可以繼續前人的討論，找到雙方大致可確定的基礎，透過對比、相互觀照，或許更能發現前人未曾探勘的意義領域。詳細的討論見§9-1、9-2。

上述對前賢言「巵」文字的淺釋，正爲我們說明「巵」在三言中取義表法的特殊：「是一象徵言者體合天道之圓德。」我們對巵作爲圓酒容器或酒杯的觀照、聯想、詮釋、理解，亦如寄托於他身以觀物；反復於莊子與前人說法之際，如傾仰權衡於耆艾之眞；終將底於任人斟酌與興起新說，是巵。

§8-3　巵言日出：和以天倪

巵，圓酒器，變動不居的載體。內涵可包容無限（中虛），益之而不增，出之而不虧，注焉而不滿，酌焉而不竭的天府。酒器同時象徵理與德的載體，又是理德由內符外的表徵——「言」的通徑：語言汩流不息如漏巵，涓涓不停，不斷傾注，巵器不積存任何沉澱。所流注的並非單一音調，而是不斷與情境交感共振的新聲。因此發聲都如此適切於時機，雖似無次第又不失切當，比況語言在此變異承載的內容，在敘述者的傾仰與閱讀者的酌飲之間，藉由「支離」擴大語言的意義疆域，使賓主能遊走盡歡；在比興的類似性與飛揚當中，達成眞正「興發曼衍」的展示。

日出相應於巵的動靜一如，或寓含以下諸義：一、無論天寒地凍、飄風驟雨，自古至今，日之昇起始終未嘗曠廢，不曾稍稍懈弛其勁健，類比於《易》乾卦大象「天行健，君子以自強不息。」即〈在宥〉「神動而天隨」，象徵言

說主體內在生命，合於天行的健動不已；二、日日日出，不止健動，同時似一循環的反復而無端，終而有始，卻又積日成歲，正相應於〈齊物論〉「參萬歲而一成純」，象徵巵言在變化流動中，同時有內在的統整一體；三、這樣的循環往復，又不是重複。如葉落葉生，似年年循環，卻無任一葉片的網紋相同。如孔子對顏淵說「吾與汝交一臂而失之」。象徵巵言間出，偶有貌似重出之處，其實語境有別，衍生形相亦不同，其再現皆是複義，是巵言的日新；四、日新的天地有大美而不言，日出是宏偉壯麗的呈象，象徵巵言美妙的發聲卻又默然無言，如〈在宥〉「淵默而雷聲」；五、至陰肅肅，宇宙黯闇，唯待日出方才分曉割出陰陽，這世界得以光照大明，萬物得以生長，事物文理得以煥發、鑑賞、識取、區別。象徵敘述者宣說哲思，得以顯發實相，洞徹真理幽微，容光必照，足以隨量設教。〔註74〕如〈齊物論〉「昔者十日並出，萬物皆照，而況德之進乎日者乎？」以及「為是不用而寓諸庸，此之謂以明」。「為是不用」，所以非限定於固定的認知、理解形態，「寓諸庸」遂能隨機而應機，巵言透過原發事相的隨機賦出，靜候讀者在任一語境中有所自明。

這五重象徵，如何能與天倪（嬰兒、端倪）——形上根源——和諧一致呢？我們再以下面三節申述。

§8-4 巵言無言：「言」之齊與不齊

由這一段最能看出巵言與一般「言」的差別，以及巵言所以異乎寓言、重言的差別。巵言的最大特色在「言無言」。何謂「言無言」？即此「言」乃通於言默。〔註75〕雖言而超於言、通於默。所以此段先說「言」則不能達到絕對的整體，與未分前的平等境界：「齊」。「不言」雖則語言的分疏、區別、判斷，係聯事物、主觀情染……等作用止息而「齊」，但此「齊」—乃是殘缺的「整體」：「齊與言不齊」。後代論述莊子語言觀的學者，一方未注意莊子此處原文的實義，一方也未審問：當我們踢開語言之後，所津津樂道的整體乃一殘缺不全之「全」——「齊」與「言」「不齊」。則「齊」仍只是虛設或概

〔註74〕「日」的意象作為「善」的深刻類比，除借用孟子「日月有明，容光必照焉。」並請參看柏拉圖《理想國》頁 507d～509b。

〔註75〕參看唐君毅《原道篇》卷一，頁 412：「然人又可『終身言，未嘗言；終身不言，未嘗不言』，則言與默亦同。知言與默亦異亦同，則巵言日出，而又『和以天倪』者也。」

念，或一廂情願而已。眞正的「齊」必建立在即使「言」發出之後，都無礙「齊」之自身，而後此「齊」乃爲「大齊」，整全乃爲「大全」。「齊」要大齊，因此也需要一種言———一般語言所不能達到的——「言無言」的「卮言」。

　　因此，這裡出現如今道友信所說「描述整體所需之悖論」。「言」是「有」言，如何又說「無言」？此處我們得仔細審察莊子用字與用意。

　　……言無言。終身言，未嘗言，終身不言，未嘗不言。

這段出現兩個否定詞，這點非常重要。因爲「無」「不」的不同使用，不只是一般意義的區別而已，如「無」通作「沒有」，多置於「名詞」之前；而「不」通常乃對動詞或形容詞而反制，表動作之禁止或缺如。但在道家文獻，「無」更是一超化、超離之意，如〈知北遊〉「無爲謂不答。非不答也，不知答也。」即指「答」的動作完全缺如、純粹噤默，但非對「答」的否定（非不答），而是對答的「超化」（不知答）。在《老子》中，如「不見、不聞、不得」等皆是，還有如：

　　是以聖人處無爲之事，行不言之教。（2）

　　是以聖人之治，虛其心，實其腹，弱其志，強其骨。常使民無知無欲。使夫智者不敢爲也。爲無爲，則無不治。（3）

　　……其上不皦，其下不昧。繩繩兮不可名，復歸於無物。是謂無狀之狀，無物之象，是謂惚恍。（14）

　　道常無爲而無不爲。侯王若能守之，萬物將自化。化而欲作，吾將鎭之以無名之樸。鎭之以無名之樸，夫將不欲。不欲以靜，天下將自正。（37）

「無」乃是一「虛化」的否定詞，如「無知」、「無欲」絕非指生命的死寂；「無爲」並非「不爲」；又如「復歸於無物」等；「無」皆指狀態之超離而言。「無」乃一眞實的心靈活動，其活動方式非累積，非增添，非樹立。對道家清明的生命醒覺心靈而言，動態向前的行爲，在未經反省澄清之前，都只是無益的妄作；因此，應以「損之又損」的工夫在前，而後可以看出一切「爲」的限制——情欲習染、理智規模……，並且不使這些知情意的紛起妄作，干擾生命。這類「無 X」之詞，必有主體的修爲培養在，而非放任縱逸之懈怠。可見「無／不」連用時，分別必是：「無」作爲「虛化的主體解蔽活動」，「不」必是禁絕之詞；若是分用則不限。

以上是老子之例，在莊子亦然。如：

> 今子有大樹，患其無用，何不樹之於無何有之鄉，廣莫之野。彷徨
> 乎無爲其側，逍遙乎寢臥其下。物無害者。無所可用，安所困苦哉？

惠子的「無用」即一般的「沒有用」，但〈逍遙遊〉的「無所可用」，和〈人間世〉末段「無用之用」，皆非自棄於「沒有用」，而是對常設價值的超越，反顯常人未省的價值。又如：

> 惠子曰：人故無情乎？莊子曰：然。惠子曰：人而無情，何以謂之
> 人？莊子曰：道與之貌，天與之形，惡得不謂之人？惠子曰：既謂
> 之人，惡得無情？莊子曰：是非吾所謂情也。吾所謂無情者，言人
> 不以好惡內傷其身，常因自然而不益生也。〈德充符〉

這是很好的例釋。「無情」非冷血，反而是情感好惡合於自然，如秦失之三號而出，孟孫才哭泣無涕，孟子反、子琴張編曲鼓琴相和，莊子鼓盆而歌；以「無情」超離於造情之僞、縱情之濫、寡情之刻，以及情之不適切所致之喪智殘身，如〈養生主〉「有老者哭之如哭其子，少者哭之如哭其母，⋯⋯是遁天倍情，忘其所受，古者謂之遁天之刑。」又如：

> 商大宰蕩問仁於莊子。莊子曰：虎狼，仁也。曰：何謂也？莊子曰：
> 父子相親，何爲不仁？曰：請問至仁？莊子曰：至仁無親。大宰曰：
> 蕩聞之，無親則不愛，不愛則不孝。謂至仁不孝，可乎？莊子曰：
> 不然。夫至仁，尚矣。孝固不足以言之。此非過孝之言也，不及孝
> 之言也。〈天運〉

「無親」非無愛於其親，而是指最普遍的愛並無特殊的親近對象，故超越一般意義的愛。以至後來之佛學所用「無住、無念、無相」，「般若無知」「涅槃無名」等，皆仍此例；《壇經》的「念而無念」也並非「不念」之絕念止慮。

那「卮言」表法的意義已極明顯。一如先前§4-2解釋的「無謂有謂，有謂無謂」，「無謂」「無言」並非「不言」，而指在發言的流程、殊相中，發言者內心安止所呈現的無分別相。這作用是如何達成的呢？首先看此處文脈，其次再回顧一下範例解析以爲佐證，看莊子如何回答。

> 有自也而可，有自也而不可。有自也而然，有自也而不然。惡乎然？
> 然於然。惡乎不然？不然於不然。惡乎可？可於可，惡乎不可？不
> 可於不可。物固有所然，物固有所可。無物不然，無物不可。

此段以卮言表達，意指依舊不易確定。有兩種常見的讀法：

甲、什麼是可、不可？事物價值的肯定、否定，認同與否。

什麼是然、不然？就事物判斷其是非眞僞。

此文分三小節：

1. 一般狀況，肯定否定、是非判斷皆有預設：自，此其所由來，如郭注：「由彼我之情偏，故有可不可。」而「可乎可」「不可乎不可」「然乎然」「不然乎不然」之無定，正見一般情形之論斷乃無理由，只因情知之好惡蒙蔽（偏）、橫霸，致使如此結果而已。亦即在價値學常問的：究竟是事物有價値，而後引起我們的欲求？還是因我們欲求，而後事物是美好的？此處可讀爲後者。每個人的欲求皆不同，遂使事物價値的評斷，搖晃於人情的不定之中。若見「一物」之既可又不可，既然又不然，彷彿無一定。

2. 但我們回到事物最初的「現身」，一切皆得其「然」——相應於其「如此」呈現的樣態；就我所接觸之「如此」表象，皆見其「可」——「此如」。如是便無一事物不可見其「如此」，更不扭曲折射而見爲「非是」；無一事物不可見其「此如」而爲一「定在」，〔註76〕更不否定事物之本態，苟求其擰變爲「如彼」。如〈養生主〉的右師以偏刖爲「天」，〈德充符〉申徒嘉以「知不可奈何而安之若命，唯有德者能之」，〈大宗師〉子桑之歌詩，歸結其所遇爲「命矣夫」……等，皆以常人難忍之事，曲示生命悲情中的曠達——「此如」。

3. 由是可以歸結爲：「無物不然，無物不可」。「物」字在此出現，是突兀的筆法，且先視爲：以外延更廣的概念，指示「言」近於「物」的特性。（「言／物」類比關係的詳細討論，見下節§8-5）二句即〈齊物論〉「道惡乎往而不存？言惡乎存而不可？」「言未始有常」之意，唯特自指「卮言」，非泛說一切「言」。若一切存有者（物），皆平等而無貴賤（皆可皆然），則「（卮）言」又爲何會有封界？如我們在範例解析所見，莊子之用字、造詞，尤其「再現複義」一項，字義、詞句彷彿有無限可能，彈性伸縮，可隨意揉捏，可重新範鑄。「無言」可說是莊子運用語言時的心靈狀態，恣意游走於語意的可能邊際，突破作者與讀者原先的語言認知，漫漶傳達契約，使語言解放，使讀者得以恢復閱讀的自由想像。

第一種讀法將此段視爲近於「後設離端」之例，由偏見出發，漸至於齊平。

〔註76〕「定在」爲筆者解釋「攖寧」之設詞，其義見拙著《莊子內篇夢字義蘊試詮》第四章第三節。

乙、全面肯定這段陳述前後一貫，亦即在「天倪」脈絡下來看。換言之，
　　和〈齊物論〉一段文同而義異。如鍾泰：

「有自」之云，非如郭注「由彼我之情偏，故有可不可」之説也。
是所謂「自」，謂自乎天倪，亦即謂自乎此久也。非自乎此久，則可
不可、然不然之間偏而不齊，與世俗之論無以異，而得謂之「言無
言」乎！〔註77〕

當主體的「存在狀態」或存在根源已與天合，則其活動乃是「可／不可」都
無所不可了。又如：一切的文學、藝術創作，在「作品」呈現之前所作的功
夫，有一大部分是在斟酌、選擇、汰去，剪裁。如彫刻，我們鑿去木石的大
部分，碎裂而後主題愈益豐滿，若形象的切割雕鑿更精準，則作品的特徵愈
突出。〔註78〕因此「可不可，然不然」猶作品的言／不言、可／不可，皆為
一主題而得其位置。但厄言的「選取／擱置」和其他作者，或藝術創作者的
做法有何不同呢？正在「物固有所然，物固有所可」的基礎上。換言之，文
字語言的「選取／擱置」都只因時機與脈絡的因素而然／不然，並非對「物」
本身的價值操生殺大權，因此「臭腐亦可化為神奇」。亦即對莊子而言，表法
（文學）中的媒材——語言自身，或其成員（字、詞），並無優劣之分，端在
創作者如何當機用之而已。然此只就表法而言，思想內涵亦能如此兼愛無遺，
細大不捐嗎？以我們此前§5-2所論，必得排除不相容的思想成分，然猶不一
致而完整，乃近於莊子的思理。因此，這段讀法應是：一方以「天倪」為心
境根依，而得其文章之「所自」；一方又使一切「物」都可就其「然、可」處，
恰得其「此如」。前者如梓慶之削木鐻，乃文章驚猶鬼神之本源；後者如子綦
之聞籟，夫吹萬不同，而皆聽其自取之天。這是厄言的特出之處。也唯厄言
之根源於「天」而可、不可，故其言能齊於天；不可者未表現於言。厄言又
可「可不可」，故其言能齊「言、不言」。此則道在屎溺，德在支離無脈，而
蘇東坡無一物一事不可入詩之所由吧！

§8-5　厄言曼衍：萬物皆種也

　　「和以天倪，因以曼衍，所以窮年。」郭象注：「因而任之，所以各終其
天年。」（《集釋》頁950）這是就每一個體都能得其正命，不中道夭折而言。

〔註77〕見《發微》頁653。
〔註78〕彫刻的比喻請參看 M.Polanyi《意義》。

但不若王雱曰：

> 天倪，自然之妙本也。言其有本，則應變而無極。則古今之年有時
> 窮盡，而吾之所言，無時而極也。（《纂箋》引，頁 22）

結合兩家說法並稍加改易，「窮年」具有二義：個體行之終身不變的律則；取得永恆。何謂永恆？「非巵言日出，和以天倪，孰得其久？」什麼是久？豈非無量的年壽才足以勝任？那豈非只是個妄想？還是自我延續的渴望？抑或自戀的天眞誇誕？還是眞實可能？老子說：「容乃公，公乃全，全乃天，天乃道，道乃久，沒身不殆。」（16）「死而不亡者壽。」（33）又豈有「無量的年壽」？《史記》說老聃「莫知其所終」，莊子卻說「老聃死」（〈養生主〉）。則久、窮年、壽對比於死亡而言，正是那古老的主題──「不朽」。不朽在什麼條件下成立？無量、無窮是虛擬語詞，還是心靈實境？在巵言的部分，莊子以什麼作爲永恆持久的基礎？

> 萬物皆種也，以不同形相禪，始卒若環，莫得其倫，是謂天均。

這一段是莊子常被引用的文字之一，或用以結合〈至樂〉篇「種有幾」，以說明「輪迴的自然進化論」，〔註 79〕或用以聯類於生物學與化學的種子與元素；〔註 80〕但是以其出現的文章脈絡而言，應以三重閱讀來瞭解：

1. 作爲喻依的素樸自然觀：字面是論「物」與「種」。
2. 自然觀和語言活動的類比關係：此節位於巵言的脈絡。
3. 作爲喻旨的「創作活動」。

就自然觀而言，「萬物皆種也，以不同形相禪」，又包含兩層描述：作爲個別生物的「各依其種而有變化」（王夫之），以及「皆有種類，各以其形禪於無窮」（宣穎）。比如植物由種子而萌芽，由芽而樹而花而果，又由果而種；再如動物，如蝶，由種而蟲，由蟲而成蛹成蝶，由蝶而有卵。亦即物類並非出生即定形，而是每一物類出生後仍不斷變形，且形變之奇特，甚至在前後形之間全無形似之處，彷彿斷裂成相異的兩物類，如蝶，其實只是同一種的變化而已。但這只是就個個物種分別地看。如果我們總體地觀看呢？莊子在〈至樂〉篇提出這樣的見解：

> 種有幾，得水則爲繼，得水土之際，則爲䵷蠙之衣，……程生馬，
> 馬生人。人又反入於機。萬物皆出於機，皆入於機。

〔註 79〕日本渡邊秀方《中國哲學史概論》，頁。
〔註 80〕王煜《老莊思想論集》頁 221-2。

這絕不是胡適所說的「進化論」。〔註81〕因為在胡適的進化論中，物種有等級高下之別，層層演化以進至最高等生物。但莊子的結論卻著重：萬物的同一根源——種與幾，以及萬物演化的一體循環——「皆出於機，皆入於機」。因此郭象的注解較為近理：

> 此言一氣而萬形，有變化而無死生也。

雖然郭象另用「氣」的觀念解釋「種」，不過在莊子的系統中是恰當的：

> 彼方且與造物者為人，而遊乎天地之一氣。〈大宗師〉

> 察其始而本無生。非徒無生也，而本無形。非徒無形也，而本無氣。雜乎芒芴之間，變而有氣。氣變而有形，形變而有生。〈至樂〉

> 人之生，氣之聚也。聚則為生，散則為死。故萬物一也。是其所美者為神奇，其所惡者為臭腐。臭腐復化為神奇，神奇復化為臭腐，故曰通天下一氣也。〈知北遊〉

氣並不就是種，氣比種更基本。但氣必先凝為種，而後能以不同形相禪。若回顧此前的文本閱讀，我們亦可說：鯤鵬的魚鳥變化，其變化固基於氣而可能，但變化之發生亦在種。

從這樣的自然觀象徵於莊子的語言活動時，代表什麼意涵？氣類比於人的精神活力，虛靈而無方所；萬物則是已發聲的語言、呈現的文字；種則類比於道言總體，是氣的初步凝聚。氣作為推動變化的能，而種作為承載變化的基礎，其顯為可知可見則為萬物（語言文字）。所謂「種作為承載變化的基礎」，是指由「種——道言」的對應關係，道言雖未必直指一確定的實在（如王倪寓名、鯤之大等），但道言所展示的字詞觀念、句式、篇章構成，可互相涵蘊、孳生、由變形而綿延，如解析所見，寓言之造型造境、重言之知音會心、卮言之對稱衍義，皆其前所未有，允稱為「創造」之義。

再從莊子發言、創作的角度說，「萬物」即其三言所呈現的文章風貌與內容——文、義，它們有極端不同的樣貌：「其書瑰瑋，其辭參差」（〈天下〉），參差正是指文義斷裂、矛盾，若前後不相一致，如萬物或一類或總類地以不同形相禪，並不能驟然得其統會——意與旨。然而統會依然存在：種。種喻

〔註81〕見胡適〈莊子哲學淺釋〉頁 3～11。但此說已有張默生《新釋》和鍾泰《中國哲學史》辨之。另陳榮捷〈戰國道家〉也說：「這過程雖然不是像生物學之進化，而他的變化演進之意義，是很明顯的。」則比較含蓄地區別「進化論」和「變化演進」。（《中國哲學論集》頁 209）

指莊子所要表達的內涵——可名爲「旨意種子」，這內涵的表達方式雖然有寓言、重言、卮言等不同，實皆從作者的「意、旨」生發而與之相應。意旨爲始，文章爲終，「始卒若環，莫得其倫」則既可解釋爲意旨——文章的緊密對應，渾無罅縫，也可解釋爲意旨與文章中的諸化身（萬物）相互流注、啓發，互爲始終。二者確切的主從、分際渺不可得。

再其次，從閱讀的角度說，舉凡文章所提供的文、義、意，其豐富亦如萬物呈現在我們面前，而「萬物」在我們理解時所起的作用如「種」，重新有一萌芽以至結果的過程，則其「不同形相禪」有兩層意義：一是讀者對文本的理解雖根於文本，卻從無純粹的複製，他所詮釋的意義必定是文本的一變形；二是文本在眾讀者間所起的影響，亦無完全相同的對當，二人同就一文本出發，固然有其交集，卻不致全等。關於這兩層的印證，我們只要縱觀歷代經、子注解，便可得到初步的印象。

因此綜合三重閱讀來看，就自然觀的層面，「種」非常類似於當代所謂「基因」。基因即 DNA 分子（脫氧核醣核酸），遺傳訊息的載體。在生物的前後代之間，爲何會有類似性出現？爲何有時又看出一些相異處？究竟生物的「性狀」如何一代一代傳遞？以目前分子生物學的理解，突破以往認爲蛋白質才是起重大作用的誤解，發現基因——核酸才是真正遺傳信息的儲存者。這些遺傳信息以什麼方式存在呢？以密碼方式存在、傳遞。中間尚需經過自我複製、轉錄的過程，才能透過 RNA 轉譯而對蛋白質起作用。以上的說明，雖然來自遺傳學，但是和「萬物皆種也，以不同形相禪」不是彷彿有一類比關係嗎？「種」是最基本的意義載體，一如基因；而「以不同形相禪」則是遺傳性狀的傳遞中，必有的類（以相同之處遞禪）與不類（不同形而異體）。更可注意而有趣的是：RNA 有時會透過「反轉錄」信息到 DNA，而 DNA 的主動不再是對 RNA，而可能是負擔轉譯至蛋白質的任務。〔註82〕這不又像「始卒若環」嗎？〔註83〕

由科學類比於文學、文化研究，自達爾文以來更愈趨興盛精密。在此我們借用道金斯（R. Dawkings）由生物學概念類比提出的「覓母」（meme）對

〔註82〕關於 DNA 與基因的意義，請參看趙功民《遺傳的觀念》〈基因是什麼〉141～170。以及三浦謹一郎《DNA 與遺傳訊息》。

〔註83〕這樣的詮釋彷彿有時代錯置之嫌，但我們若深思近代科學觀念的很多語彙，是從遠古科學家那兒取用，或得其靈感。如原子是近代才成爲可見，但觀念在古希臘與古印度都已出現。我們可以現代的說法「翻譯」古語彙，了解相近的觀念，古人或已思索至此而未立此名耳。

「種」作總說明：

> ……一切生命都通過複製實體的差別性生存而進化的定律。基因，
> 即 DNA 分子，正好就是我們這個地球的複製實體。……遺傳進化
> 只不過是許多可能發生的進化現象之中的一種而已。
>
> 廣義地說，覓母通過模仿的方式得以進行自我複製。……縈繞於人
> 們腦際或印在其他出版物上的同曲調的拷貝，就是再過幾個世紀也
> 不致湮滅。和基因的情況一樣，對某些具體的拷貝而言，生殖力比
> 長壽重要得多。〔註84〕

meme 遠源自希臘文字根 Mimeme，意即模仿；又與英語 memory（記憶）、法
語 meme（同樣的）相關。〔註85〕模仿在柏拉圖只是次級的仿相，但在亞里斯
多德則是再創的合相。〔註86〕在種的「以不同形相禪」複製意義，我們選擇
亞氏的覓母。不過道金斯的生殖力，具有兩層意義，應略加說明：一是由流
行程度與擴散數量，來計算覓母的生存價值；二是見諸文字記載的潛在永久
性。〔註87〕因此覓母所指的一切人類概念、詞語（種／言／旨意），重點不在
自身壽命的久暫，而在透過再創合相得以進化、擴散、取得永恆性，這一「創
生新形／禪繼無窮」的歷程，我們稱之為「異體延生」。異，並非完全的隔絕，
只是「不同形」的同義詞（不同可以是不等、不完全一致）。延生似從同一覓
母／種而來，但非模仿關係而已，自是新個體。換言之，這由異體延生而來
的永恆性，既非超越變動、凝定常住的時空，如仙鄉；也不是創造的人格神，
自古以固存的精神實體，如上帝；也不是有一恆久不變的個體、雖不斷改易
其外貌，仍持續其壽命，如靈魂。〔註88〕異體延生的永恆性，在「所以窮年」

〔註84〕見氏著〈覓母：新的複製基因〉頁 139～142，收入《多維視野中的文化理論》，
乃摘錄自氏著《自私的基因》，台灣版則譯為「瀰」。
〔註85〕同前註，頁 139。
〔註86〕柏、亞二氏雖然都用「模仿」一詞，但亞氏詞義乃大異於其師。柏拉圖的說
法見《理想國》509d～511e「線喻」。亞氏所謂模仿是創造之義，見朱光潛譯
《柏拉圖文藝對話集》頁 18；而我們稱為「再創合相」乃基於姚一葦《詩學
箋註》頁 33～34：「……第三、模擬的活動非只是臨摹，更重要的是創造。因
為藝術家在模擬外在世界時，是經過選擇、重組與組織三過程，而與藝術的
『意念』和理想結合，成為全新的式樣，是為創造。」
〔註87〕同註 79 文，頁 142。
〔註88〕中國古代的靈魂觀，與今日習知三世輪迴之說並不同，這在幾個古文明是一
極獨特的現象。對此的舉證可參看李約瑟《中國的科學與文明》。錢賓四《靈
魂與心》則依中國古代詩書經典、禮節儀文，指出中國人原本只信有死後的

的兩層意義，都是基於原理而可能，而非物質的事實。這種原理的永恆性如何可能？我們得回到寓言的婚媾。

在§6-2，我們依〈寓言〉篇和〈大宗師〉，說明莊子是以「婚媾（生子）」看待「讀者——文本」的交涉活動。以人類現有知識而言，人類的生物體和文化傳統兩層次，都有求綿延的本能，至於「滅絕」，則或因外力，或因有違於自然法則——如近親聯姻等。在此「萬物皆種也，以不同形相禪」是以素樸的自然觀來指示卮言（十十），卮言在閱讀中引發「其理不竭，其來不蛻」（〈天下〉）的延生性（子、不同形、相禪）。副墨之子與婚媾生子，子只是從出於父母並肖似（延生），畢竟個體分立而容貌不同（異體），這是從人的「種」來看。

更擴大來說，生物學的有性生殖，不只是存續既有即以爲大功，更在適應情境與自求進化。無性生殖的同體複製，即有突變，生命也難有突破更新。類比於人類精神的向上開展，乃是不斷和他者或異體進行交談、對話，完成婚媾的親密性——如夢蝶中他者整體化現，以起主體／他者的同體觀照；若不然，則唯自體反複，死水不流。〔註89〕

曼衍所象徵的草蔓生、水流衍，擴散而無極，〔註90〕正是由覓母繁殖，異體延生完成生命開展，而得其永恆的方式。在閱讀中，觀念／寓象／情節、境況等「言／種」進入、迴旋、汨沒（遺忘）、復現（憶起）、移形換位、重構、互相引生……，由此取得旅酬似的盡歡。讀者的生命，超越時空的現存，而能與異區時空——先於我者會面懇談。文本之言亦復甦醒轉，重新活絡筋脈，通暢氣血。觀念／言由此傳播，讀者播種入文本，文本植苗入讀者，以不同「形（相）」遞禪不止，兩端皆始皆終，互爲承轉，一切端點既始（生）且卒（形成、終結），構成一體之環，在始卒中突破必有一死的定命，意義之生發、湧現，一如自然界萬物的生發變化，「不以生生死，不以死死生」，取得曼衍的永恆。

最後，我們由「種」所啓示的觀念回看幾個問題。種，在宣穎、王夫之的解釋，近於物種演化中，基因所扮演的隔離角色，此如各家文字、風格皆

靈魂，卻未說到生前的靈魂；早在春秋時代的智識階級，則已擺脫、捨棄靈魂觀存而不論，而別求不朽。余英時先生看法亦然，見於氏著《從價值系統看中國文化的現代意義》頁103～107。

〔註89〕同註11，格拉姆・帕克斯文，頁373～377。

〔註90〕劉概曰：「如草蔓水衍，以自然之緒，道全而物不傷，故可以盡年也。」（《翼》卷九頁3）。司馬彪：「曼衍，無極也。」

因其旨意／構句／設詞……等差異而區別；若由〈至樂〉與郭注來看，萬物與言皆統於種與幾，二者又根源於氣，則莊子早已隱約提示：〈齊物論〉一篇何以齊物亦齊論，正預示「物／（言）論」的共通性質，全篇又由南郭子綦仰天而「噓」、大塊噫「氣」二者說起，表法甚細密。異體延生，橫向各依其種，縱向皆出於氣機。「始卒若環，莫得其倫，是謂天均。」「種」在「物／言」兩域的運作方式歸結於天均，這樣我們似乎達到和〈齊物論〉相近的結果。「天均」總是指向一種精神模式，使莊子在面對價值抉擇、自覺其言說活動、與說明詮釋理解過程三者，能達到理想的符應：和諧均衡。又能與自然宇宙的造物歷程協和為一，而充分體現〈齊物論〉的核心：以明，一如日月輪照（並照），通透於是非顯隱彼此，內心呈現無遮蔽的清朗澄徹，於「物／論」──即「自然／人文」兩域──之繽紛殊相皆能貫通，而體證絕對平等均衡。並且在閱讀的人文交流情境，也是透過天均，開放意義、價值領域的無限可能──即使我們只能擇取、實踐其中一部分。至此我們才面對真正的難題：由天均達到兩行、曼衍的多樣性肯定，是相對主義、散而無統嗎？如果不是，「天均」與相對主義的差別何在？我們將進一步說明天均。

§8-6　卮言旨歸：天均

在〈齊物論〉解析，我們已提到莊子承認宇宙包涵多樣性時，仍有一衡量的基準──天倪。〈寓言〉則又說：「天均者，天倪也。」天倪涵蓋更廣，也更難理會，故莊子又以天均指點吾人領略之方。那天均是什麼呢？

天均在莊子只出現三次，一次在〈寓言〉，§8-5 已見，為討論方便，具引如下：

> 是以聖人和之以是非，而休乎天鈞。是之謂兩行。〔註91〕（〈齊物論〉）

> 學者，學其所不能學也。行者，行其所不能行也。辯者，辯其所不能辯也。知止乎其所不能知，至矣。若有不即是者，天鈞敗之。（〈庚桑楚〉）

> 萬物皆種也，以不同形相禪，始卒若環，莫得其倫，是謂天均。天均者，天倪也。（〈寓言〉）

〔註91〕 鈞字，《釋文》：「鈞，本又作均。」據王叔岷先生考證：「道藏成疏本、林希逸口義本、褚伯秀義海纂微本、陳碧虛音義本、羅勉道循本、覆宋本鈞皆作均，古字通用。」（《校詮》（上）頁65）

天均，或作天鈞。這是一個頗棘手的問題。二字意可相通，但其所指實物則大不同，使我們不易還原此詞初義。今爲一律，皆以天均稱之。並以天均爲原義所出，用「鈞」之義時，再特加說明。

先看〈齊物論〉。此處天均在「狙公賦芧」的文脈之後，指「自然的均衡」。〔註92〕「休」即是息，是止，是寓。是非的止息是如何達到的呢？是透過「因是」、「和之以是非」、「天均」、「兩行」。莊子在此用四個詞分指齊物的境界：此處的「因是」乃指「順著當時的狀況」，亦即是在確立時空條件的特殊性，而後對狀況的適切回應。透過因是「和之以是非」，此句句法甚奇特。「以」字應如何讀？我們看類似的句法：「和之以天倪」，是「以天倪和之」之意。若依此例，「以是非和之」是什麼意思呢？豈非「是非」並用而後名爲「以是非」、「和」？單用「是」，「單」則不成「和」。如此說，是非必非尋常是非之義。而應指：在實踐的歷程中必有肯否取捨的選擇，但「否與捨」只是特殊時空下的不取，而非對其他價值的否定或絕棄。如狙公之因是，「不用」朝三暮四，並非朝三暮四「錯」。其次若讀「以」爲「於」，則意義又略有不同。「是非」既可指尋常是非，亦可指彼此分立的狀況。但不論何者，「和」總是指聖人心靈通過表象的差異、瑣碎分別（四三、三四），達致實質等同的整體（凡物無成與毀，復通爲一），回到「對稱」。

對稱即「休乎天均」的自然均衡。自然均衡主要與兩個觀念聯結：因是與兩行。在因是的情況下，聖人的精神止息於是非均衡的模式——既非否定與絕棄，所以我所不取的，若爲他人所取，我亦能明白他人的境況，我可以如此，他可以如彼，即是「兩行」的雛型。〔註93〕而天均、兩行的擴大即〈齊物論〉「和之以天倪，因之以曼衍」。

因是的幾個意義，我們在§4-1已略加說明。而因是作爲一面對世界的方式，有一極大的問題，「因是」——因其所是而是之，宇宙萬象不斷盈虛衰殺，則吾人心象極可能隨之不止地跳躍和斷裂。〔註94〕換言之，主體的精神活動

〔註92〕成疏：「天均者，自然均平之理也。夫達道聖人，虛懷不執，故能和於無是，同非於無非，所以息智乎均平之鄉，休心乎自然之境也。」（《集釋》頁7）

〔註93〕在§4-2，我們引過徐復觀先生《中國人性論史》的解釋。他說「兩行」：「他（莊子）再三地提出『因是』的態度；或『兩行』的態度；即是因人之所是而是之，則天下有是而無非。兩行，是雙方都行，而無一方不行，這便無可爭論，也不能相凌涉。」，頁401。

〔註94〕所謂斷裂，參看錢賓四《湖上閒思錄》〈經驗與思維〉：「若要避免對立，尋求統一，則不如只說這，更不說這是什麼。一切人生，一切現象，這這這

雖然多端豐富，卻是散而無統的。其次，兩行是對宇宙多樣性的認可，如何與虛無的相對主義區別開來呢？如論中主張不知「物之所同是」，彷彿並無一共通準則；又說「辯無勝」，彷彿人與人之爭論乃一不可解的既成事實，唯有加以承認。散而無統、相對主義又有何不可呢？但是如果莊子果眞只是相對主義者，則〈齊物論〉本不應寫，則相對主義並非莊子的心行。如何能加以解決呢？正要透過天均。

　　我們回到了意義系統的不一致與完整的問題。在§5-2討論不一致的兩種類型：多元並置，和矛盾不相容。莊子在〈齊物論〉提出系列觀念，反覆解釋「以明」，乃在指出宇宙是非無定，並非眞無定，而是可建立一基準加以衡量。「天均」即是此衡量基準。故學、行、辯之若不能符於此基準，則天均敗之──無可逃脫（天）的摧毀力。然而天均什麼特質足以作爲此判準？

　　這裡必須回到天均命名的由來。重點是「均」字應作何解？

　　　說文：均，平遍也，從土勻聲。

　　　段注：平者，語平舒也，引申爲凡平舒之偁。遍者匝也。平遍者，言無所不平也。（《說文解字》頁689）

　　　朱注：又《周語》：均者所以立均出度也。注：均者，均鐘木。……《後漢書》〈張衡傳〉注：均長八尺，施絃以調六律也。……《禮記》〈月令〉：均琴瑟簫管。〈嘯賦〉：音均不恆。注：古韻字也。（《通訓定聲》，頁845）

是則天「均」一詞，原義與音樂相通。均用以調律、度鐘之大小清濁，是其作動詞有協律、揣度、衡量之意；結果則是使等齊、協調、音韻合度。故均又有「韻」之意。其次亡均、鈞古代通用之例而言，乃指「陶家模下圓轉者」，此「鈞」引申爲造物者，如「大鈞播物」、「鈞者均也。陽施其氣，陰化其物，皆得其成就平均也。」〔註95〕我們無法完全確定莊子立名時，所體會的境界，

　　這，直下皆是，生也是這，死也是這，我也是這，非我也是這，是也是這，非也是這，一切對立，一切矛盾，只一這字，便盡歸統一了，盡歸調停了。佛家稱此曰如，道家稱此曰是，又曰然。佛家說如如不動，道家說因是已，又說萬物盡然。……然而這一個宇宙，只見這這如如是是然然，便成爲一點一點分離，一節一節切斷了的宇宙。這一個這這如如是是然然的人生，也是一個點點分離，節節切斷的人生。人們在此宇宙中，過此人生，便只有突然頓然地跳躍，從生跳躍到死，從這一這跳躍到那一這。」（頁78～79）

〔註95〕轉引自段注《說文》頁715，及朱氏《通訓定聲》頁845。

究竟是何景況。尤其在均、鈞通用情形,亦很難確定二義如何融通於一字?只能在此依名尋意,略知天均乃是:莊子所體證宇宙和諧、均衡、絕對平等、律動、循環、物之生發……的整體情境。

而其第二次出現於〈寓言〉篇,正為說明自己的創作活動,完全與所體證「天」的整體情境:「均」調和同律。天均之落實為語言,我們在§4-2、4-3、5-1,及§8-4、8-5 都已陸續隨文點出。天均的特殊體驗,造成某些特殊構詞、句式,以此圓融所言,調和異義,一字一詞皆有其豐富自在的生命,又不孤立於文本,而在共構中不斷生發意義,如宇宙萬物之貌似個別分立,實皆相待相繫相需相諧。巵言乃是莊子疏離於體證之境,與讀者重新進入天均的生發意境,自歷程多面向地領略、揣摩天均之和諧律動——重入「不齊」之言與論而齊之,猶不失其創造之動力。所謂散而無統、無準的相對主義,由莊子心境言之,在此均納於「天均」之環而無立足之處。自體證天均的心境而言,我們是過慮了。

第四節　小結:三言的交互關係

以上檢視過範例,也解析了〈寓言〉篇的後設提點,應回頭觀照未決的問題,並略作小結。

「寓言十九」、「重言十七」,我們不採用郭象的說法,巵言比例則釋為「十一與十十」。那十一／十十之間關係如何呢?十一的巵言呈現為觀念的直陳,配合寓言、重言而穿插運用;十十的巵言內在於文章的軌跡,其與寓言重言的關係又如何呢?以下據第二章、本章的解析作說明。

(1)「巵」所表解構無言之義,非「寓」「重」二字所有,雖寓、重之呈相,不直陳意旨,亦是「無言」。巵之無言,一方乃合語默動靜而設;一方,其「言」之所以能「無言」,既在主體之總不離於天倪,亦因其總是化入歷程,故能不斷超化,不拘於所造之物、所發之言。

(2)「巵」傾仰的動態歷程,也顯現在寓、重之中。如「寓」的「居進／寄遊」,乃根源於「巵」所體合天行健動之力,尤其「天均」圓式的迴環運行。另就「基因正文」的意義而言,寓、巵同指創作活動,顯發為賦意之實踐歷程,而有三言的不同呈相。

(3)「巵」的傾仰對稱,乃顯示為寓言深複隱藏的雙重結構,以及重言的複數真相。是則三言除其分野之外,更有其相應和諧;且此和諧亦將因歷

程的展開，而有不同形式出現。故當莊子以一種言表達爲主時，其餘二言則別有呈現方式。如重言中的深遠後設、寓言中的點染情境，及巵言之自構／自解，皆源於對稱的和諧。

（4）「巵」器傾仰隨時所表賓主盡歡旅酬之意，則顯爲寓言、重言親切可讀的故事，借用神話的奇詭想像……；在巵言，讀者可盡情參與、領略，其造詞、造義歡愉之遊戲，以及如巵酒醇美所開啓暢快迷離之氛圍。

（5）「巵」就其冥合於道之內涵而言，乃融貫「天／物（氣、種）／言（氣、旨意種子）」三者而言：其落實於同質之「巵言」，主要爲觀念的表達，和§4-1～3 的各種巵言形式，呈顯爲造義、承載多樣化、包容異聲，以及自造詞至篇章構成之理致、法序，乃近於「四時之明法，萬物之成理」者。

三言交織的其他情形，將在下一章論賦比興三義時，進一步申論。

第四章　三言的後設意義 II ——綜論

第一節　三言與賦比興

§9-1　賦比興舊釋述要

> 一言以蔽之，莊子之形上學，將「道」投射到無窮之時空範疇，俾
> 其作用發揮淋漓盡致，成為精神生命之極詣。這是蘊藏在莊子逍遙
> 遊一篇寓言之中之形上學意涵，通篇以詩兼隱喻的比興語言表達
> 之。〔註1〕

由此前的討論可知，三言不止於一般語言哲學探索的主題，其交織更近於文學
語言，或綜合藝術表達手法的語言。我們又多次提到學者將莊子文章風格比為
「詩性的語言」，究竟什麼是「詩」呢？在§8-2 厄義疏辨也提到，因於中國詩
學自《周官》、〈毛詩序〉以來，都涉及賦比興三義的釋義，故有前賢注意三言
和賦比興的類似性質，加以討論。本文擬據此作三義、三言的對照，希望能進
一步顯發三言的意義。當然這種對照若未能謹慎從事，也未必能使三言的意義
更明朗，因為賦比興三者，歷來解者甚多，至今也尚未有定論。因此先詮釋賦
比興三義，然後看三言與之對照的情形。在眾多賦比興的釋義之中，我們仍然
採用§8-2 的方法，先展示筆者以為最切當的幾家，再作一簡單歸結。本文選擇
的幾家分別是：劉勰、李仲蒙、葉嘉瑩、鍾嶸、錢賓四。〔註2〕採取這樣的次

〔註1〕　方東美〈中國形上學中之宇宙與個人〉，見《生生之德》，頁 300。
〔註2〕　劉勰之前的主要詮釋者是鄭玄，但卻不是文學上的說法，而是與政治相比附

序，不依時代先後，是就理論的相聯性質而定。

（1）劉勰：〈詮賦〉詩有六義，其二曰賦。賦者，鋪也，鋪采摛文，
體物寫志也。……賦也者，受命於詩人，拓宇於楚辭也。……原夫
登高之旨，蓋睹物興情。

〈比興〉詩文宏奧，包韞六義。毛公述體，豈不以風通而賦同，比
顯而興隱哉？故比者，附也；興者，起也。附理者，切類以指事；
起情者，依微以擬議。

我們最先注意到的是劉勰對賦比興的分論與合論。後世論賦比興，雖有側重、
釋義之不同，但是少有將三者分論的情形。劉勰首先在上篇釋賦，既將賦視
爲六義之二，又以楚辭及其後的「賦」作爲獨立文體來討論。這樣顯示出什
麼意義呢？

〈詮賦〉就其居於上篇而言，似是論文類或體製，但劉勰自「詩有六義」
說起，則不只視爲荀子以來的文類稱名，乃有探源之意，甚爲明顯。〈比興〉
分在下篇，比興便只作爲表法，而賦卻具有更大的可能。賦的可能由何而見
呢？依劉勰的解釋：「鋪采摛文，體物寫志也。」乃指賦是一切文學創作的基
礎，這基礎不約限在對客體的寫實而已——敘事寫物，也不約限在只是直抒
主體情緒而已，而在對事物的冥會入微：「體物」；由此體貼而曲寫感動與嚮
往：「寫志」。換言之，賦比興三者都以「賦」爲基礎，即有超出三者之外的
表法，亦莫不以「賦」爲基礎。這樣的涵蓋性，由「原夫登高之旨，蓋睹物
興情」一語亦可見——賦也是「觸物起情」的基礎。這樣說是否混淆了三者？
其實不然。「賦者，鋪也。」鋪作鋪陳解，是指有所陳述、宣告，即作者情感、
意志、思想之「表達」，「體物寫志」是也；鋪又作鋪設解，是指安排布置，「鋪
采摛文」是也。文學創作實不外此兩端而已，《文心雕龍》之名亦由此而立。
〔註3〕我們甚至可以據此解釋歷來對朱子《詩集傳》的誤解：如「賦而比」「賦

的諷喻說，故不採。興義向來最隱晦，而近代學者解釋雖多，亦不能盡如人
意，如錢鍾書《管錐篇》以其博學，又善於綜觀異說，卻只得這樣的結論：「興
只是發端引起，並無深義」，故亦不採。

劉勰之後，最重要的首推鍾嶸，我們列於第四順位。唐代也有多位詩人論及三
義，今皆收於遍照金剛（空海）的《文鏡秘府論》；宋以後詩話，提出釋義者更
多，可參考敏澤所輯資料彙編。但本文非做三義詮釋的發展史考察，故皆從略。
至於當代陳世驤先生的大作〈原興：兼論中國文學的特質〉，（《陳世驤文存》）
闡明興的義蘊甚佳，因非三義並論，故僅作參考，亦不採。

〔註3〕見《文心雕龍》〈序志〉。

而興」之屬，以爲朱子混淆了三義。實則不然。〈黍離〉第一章朱注：

> 賦而興也……賦其所見黍之離離與稷之苗，以興行之靡靡、心之搖
> 搖。〔註4〕

其他如〈野有蔓草〉〈溱洧〉〔註5〕也與此相同。此外尚有「興而比」（〈漢廣〉），
「賦而比」（〈谷風〉），「比而興」（〈氓〉）。由「比而興」「興而比」的例子看，
朱注似乎是混淆了，因爲舊注未能確切分疏的比興界說，朱注同其纏繞。但
這和「賦而興」「賦而比」不同，二例正好可以說明了興、比都以賦爲基礎。
〔註6〕爲什麼呢？因爲不論比興在作者心靈如何運作，在心在詩都必伴有物象
的呈現、心物互動之情和物象敍寫，從這個層面來看，「賦」的「體物」正是
使賦比興三義可能的基礎。那什麼是體物呢？體物首見於〈中庸〉：

> 鬼神之爲德也，其盛矣乎！視之而不見，聽之而不聞，體物而不可
> 遺。

依鄭玄注：「體，猶生也。可，猶所也。不有所遺，言萬物無不以鬼神之氣生。」
和朱子章句：「物之終始，莫非陰陽合散之所爲。是其爲物之體，而物所不能
遺也。」都是「生物」之意。用於文學似乎始於陸機〈文賦〉：

> 詩緣情而綺靡，賦體物而瀏亮。

李善注：「賦以陳事，故曰體物」，但這還不能解釋賦的眞相與大用，因此徐
復觀又補充說：「表現物，而與物合爲一體。」〔註7〕是則徐氏乃以體會、體
察、密契，進而體現之意解釋「體」字。不過，在陸機分疏詩、賦，使情、
物分別隸屬，則與劉勰不同，這是因爲二人著眼不同。陸機著重文類風格的
分野，劉勰則著重賦的起源，和賦作爲表達基礎兩層意義（原夫登高之旨，
蓋睹物興情；賦者，鋪也。）劉勰的「體物寫志」深刻奠定了「賦」的取義：
對自然、宇宙的深情體悟，以及詩人情志作爲敍寫的核心。

　　至於劉勰對比興的解釋，歷來遭受不少誤解，如蔡英俊先生便說他釋義含
混；〔註8〕而葉朗則以爲「也還是和『比』沒有差別，……要求『興』含有美刺

〔註4〕　《詩集傳》頁171。
〔註5〕　同註4書，頁222～225。
〔註6〕　這類混淆與「比、興」的混淆不同。比興不易分疏，在於篇章中的「情─物」
　　　　先後不易指認。而賦和比、興的混淆諸例，應是「敍寫事物」以起興、或以
　　　　立比，若只就「敍寫事物」來看，便是賦了。
〔註7〕　見徐氏《中國文學論集續編》〈陸機文賦疏釋〉，頁112。
〔註8〕　見氏著《比興物色與情景交融》頁109～142。相關評論可參看鄭毓瑜〈再評
　　　　蔡英俊《比興物色與情景交融》〉，（蔡英俊、呂正惠主編《中國文學批評》第

諷喻的微言大義。」〔註9〕其實古人立論，有時並不全在一處，若要了解劉勰對「比興」的看法，還是得將《文心》一書作通盤的考察。筆者的看法是：〈比興〉篇引起的誤解來自劉勰一方提出新見解，一方又揉進了對傳統比興說的整理。正巧，傳統比興說是以近代人最不以為然的政治領域及諷諭說為主題，〔註10〕因此劉勰回應於傳統，便顯得和他的創見格格不入；〔註11〕然而中國傳統本有因政治現實而發的詩歌創作，指出「諷諭興寄」的事實，並非迂腐。他在許多篇對「興」作了不同的解說，我們有必要綜合來看。除上面所引的〈詮賦〉，又如〈宗經〉：「詩主言志，詁訓同書，摛風裁興，藻辭諷喻」，以四事言詩，而「興」與諷喻不同，「摛風」一句專就情思之揚動、志意之感人而言，末一句只就文辭的華麗雕縟而言，則「興」並不止於技法或諷喻而已；〈神思〉贊：「刻鏤聲律，萌芽比興」，以神思的主題而言，此時的比興正是「神用象通」的結果，近乎現代「創造意象」一詞；〈物色〉篇：「是以四序紛迴，而入興貴閑」，言「起興」非隨意可得，乃感發主體在特殊狀態中才會發生——由澡雪精神之工夫、或「儵然閒曠」之心境，〔註12〕贊：「春日遲遲，秋風颯颯，情往似贈，興來如答」，則整個宇宙都為情所充滿：「觀山則情滿於山，觀海則意溢於海」。物以其生命啟發人，人以其情性回注於物以為報答，其樂融融泄泄，而不知何者為物，何者為我。而「比」不論出現的次數、或意義的豐富，都遠不如「興」，是則「興」在劉勰的系統裡面，遠較「比」重要得多。

　　由以上簡單說明，劉勰對「賦比興」三義的詮釋，真是全面而深刻。其後能繼承這個體系的，要到李仲蒙。

〔註9〕　見氏著《中國美學史大綱》頁92。

〔註10〕　試舉一例。王國維《靜安文集》頁1722〈論哲學家與美術家之天職〉：「至我國哲學家及詩人所以多政治上之抱負者抑又有說。夫勢力之欲，人之所生而即具者，聖賢豪傑之所不能免也。而智力愈優者，其智力之欲亦愈盛。……吾國之智力優者，因於純粹哲學與美術不能得其勢力，故於政治施之以滿足其欲也。」是則近代乃只以「政治」為權力欲之事而已。又因中國古代知識份子多在朝，近人又以為此乃中國諸純粹學科不發達的原因。然此諸說皆與吾國歷史事實不符。

〔註11〕　「比興」同用於諷諭之義尚有〈辨騷〉篇。

〔註12〕　參黃侃《文心雕龍札記》頁221：「數語尤精。四序紛迴，入興貴閒者，蓋以四序之中，萬象森羅，觸於耳而寓於目者，所在皆是。苟非置其心於儵然間曠之域，誠恐當前好景，容易失也。……夫望以閒曠之興，領略自然之美，則觀察真矣。」

（2）李仲蒙：敘物以言情，謂之賦，情盡物者也；索物以托情，謂

　　之比，情附物者也；觸物以起情，謂之興，物動情者也。〔註13〕

劉勰之後，李氏對賦比興的解釋，一方能上接《文心雕龍》的傳統，一方又能貼切於創作、閱讀經驗，一方接近現代理解的要求。李氏的分法，既能提出三義的共通架構：「情——物」；又能做到分類的窮盡，使三者可以確切區分，不致混淆。重點在於「敘物——言情」、「索物——托情」、「觸物——起情」使三者的分疏更清楚。如敘物，或即景而言，或感後靜思而言，〔註14〕皆是「物／情」的交互感應、映照；而索物乃以情意為先，情不直書，乃尋索於物以為寄託，物並無獨立的意義，依附於情而存在；這可以說是沿著劉勰「比者，附也。……附理者，切類以指事。」而來，皆重在理智「索物」以承載情感。至於觸物以起情，則未必只如徐復觀所說：「只是作者胸中蘊蓄了欲吐未吐的感情，偶然由某種事物——可能是眼前看見的，也可能是心中浮起的——把它觸發了。」〔註15〕更可以是自然景物對人的啟發——「起予者商也」的「起」字，正是子夏對孔子的啟發，所啟發處乃孔子從未思及者。〔註16〕興的起情，相較於賦、比的特殊處，應從此著眼。人類的慧解、領悟都可能由大自然無端觸發而生，此觸發即「興」。

　　舉一淺近之例。如夕陽。原本只是日落、太陽之在西，何嘗有「無限好」之美意？何嘗有「只是近黃昏」之感傷？「大漠孤煙直，長河落日圓」的壯麗？「斜陽照墟落，窮巷牛羊歸」的慈祥溫煦？「殘陽西入崦，茅屋訪孤僧」的孤寂淒冷寥落？「夕陽西下，斷腸人在天涯」的蕭瑟？景與情間的聯結都無端而來，且一景又可觸發無窮之情。

　　「興」的引起、觸發，與劉勰「情往似贈，興來如答」甚近，在「興」中的情與物，都具有新意義：自然原本是素樸的，而今有了新的意味；情思原本是未發的，而今得到呈顯。

　　在這個脈絡中，看法足以作為總結的，則是葉嘉瑩。

　　（3）葉嘉瑩：葉氏原文甚長，重點可約攝如下：總之，「六詩」或

　　「六義」中所謂「賦、比、興」，其所代表的是詩歌創作時感發作用

〔註13〕胡寅《斐然集》卷十八〈致李叔易書〉引，頁199。

〔註14〕參看朱光潛《談文學》。

〔註15〕參看徐復觀《中國文學論集》〈釋詩的比興——重新奠定中國詩的欣賞基礎〉頁100。徐氏〈釋〉文極精采，唯此處微有未安。

〔註16〕《論語》〈八佾〉第三，§8。

之由來與性質的基本區分，這種區分本來至爲原始，至爲簡單，要
而言之，中國詩歌原是以抒寫情志爲主的，情志之感動由來有二，
一者由於自然界之感發，一者由於人事界之感發。至於表達此種感
發之方式則有三，一爲直接敍寫（即物即心），二爲借物爲喻（心在
物先），三爲因物起興（物在心先），三者皆重形象之表達，皆以形
象觸引讀者之感發，……〔註17〕

（i）首先我們應注意，葉氏和李仲蒙都以同一架構解析賦比興，這架構又頗
爲相近。葉氏用「心」字，比李氏「情」字更根本。爲什麼呢？「情」雖然
是文學藝術的根柢，但是文學藝術不全是「情」能涵括。以「心」爲主，則
文學藝術發乎情的一切表現：反省、取得意念、經營布局、想像與靈感、自
動書寫，都可含攝在其中。（ii）除了透過「心／物」的架構區分三者，在傳
統著重興的解釋之外，葉氏乃特重賦比興的共通性、以及「形象」的義涵，
說明「賦」也是帶有形象的感發力量，澄清以往對賦只是「直書其事」的誤
解。三義的共通點：一、賦比興三者同是形象的表達，也同具感發的力量。
此處「心／物」的「物」即形象，葉氏歸納爲三：（自然）物象，（人類）事
象，（假想之）喻象。〔註18〕（iii）賦比興三者，一方是作者的感發，同時也
是作者如何將感發傳達給讀者。換言之，《詩經》作爲開端的賦比興，更著重
如何帶領讀者進入作者的感發之中。在創作中即關切讀者、卻又不使創作下
委於媚俗，而是企求雙方藉由感發，一同揚昇的溫婉情懷。

葉氏特重三義的傳達意義，這便觸及「文本」應具的特色，以及讀者在
文學中所要扮演的角色。文本與讀者的關係特重「比興」的感發，換言之，
是「情境」的喚起，而非文字、語言意義的鏨定、探索而已。以下我們再看
從文本和讀者角度論賦比興的兩家。

（4）鍾嶸：故詩有三義焉：一曰興，二曰比，三曰賦。文已盡而意
有餘，興也。因物喻志，比也。直書其事，寓言寫物，賦也。宏斯
三義，酌而用之，幹之以風力，潤之以丹彩，使味之者無極，聞之
者動心，是詩之至也。若專用比興，則患在意深，意深則詞躓。若
專用賦體，則患在意浮，意浮則文散。嬉成流移，文無止泊，有蕪

〔註17〕見《迦陵談詩二集》〈中國古典詩歌中形象與情意之關係例說──從形象與情
意之關係看「賦、比、興」之說〉，頁138～139。
〔註18〕同前註書，頁128～135。

蔓之累矣。

鍾嶸單論詩，已不再由《詩經》作為其理論的出發點，因為「夫四言文約意廣，取效風騷，便可多得，每苦文繁而意少，故世罕習焉。五言居文詞之要，是眾作之有滋味者也。」卻仍使用賦比興來建構其詩論，並調整三義的輕重次序，這兩者是最值得注意之處。由前者，可見即使到了魏晉，詩國代有才人，江山易主，一方四言退位，已與《詩經》傳統漸遠；一方五言登基，又已累積大量佳作，然而在理論建構，「賦比興」仍是不可或缺的觀念。由後者，比興則更顯得重要，且能看出理論進展的軌跡。

徐復觀先生解釋「文已盡而意有餘，興也」一句，指出是「興體的演變」。〔註19〕亦即由習知的三義列於詩篇之首，進而有文末之興。〔註20〕此固是一義。但由鍾嶸對比、賦的解說看，都是界定其特質，而未應獨在「興」特論文體演變的意義。因此「興」之列於三義之首，應是鍾嶸特重文本所呈現的「情、意氳氳」，這種幾乎可說是詩獨有的特質，在散文中也唯有如老子、莊子少數作手能企及而已。〔註21〕而詩的此一特質，又通常由興來表現，我們先前從詩的創作所理解的三義區別，可以得知。故此「文已盡」亦可指「語言文字的充分表達」，即完成的文本。但「充分」與「完成」的文字卻有「未完成」的「意」。文字所蘊涵的情意一如煙雨山水的飽滿淋漓。

詩之三義雖然重要，也不能窮盡詩的所有表法，所以還要「幹之以風力，潤之以丹彩」，這是就作者而言。文本的「意有餘」尚待讀者加以取汲：「味之者無極，聞之者動心」，「無極」「動心」都是從全詩的意、風力、丹彩綜合而來。因此「興」也延伸至鍾嶸的批評論，但這已超乎我們的討論範圍了。

（5）錢穆：然詩人之言性情，不直白言之，而必託於物起於物而言之者，此中尤有深義。竊謂詩三百之善用比興，正見中國人古人性情之溫柔敦厚。凡後人所謂萬物一體，天人相應、民胞物與諸觀念，為儒家所鄭重闡發者，其實在古詩人之比興中，早已透露其端倪

〔註19〕見氏著〈釋詩的比興──重新奠定中國詩的欣賞基礎〉，《中國文學論集》頁111。

〔註20〕同前註書，頁110～117。

〔註21〕《老子》的文章能否稱作詩呢？在中國似未見有以此譽之者。但外國學者率皆重老子更過於莊子。如李約瑟《中國之科學與文明》（二）頁53：「道德經可能是中國文字中空前絕後最深奧最優美的作品。」又頁86～87，引老子第六章、二十八章之後說：「道家所賴以表達思想的是極度高深的文學詩歌，……」至於莊子與詩，已見前面所引聞一多、錢賓四先生、帕克斯的看法。

矣。……

故賦比興三者，實不僅是作詩之方法，而乃詩人本領之根源所在也。
此三者中，尤以興爲要。古人云：登高能賦，乃爲大夫；蓋登高必當
有所興，有所興、自當即所興以爲比而賦之。……蓋觀於物，始有興。
詩人有作、皆觀於物而起興。而讀詩者又因於詩人之所觀所賦而別有
所興焉，此詩教之所以爲深至也。（《中國學術思想史論叢》頁 142）

類萬物之情者即比，而通神明之德者則興也。

以上引錢賓四先生三段論《詩經》賦比興的文字，作爲我們引述前人＋賦比興
理論的總結。其說要點如下：（i）他所說一些淺白語，可以有更深的指涉。如
「詩人言性情，不直白言之」。則即使素樸如賦，亦不直白言之。詩文之有高
於文義的意、旨、隱、餘意等，都可是不直白的延伸；（ii）就創作、閱讀而
言，都以「起興」爲最要。亦即不待教、不由已知而生的觸發與新意，才是
創作、閱讀行爲之重點；（iii）因此比興不只是技法，或可用傳統語彙表達爲：
有道之技；（iv）錢先生又擴大了賦比興的適用領域，不僅類比於《易》之用
象，也涵蓋了散文（尤其莊子）的創作，而統會視爲「詩人本領之根源所在」。
比是智性聯類萬物之感應；興是神性體合創造之根源。

賦比興的意義，在於其出自「詩」的表法，而非一般文章的理論歸納，
三者恰是提供吾人生存境況的意義安宅。爲什麼呢？將由下節綜述、並逐漸
結合至與三言的類比，加以說明。

§9-2　三言與賦比興的類比與差異

綜合以上的討論，賦比興表面上雖然只是詩的表達方式，但是由歷來詮
釋者的慧解接續推衍，已牽涉到許多層次的解釋。

（1）在賦比興三義中，依劉勰而得的理解，乃以賦爲其基本，比興不論
在那一層次都是以賦爲其先行條件。所謂「賦」，即是我們對天地萬物的最基
本攝受與感觸，及嗣後對現象的基本描述。此已詳釋於前。以淺近之例譬之，
一群朋友出遊，回程各道所見（尚未及所「感」），必人人不同，或所記憶不
同，或所記詳略不同，風景不殊，卻似有山河之異，爲什麼呢？正因我們所
生活的「世界」，其實不是既與而現成的，而是每個人透過其感官，以及知性、
情感、意志主動加以選擇、安排、組織；其後更雜以想像、經驗綜合，以至

愈益私有化。在三義之外，若設想爲無「賦」提供呈顯基礎的生命狀態，則世界不再如「有魚」「名爲」般地浮現、被呼喚、照明，也不再有情感流注，換言之，即世界之塌陷。而「賦」作爲三者的基底，已預含整個世界由此方顯發爲存在的。換言之，賦的實義，即〈逍遙遊〉開端所言三個最基本的顯發：「有」、「名」，和「大」所表示事物性狀及其變化的觀察。唯就賦比興而論，此顯發永遠與情俱生，由「心／物」之互動，世界方顯發爲「存在」，人亦感受內在勃興的眞實而自明，故說其爲吾人生存境況的意義安宅。及其發言爲「詩」，雖可流通，人人可讀，但就其原發而言，重在詩人之「志」與「感發」，是極具個體性質的。此亦吾人說莊子之文若獨白，又必待讀者之參與之意。二者貌似相牴，實與「詩」之創作／閱讀情況完全相同。

（2）就創造的角度而言，比興更勝於賦。雖然只有賦可獨立成爲一文體，但「賦」的創作仍離不開「興情」之情志，這才賦的生命所在。而「比」往往是「人」單面以其既有之情志，曲折地尋物作爲代言者；與「興」之與物互感密應，蘊涵無比活力、潛藏不測意趣相較，興是更居優位。

（3）就文本看，作品之優劣，並不只由文字華麗、藻繪芊綿而定，乃由其風力遒飛濁滯、餘意駿贏柕滿爲判準。

（4）三義「物／心」「形象／情意」關係，最初皆指「作者感發」之抒寫；就讀者而言，亦重在感發的層面。然這兩層若細予分疏，詩之源頭，更在作者如何將情投注於詩中，將感發鎔鑄於字句。而後能以近於原發情境之文字，引起讀者的共鳴。這也正是創用三言的兩個最重要原因──作者與物之神遊、藝術形象的創造，以及藝術形象對讀者的感發力。

（5）更特殊之處，是對閱讀亦應如「創作」一般。先能賦出文義，更求讀者之自有感發，又能與作者感應互動……。詩之閱讀，根本削弱讀者被動受納的死寂態，重在讀者參與其中而自得。（又非局限式套用主觀見解，而是「寓」之居進／化出）

接下來，我們該問：三言和賦比興的討論是不是一隨意的聯想，或毫無理據的「比」附？寓、重、卮三言之相通於詩之賦比興，主要不在如王邦雄先生所舉的一一對應，因爲重言雖可獨立成爲一表法，但其表法重點一在其獨特對應的領域，一在其所引起的讀者反應，初不與寓言、卮言之重在創作者的心靈活動相同。因此就表法的創作主體活動而言，三言其實只有兩種方式。但若眞欲使三義、三言一一對照，則王先生之說還是可從。我們試申論

兩者的共通點如下：

　　卮言就其取義，整體作爲「意旨」的賦予方式，是三言根基所在，近於賦作爲三義的基礎；就其應機隨感而發，總是如實映照事物之顯現，亦如即物即心之賦；就其觀念表達，乃較寓言、重言似爲直接，亦近於賦。賦在詩中的呈相，除寓物寫志之外，即理語的直書，此乃賦迥異於比興，而似遠於詩之處。故古人論詩也爲「理語入詩」特加解釋，如《詩經・周頌》「維天之命，於穆不已。於乎不顯，文王之德之純」，或〈大雅〉「天生烝民，有物有則。民之秉彝，好是懿德」，更可見賦與卮相近之處。當然，要由賦體會詩人之旨，亦猶欲由卮言體會莊子之旨，其間總是曲曲折折，而無逕直之路可言。至於哲學觀念的直接表達，及卮言特有的圓融思辨（如§4-3、§5-1 所論），則非詩中之賦所能及。

　　重言之創用，乃自傳統中得靈感，可不可、或肯或否都是物在心先，人一誕生就在傳統之中，故近於興。唯此興只就人文言，與詩之興主要由自然引發之意，截然不同。

　　寓言就其與物象之關係看，彷彿也是興。但其表達方式，是由莊子意旨在先，而後擬造人名、形象、情境、畫面、安排佈景……就其心在物先而言，反近乎比。人固然也是生在自然之中，自然若亦在先，但與傳統之在先不同。此間差別在自然是以形象呈現與詩人，而人之幼時不必對此即生感發，而且在寓言的自然、形象更多是「受造」之自然（非已然、實然之自然）；但傳統作爲生活氛圍，乃一有知之孩童皆浸潤其中，而不斷積累其各式反應，重言恰也是對此先在者的各種反響。但二者實不易分，如寓言近於「比」，然其閱讀仍重「興」，……是則一一對應必多所遺漏。

　　雖然可如上說一一對應，但三義、三言的類比不應只是如此。以下我們再就三言和詩三義的類比，論二者的通義。

　　（1）三言的創造，就其文章呈現而言，與《伊索寓言》等不同之處，在於莊子並未意圖傳達一教訓，而在以寓言表達近於《易》象、和詩一致的元素：文學意象，以及藝術造型；以重言表達深厚廣大的人文歷史；以卮言展示深度思索、周遍圓融的智思風格。寓言，我們解釋爲「造型」，乃著眼於其近於雕塑與中國畫，而遠於攝影。攝影之爲藝術，亦創造觀看世界之眼，但其創造與雕塑畢竟有別。雕塑可不由擬仿於任何現實物件，不攝受現成景物，雖材質仍由物理世界來，但由創作者獨依其理念與情志賦予材質全新的形

式。中國畫亦然，其誕生固亦由中國山水而得靈感，然其演化，主要不在模擬既成世界的肖似，而在畫家重鑄風物以獨抒懷抱。但寓言又不止於此。依範例解析，更可說是近於今日電影、動畫。造型進而匯入畫面的流動，展現故事、神話的情節，結合重言卮言鋪設歷程，如此即與某些深刻而不枯燥的電影一樣，可以討論哲學問題。

（2）形象之描繪、藝術之造型，莊子透過三言，使哲學思想的表達，得有藝術作品給讀者之特殊感發魅力，此感發即中國獨有詩學之「興」。〔註22〕此興即§8-5所論「種」的異體延生。莊子所重的，並非代人收割、採果，或哺人以既嚼之飯，而是如何將帶有無窮生命力的旨意種子撒播與人。

（3）就三言之交錯、綜合組織成文而言，莊子更有意於將此前的思想性質文字（易：符號之象，和義理之意）、詩經傳統（三義）、神話之想像與變形（魚化鳥、周夢蝶）等表法治於一爐之用心。亦即以思想觀念之表達（十一之卮言）、體物知人合天之理境（十十之卮言）、大段落的藝術造型、神話想像（寓言）、與古代人物的人格象徵、深微的襟抱情懷（重言）之融合，成一「隨時成變」的新文體，以切合於他思想的新境界。

（4）詩之三義，由我們所引五家的詮釋，似乎可說其基礎為「人與自然的關係」。〔註23〕但在這樣的關係中，「人的主體性佔有很明顯地地位；所以也只賦與自然以人格化，很少將自己加以自然化。……莊子的物化精神，可賦與自然以人格化，亦可賦與人格自然化。這樣便可以使人進一步想在自然中——山水中，安頓自己的生命。」〔註24〕此辨深細。但還不能傳達三言的特性，因為「關係」會予人這樣的印象：導向外在的聯結。如我們所論，三義、三言的特殊處，正在其皆是心靈活動的方式。賦比興可解釋為：「人與自

〔註22〕 興的獨特性，可參看陳世驤《陳世驤文存》頁219〜266，〈原興：兼論中國文學特質〉；又同註17葉嘉瑩前引書，頁143〜148，「餘論——西方詩論中對『形象』之使用的幾種基本方式及其與中國詩論『賦、比、興』之說之比較」。葉氏說：「所有這些（按：指西方）術語所代表的實在都僅只是由心及物的一種關係而已（按：即「比」），而缺少中國詩歌傳統所標舉之『賦體』所代表的『即物即心』的感發，和『興體』所代表『由物及心』的感發。」

〔註23〕 徐復觀《中國藝術精神》頁491：「詩經中的比興，即是詩與自然的關係。」這樣說，比較不恰當，同書頁230〜231有更圓滿的說法：「在魏晉以前，通過文學所看到的人與自然的關係，是詩六義中的「比」「興」的關係。」故借用其語。

〔註24〕 同前註書，頁231。

然相應時的心靈活動方式」；三言尤其是莊子與「道」同其流行的心靈活動，並貫注於語言表法。至於其活動方式和對應領域的搭配為何呢？

寓之比興：是就自然而居進／寄遊；亦即《易傳》之「以類萬物之情」。

重言之興：是就歷史而居進／寄遊。

巵言之賦：是人之智性、情性體合於天均之曼衍，亦即「以通神明之德」。

三言實較三義出於更深的思索：就「表法／人類活動場域」的相互配搭的思索；就其呈現樣態而言，三言在綜合諸藝術手法和哲學思辨的高度融合，實遠勝於三義所能呈現的。畢竟，三義是詩人在自然的歌詠之後，才有的理論萃取；三言卻是莊子由「體道／表法」傳統中提煉，自覺地創用，其涵蓋性固不可能完全一致。因著三言近於藝術表現的創作方式，我們試著進而討論三言綜合指向的藝術特徵——亦即莊子論「象罔」和「聆樂經驗」。

第二節　論「象罔」的意義

§10-1　「象罔」辨義

最先注意到象罔的美學意涵的，應是宗白華。〔註 25〕葉朗在《中國美學史大綱》據以進一步發揮，結合老子／莊子的傳承，以及老莊形上學（有、無）與美學，得出這樣的結論：「莊子從《易傳》回到了老子，」「實際上就是用老子的有無、虛實對《繫辭傳》的命題（按：即「言不盡意」「立象以盡意」）作了修正。」〔註 26〕

但是葉朗卻誤解宗先生的意思，且二人所釋，尚有餘義未盡，故試為之贅補。

首先我們看象罔的注釋。古注以呂惠卿最善：

> 象則非無，罔則非有，不皦不昧，玄珠之所得也。〔註 27〕

呂氏並未說「象即有」「罔即無」，而用遮詮法表出，結合「不皦不昧」，確得道家表法精髓。這個說法若不加以解釋，看來也只不過是一傳統語彙的排列組合而已。因此誤解是難免了。如郭嵩燾注：

〔註 25〕見氏著〈中國藝術意境的誕生〉，收於《美從何處尋》。
〔註 26〕見氏著《中國美學史大綱》頁 131。
〔註 27〕見《莊子翼》卷四頁 35。此注錢賓四《纂箋》、宗白華皆用之。

象罔者，若有形若無形，故曰眸而得之。即形求之不得，去形求之
亦不得也。〔註28〕

接著又引宗氏之說，而歸結出：

莊子的這個寓言，實際上包含了兩層意思：第一，就表現「道」來
說，形象比較言辯（概念、邏輯）更為優越。第二，但是這個形象，
並不單是有形的形象（「離朱」），而是有形和無形相結合的形象（象
罔）。〔註29〕

包括他所以為莊子回應於老子的「有無、虛實」，都是就「形象」而言的：

「虛實結合」成了中國古典美學一條重要的原則，概括了中國古典
藝術的重要的美學特點。這條原則認為，藝術形象必須虛實結合，
才能真實地反映有生命的世界。……中國詩、畫的意象結構中，虛
空、空白有很重要的地位。〔註30〕

然而他所引宗白華所解釋的「象罔」並非此意。宗氏原文說：

中國哲學是就「生命本身」體悟「道」底節奏。「道」具象於生活，
禮樂制度。道尤表象於「藝」。燦爛的「藝」賦予「道」以形象和生
命，「道」給予「藝」以深度和靈魂。莊子〈天地〉篇有段寓言說明
只有藝「象罔」才能獲得道真「玄珠」：（引原文與呂惠卿注，略）
非有非無，不皦不昧；這正是藝術形相底象徵作用。「象」是境相，
「罔」是虛幻，藝術家創造虛幻的境相以象徵宇宙人生底真際。

宗氏的意思其實集中於「意境（虛幻）／形相（境相）」的結合。此義葉氏也
是知道的。只是「有無、虛實」通常都被理解為物相的「有無、虛實」，而葉
氏便不免混淆了意境／形象的虛實，和「形象」自身的虛實。不論宗氏或葉
氏所說，其實都和呂注貌似而實不同。「貌似」是三說似乎都結合著象「虛實
相涵」呈現的二重性，及其根據為「有無」的雙重性。但是老子的「有無」
並不單指存在的有、無，或形相的有無。存在、形相的有無只可解釋《老子》
第十一章，不能涵括第一章、四十章。那麼象罔的初義不應指形相的「虛實
相涵」，我們回到原文即可明白。「象罔」是相對於另三位大臣而後遣使：知、

〔註28〕 見《莊子集釋》，頁415。葉朗在引用呂氏說之後亦引其說，《中國美學史大綱》
　　　　頁131。
〔註29〕 《中國美學史大綱》，頁131。
〔註30〕 同前註，頁29。

離朱、喫詬。三者完全是就人探索世界的強度才能而設的寓名：認知力與理性、明目與明察、言辯與討論。上述所引三家對「象罔」的解釋，宗氏之說雖較難確定所指，但也可說「虛幻的境相」是「創造的意境、形象結合」，則仍是從呂說化出。至於郭氏方外推爲「形」之有無，葉氏則又進而落實在「畫面結構」、「藝術形相」。既是誤讀原文，也是減縮原義。後二人所論雖亦合於象罔的可能，但本義未暢，申義越位，則略有失當。

象罔所指的心靈狀態是什麼？與美學的關係若不只是「虛實相涵」，則可以是什麼？象罔與三言的關係又是如何？我們將在下一節討論。

§10-2　象罔作爲心靈特性及其美學意義

呂氏在原文之外又補充「不皦不昧」，此則爲郭嵩燾、葉朗所未注意。「不皦不昧」來自《老子》第十四章：

> 視之不見，名曰夷；聽之不聞，名曰希；搏之不得，名曰微。此三者不可致詰，故混而爲一。其上不皦，其下不昧。繩繩兮不可名，復歸於無物。是謂無狀之狀，無物之象，是謂惚恍。迎之不見其首，隨之不見其後。……

呂氏以「不皦不昧」釋「非有非無」、象罔，非常精確地吻合道家傳統，以「光」的性質比喻人心之明覺玄鑑，如莊子〈齊物論〉亦以「滑疑之耀」、「葆光」象徵人心的特殊狀態。那以「不皦不昧」所形容的「象罔」是怎樣的心靈狀態呢？正是同在〈天地〉篇稍後的「若愚若昏」，亦即〈齊物論〉的「聖人愚芚」。

象罔比擬於心靈「非有非無」「不皦不昧」的特性，未必是藝術性質的。〔註31〕只是在今日，我們最容易由藝術鑑賞與美感經驗體會象罔。爲什麼呢？成玄英對「象罔」的疏解是：

> 絕慮不可以心求，非色不可以目求，離言不可以辯索。

言、慮近乎現代語言「觀念」和「思維」。如果宇宙的眞實（玄珠）只是色相，那麼萬物及其變動即是；若只在言說，則人之交談即可彼此會意，辯論可以

〔註31〕如徐復觀《中國藝術精神》說：「莊子所追求的道，與一個藝術家所呈現出的最高藝術精神，在本質上是完全相同。所不同的是：藝術家由此而成就藝術地作品；而莊子則由此而成就藝術地人生。」頁56。徐氏也屢次說明莊子並無意於所謂「藝術」，只是其思想與實踐，恰是澈澈底底地藝術精神。即使如此，是否果眞可以如此界定是很可懷疑的。

勝出爲眞；若在思慮，則人可以日夜以思而得悟。成疏亦用遮詮方式，但與
呂註的遮詮不同。成疏乃就象罔心體與一般心知不同，故在對揚中遮撥一般
心知；呂註的「不皦不昧」等，則直就象罔自身描繪，但象罔之心非語詞可
盡其形容，故以「雙遣顯中」的方式表達，初非對揚於一般心知之遮撥。

　　但爲何不是這三者？中國傳統在求明瞭宇宙眞實時，多著重人先修養自
身的心靈狀態，此意導論、第二章都已提過，此處再引《管子》爲證：

> 人皆欲知，而莫索其所以知。其所知，彼也；其所以知，此也。不
> 修之此，焉能知彼？

西方一開始面對宇宙萬物而作形上思辯時，便已就物之顯／隱，而悟人的感
性／知性層面分野，柏拉圖的「線喻」也著重「心知能力」和「眞僞層次」
的對應。但嚴格地說，眞正能反省到人的認知結構及其限制的，要到康德才
算作到哥白尼的轉向。反觀先秦道家，卻早已徹悟一般「慮與言」的不足，
此在老子、莊子皆然，管子這一段也不例外。這些遮撥所揚棄的，正是概念
的確定性。值得注意的是：依我們的常識，道家最重「自然」，他們反仁義，
正就仁義的德目論層次徒然束縛人類生命的多樣化、和無限可能。但是人最
自然的求知方式，不就是透過──目視明察、對話討論、認知與思索三者？
那麼象罔是自然否？若是自然，黃帝何以遺其玄珠？若不是自然，作爲〈天
地〉篇的重要發端，又如何申明莊子的主張？成疏、呂註不同意指的遮詮，
與藝術的關係又如何？

　　我們先解釋「象罔」指涉「若愚若昏」心靈特性時的意義。象罔的愚芚之
所以能得「玄珠」，乃透過特殊的方式──「爲其吻合」、「與天地爲合」。〔註32〕
所謂「合」，即是萬物歷然，且又未見其分別，即整體地與宇宙交會，即現代語
言的「和諧」。和諧是「兩者交通而成和而物生焉」（〈田子方〉），多端並現（兩
者），彼此互攝（交通），而又一體無別（和）。〔註33〕我們當注意的是，莊子內
篇所說的「和諧」，多就「心」境而言：

> 和之以天倪。（〈齊物論〉）
>
> 心莫若和，形莫若就：和不欲出，就不欲入。（〈人間世〉）
>
> 游心乎德之和。

〔註32〕「爲其吻合」見〈齊物論〉；「與天地爲合」見〈天地〉篇。
〔註33〕此處「兩者」原指「天、地」，我們借以說明「和」必在兩端以上的存有者之
　　　　間才可能。

使之和豫通而不失於兌。

德者，成和之脩也。（以上〈德充符〉）

由以上引文，在內篇「和」都是就人體道之「德」而言。而〈天地〉正與此
相應：

性修反德，德至同於初，同乃虛，虛乃大。合喙鳴，喙鳴合。與天
地爲合。其合緡緡，若愚若昏，是謂玄德。同乎大順。

「與天地爲合」即是「玄德」，主要指「愚芚」、無知之知。由象罔、若愚若
昏、心境之和所「造」的世界爲何？重點在「象罔」的靈活賦形能力，這是
什麼意思呢？

我們以石濤「一畫」立法的特性與此作一類比，則更易分曉。石濤以筆
墨未分象徵混沌，此未分的混沌正近於「象罔」心境。以似有形似無形的一
畫，象徵「象罔」賦形，一畫至簡而變化至繁。這些由中國山水畫得來的印
象，實即與「知」、「離朱」（單純的敏、明、對事物表象的攝受）作一強烈的
對比。莊子卻非明言不用離朱等之才能，作爲黃帝的先遣部隊，正表示三位
大臣也有能力探索玄珠，只是能力有缺憾，倘若不以象罔的心境加以融會調
和，必非眞知天地之實相。「實相」在莊子並不像科學、或西洋畫的，而是中
國詩、畫意味的。象罔正表示藝術境界與作品的根源創造力。我們如何說明
創造力與象罔的關係呢？

當「象」非只以象的全貌爲人攝受：色彩、質地、體積、與周邊物的關
係、背景等拙重的擴延性質，而且有「罔」的工夫滲入時，「象」被化約、帶
有概括性質地提煉，以至於重組；於是減省到文本說明的近乎闕如。〈逍遙遊〉
中卮言只在一兩處穿插；寓言則如繪畫的勾勒輪廓，雖化約卻又不失一切細
節；又如中國詩可以只擺進形象，並不強調其中物素的相互關係，其「關係」
成「罔」，而不存在的元素和寫下的元素一般重要，甚或更重要。這「不存在」
的「罔」、闕如，可以是言（畫）外之意、味，畫面的空白。而形象的簡煉，
都爲要凸顯這意味、韻致，這才是接近「實相」之所在，與象罔總是以「心
境」爲其歸結一般。

象罔這些特質，與三言又有何關係呢？「合喙鳴，喙鳴合。」的弔詭表
達即是。「合喙」即不言，不言而有聲：「鳴」，此即不言而能均調如樂，亦和
悅如樂；「喙鳴」即顯發音聲而有言，然而言又一一融歸無言：「合」的整體
無分。言、發聲而不碎裂，不言而能起共振。

　　有一則無法求證的軼事，是關於貝多芬的：一日，有人問貝多芬：「請問
閣下的〈第九號交響曲〉要表達什麼意思？能不能請您說明一下？」（筆談）
貝多芬想了想，走到鋼琴邊，將〈合唱〉的主旋律、和聲以鋼琴彈了一遍。……
我們常以為，藝術的創作者，定然能將他作品所要傳達的意旨表述給我們，
因為他最清楚自己要說什麼。然而這則軼事中的「貝多芬」正告訴我們，藝
術作品即使可如樂評、或作者的現身說法，以語言文字解釋，仍不是最佳的
領略方式。作品內涵往往就在它的呈現或演出裡，而無法以語言表達。以語
言為創作媒介的文學作品，意旨也無法窮盡表達。若是可能，則不應有詮釋
的問題，而鍾嶸的「文已盡而意有餘」，亦成不可理解。因此在藝術領域的傳
達──表達、詮釋，當其涉及、使用語言時，此語言自身已是「象罔」，而非
概念。在作者如此，在欣賞者也是如此。一切對藝術的體會，我們總有一些
只能意會而無法言傳的心境，即使對此心境有所描述，以與人溝通或討論，
也無法窮盡內在感觸。而藝術內涵的無限、傳達的不盡、詮釋的無窮，正是
「象罔」所象徵宇宙的無限。

　　由「若愚若昏」來看莊子中「象罔」的意義與分布才接近真實，換言之，
莊子意不在只為畫面結構的「虛實相涵」作引子而已。他在為一切藝術相鄰
經驗提出說明，並由自己的創作，透過三言的各種表出形式體現：如狀詞的
使用，寓名之微曙，句法之支離，寓言「知／不知」的隱藏結構，重言「複
數真相」的輻湊，篇章構成之參差諔詭，以及卮言「對稱」不止的多元和諧，
皆象罔雙重性質之所造，亦求讀者相應於此。因此藝術中的音樂，乃是最深
魅且足為「道」之呈示：

　　　　北門成問於黃帝曰：帝張咸池之樂於洞庭之野，吾始聞之懼，復聞
　　　　之怠，卒聞之而惑，蕩蕩默默，乃不自得。帝曰：女殆其然乎！……
　　　　樂也者，始於懼，懼故祟；吾又次之以怠，怠故遁；卒之於惑，惑
　　　　故愚，愚故道。道可載而與之俱也。（〈天運〉）

這段原文甚長，是外篇精粹文字之一。我們可以看出，聞道三階和象罔的共通
性。「懼、怠、惑」三者，陳壽昌注：「太和自在人心，故以樂中條理，曲示入
道之序。」〔註34〕黃帝說：「惑故愚，愚故道」，惑即「忘己」、「恍惚」，〔註35〕
「愚」即道家式無知、愚芚。而整段最特別之處，恐怕是在問話者的程度已經

────────────

〔註34〕《南華真經正義》頁 226。
〔註35〕見宣穎《經解》；及陳壽昌《正義》頁 222。

幾近於道。黃帝只是順著北門成的經驗加以展開，說明理由，並未說出北門成經驗之外的事物，換言之，即傅山所說：「北門成已自解。」〔註36〕猶女偶說南伯子葵「子非其人也」（〈大宗師〉），道家將學道者的自悟，看得比老師的傳授更重要。而以樂論道，正在音樂內涵「言」而無言，而其會意亦必全由內在體知，再無「言」傳之可恃。而三階所比擬的聞道歷程為：

懼為震撼心神，滌蕩俗慮，必如是而後天機可入：祟。〔註37〕值得注意的是：莊子在聆樂經驗中所要表達的「入路」是什麼？莊子是否意在提出一可通行的「方法」，以方便照顧後來者循之以入？雖然黃帝說明他如何「奏之以人，徵之以天」，能使聞者懼，但此段重點亦只在藉「咸池」樂諸特質之和同於道，而非講由樂入道的客觀「方法」，因為並非所有聆樂經驗都如黃帝和北門成一般。此處更著重「懼」在咸池樂和讀者反應間之關係。換言之，咸池樂超乎一般音樂之上，而北門成又敏慧地足以參透此樂之特殊內涵，而細細領略這特殊經驗：「所常無窮，一不可待，女故懼也。」咸池樂的意境萬變無窮，而其指歸之統合處又不可驟會，一如〈逍遙遊〉開頭的大魚、大鵬、蒼蒼遊氣⋯⋯一樣，在初次領略時的豁人耳目，卻又啞不能言，無以道其所欲指，故令人恍然自失；怠是驚懼之後，心魂甫定，此定能漸次顯為心境的冷靜、鎮定、泰然、最後全然放鬆：怠；形體放鬆，即能「喪其耦」：遁。遁雖是常我的喪失，又非空洞無內涵，反而是「形充空虛」——四體解放之後，若與虛空同大，「旁日月，挾宇宙」，另有不可指名的充塞感；充塞著什麼呢？

「吾又奏之以無怠之聲，調之以自然之命」，陳壽昌《正義》、鍾泰《發微》皆以「天命之流行」釋之，〔註38〕雖似儒家語彙，亦可解以道家義，如〈大宗師〉：「死生，命也。」「命」字即「流行」之義。此時精神和樂音同其廣大，充滿天地，渾合無別，所以：「女欲聽之而無接焉」，再無所謂對象與我之區別，只有天地間氣之貫注、鼓盪、流行。〔註39〕惑故愚，又回到象罔的「若愚若昏」和「聖人愚芚」。愚如何是「聖」？「聖也者，達於情而遂於

〔註36〕見《傅山全書》（二）頁1115。

〔註37〕「神現身以告人曰祟」。此處指人尋常心知之「外」者，故稱「祟」。

〔註38〕陳注見《正義》頁225；鍾注見《發微》頁320。

〔註39〕很令人驚訝的是，莊子此段「懼、怠、惑」和海德格論「經驗」或「經歷」（eine Erfarung zu machen）極相近。他說：「在某事上取得經驗意謂：某事與我們遭遇、與我們照面、造訪我們、震動我們、改變我們。⋯⋯取得（machen）在此意謂：⋯⋯適合、適應和順從於某事。」見《走向語言之途》頁129，〈語言的本質〉。陳榮華的譯文略有不同，見氏著《海德格哲學：思考與存有》頁160。

命也。」樂之極境猶聖之極境，因二境暢通於實際理地，而順從於大化之流行。完全超越個體的有限理解、視域，迴入窈窈冥冥、廣莫之野——洞庭——這則寓言發生的場景。

結論——「風格即思想自身」 〔註1〕

　　在導論，我們首先試圖證明：《莊子》中有異於傳統對道家語言觀的語言層面——道言。宣穎先注意到「言」可以無封限，無限性正與「道」相近；傅山則明確指出莊子的「道言」，此就莊子本文即可證實，而我們往往忽略了文本的呈示。道言的使用，或有多種樣式，部分莊子已有暗示，見於〈寓言〉〈天下〉兩篇，亦即寓言、重言、卮言三種言。三言乃最顯而易見，又是莊子自己後設提點的語言使用。三言逐漸受到重視，但尚未有較完整的考索，這是本論文撰寫的動機。

　　三言與一般的語言問題實大不相同。因此本論文不由一般語言哲學、或語法學、語用學……來看莊子三言，而直接閱讀莊子自身的語言呈現。就其仍爲「言」而論，固然是在人際傳達，但這只是一切言的必有形式而已，不足以界定三言的任何特性。反而正爲超越一般對語言的概念限制、觀念運作、預期心理、使用慣性、以及用於指稱描述的共有基礎，三言直接由「道」的體證發爲音聲，重點在三言軌跡、風貌如何相應於其所體驗的形上之道，而不只是擬仿於道而已。

　　因於三言的特性，本論文分爲三章。第二章，就其文章呈現，考察三言與思想交織互滲的情形——思想內容和三言表法如何配合。第三、四章，是根據〈寓言〉篇莊子自己的後設提點，並參照第二章的考察結果，分析三言立名之所由，展示其後設意義。

　　第二章，順著三言的分法，先以三節分論。不過是以一言爲主的三言迭

〔註1〕 語見英文版海德格《詩‧語言‧思》，Hofstadter, Albert 導言。中譯本頁7。此足以與引言「內容體現於形式」相呼應。

用分析，並非分開三言，一一單獨整理。若是如此，將失去三言作爲「道言」的內在意義——只是「文」字的形式整理，未能觸及「義」、「意」、「旨」。但三言畢竟有特殊的使用情形，因此最後以一節討論三言在構詞、造句、篇章構成的運用。

由〈逍遙遊〉解析，以「明至人之心也」爲莊子思想的總綱。可一言而盡的思想，爲何喋喋說了一部書？正因爲莊子希圖由語言的非意義傳達功能，使讀者在解義之外，還別有領會，乃至「以其知之所知，養其知之所不知」。所以寓言大量以藝術形象、文學意象、結合冥想和神話傳統，表現出鯤鵬變化的奇幻，自北冥鴻圖南冥的氣魄、視野的極度擴展不以「飛」不足以示其所遊、觀景幅度高度之全面綜覽。造型由寓言完成，綜覽由卮言引領。卮言在寓言之後，多半只是提示，也不全部吐露訊息，只爲抖擻上下文於同一精神氣脈之中。正因意旨不全在語言的表面意義，故寓言有其「知／不知」並存的隱藏結構。此隱藏結構也隱藏在文字中。

由〈人間世〉的解析，重言是交互主體的實證。莊子化身爲顏回、孔子、楚狂接輿、……，不論出世或入世之人，皆能作爲它們的知音契友。莊子回應於「傳統」，著重在重新思索傳統價值之根源（如此近於孔子的思路）；傳統由人而綿延，以是更著重於了解歷史人物，尤其是體會人物深微難知的情懷。由「齊諧」「湯之問棘也」開始，重言即以「言」和「人物形象」兩種方式出現，人物形象的意義尤爲重要。特別的是這些人物，不論何人，都是以多重面貌、性格出現，這是試圖以「複數眞相」的呈現，達到面對傳統的承繼與解蔽雙重作用。

在〈齊物論〉解析，卮言同時以「言之解構」與「旨之建構」並行。兩者都由對句、排比展開「以明」歷程而自解／顯旨。不論分析其篇章安排、或句式曼衍，都可歸納於「對稱」與「天均」。

接著在第三章，先依〈寓言〉篇解析三言立名之所由，發現三言所呈現的樣態，即基於立名所指的心靈活動方式。易言之，由「寓」的活動，才創造寓言近於藝術造型的手法；由「卮」的特性，才有觀念的圓融表達，三言「言無言」的特殊意義，以及「語言」活動根源於天道大化流行，與之完全協調一致。三言呈現的語言風貌，皆所以表徵莊子證會「道」的內涵。

綜觀三言，其與道的相應處可約述如下。莊子發爲寓言，是體現道的實際造物，一如寓言自無生有，給予每一語詞、每一故事一造型，如道之賦形；

然又非只是物物相隔的賦形，而是由賦形造物，使物物共同醞釀情境。此情境即寓言之樣貌，今日我們給一總體之名──詩，超乎一切文類之區別。而其立名之所由，即以「寓」爲近於藝術創作心靈活動：隱藏／居進／寄遊，及其呈現風貌皆與詩通其吹息。此亦猶「道」總是不全般顯露，若有所隱藏；居進若「留動而生物」之暫時居留；寄遊即其流行不止，既內在以造物，又超越以涵攝萬物。

那又何以發爲重言？亦猶老子之「道」，本已涵攝「在歷史中體現之道」，莊子更進而落實爲人之創造其歷史、傳統，以及人之必在傳統的視域中存在二者，以重言表達人倫延續之道。而人文之域，只是道之象表，非道之流行自身，故隸屬於寓言表法。

至於巵言，又異於寓言、重言之開展。巵言我們發現有六層表出形式，並歸結於對稱與天均，說出它異於寓言之處。巵言是總體的觀照，在其內在的運行中，永遠綜攝我們概念分疏的兩端：眞常與變化、一之完整全般與多之散殊、和諧與歧異、安定與運動、……。而且在寓言，「寓」只是一動勢；巵言則顯出此動勢之「德」──歸向道家之玄德，日出不已、均調萬物的迴環式心行，在動勢中無一不體現德之「和」──由「咸池」樂體驗宇宙之聲。此心行表現於凌觀宇宙，則是橫越太空之飛翔；表現於凌觀歷史，則有複數眞相之收穫。

莊子「三言」的創用，使人得以在語言的生發中安頓生命：寓與巵；異於近代流行的游牧，但又有不竭的寄遊，而與大化同其波流；宛轉寄情於萬物，寄意於歷史人物的襟懷交映，而生命完全無繫縛，又能達致與一切存有者之共振和諧，體現宇宙自身的對稱、韻律、均衡：天均。三言的和會，是莊子欲以中國特有的藝術形象表達、單字字義爲「種」的相生孳乳、以歷史爲人存在境況的基礎、透過歷程冥合於天的默默生發，在三言的交錯互織中，作者不傳達訊息，自其內在體道的豐盈法爾湧現爲言，是一造型的抒發；就其必置於與人交涉之處觀之，亦非有確定的意義包裹可供傳輸，而是激發讀者亦能湧現自有內在之力，共同振翼昇揚於原創性的蒼宇，此皆相應於中國固有的表法，又能融而爲一，且更深化神奇。三言的整體生發，乃爲體現道的流行法式以及象表之域。就其法式而言，則爲寓、巵；就其象表之域而言，則約爲自然整體（物）、人文整體（人）、以及物與人的共同根源（天）。就三言總體而言，則是融會其前之表法：《詩》之三義：文學意象的創造、《易》

之取象、神話之變形；以及創用觀念語言（巵言造詞）、狀詞、複雜的對稱句式；並部分相通於當代藝術手法，如電影的畫面、跳接、特寫，雕塑繪畫的造型；乃至三言各有其隱藏結構——寓言為「有／無」「知／不知」的雙重結構，重言為「複數真相」的多重影像，巵言則將雙重、多重並置，都收納於「對稱」的異響和諧……等。凡此手法，都為體現莊子所證之境。此境自天地的內涵言、自人交會於天地所體悟之境言、自體道者的工夫心境言，都可為「象罔」的意義所攝。

　　因此，莊子在三言創用所呈現的風格，都遠超乎當前許多理解而達致弔詭的均衡。莊子言「喪我」，而他的文字卻永遠無法抹去個人獨特色彩的標記；莊子與造物者遊，總是翱翔於廣漠天際。但三言的創用，又見其為關切於人格共振，異乎「詩人的名字是不重要的」。換言之，讀者透過文本，參與其活動的法式，領略三言象表之領域，回歸整體無限的境域，仍落實於極特殊的個體——莊子；然而，詩人的名字是重要的，又並不說詩人之「名」重要，而是詩人之「人」無可替代；莊子其「人」的特殊，無可替代，乃在無一絲凝滯、自在豁達、恢曠、一無閉塞的人格特質，故又能弘通廣闊，深情於萬物、於儒道兩家、於人；然深情於人，又不欲只走入人間世，成就任何可以人世價值衡量之事業，別求人皆能合於自然之天德；深知儒、道之所是，卻於〈天下〉自白不繫屬任何思想體系；深情於萬物，故其在諸子中，體物最顯深切，卻又不只成一純粹之詩人，而無以名之。此莊子由三言之創用，超越語言的常制，以文章之瑰偉奇奧，開啟一可藏修游息之天地。

參考書目

甲、

1. 呂惠卿《莊子義》，無求備齋莊子集成初編，臺北：藝文印書館，1972 年。
2. 林希逸《莊子口義》，無求備齋莊子集成初編，臺北：藝文印書館，同上。
3. 焦竑《莊子翼》，《漢文大系》九，臺北：新文豐，1994 年 10 月。
4. 憨山德清《莊子內篇注》，臺北：廣文書局，1991 年 4 月。
5. 方以智《藥地炮莊》，臺北：廣文書局，1975 年 4 月。
6. 王夫之《莊子解》（《解》），香港：中華書局，1985 年 9 月。
7. 錢澄之《莊屈合詁》，殷呈祥點校，合肥：黃山書社，1995 年 5 月。
8. 林雲銘《莊子因》，臺北：蘭臺書局，1975 年 3 月。
9. 宣穎《南華經解》（《經解》），無求備齋莊子集成續編第 32 冊，臺北：藝文印書館，1974 年 12 月。
10. 陳壽昌《南華眞經正義》（《正義》），臺北：新天地書局，1977 年 7 月。
11. 郭慶藩《莊子集釋》，臺北：莊嚴出版社，1984 年 10 月。
12. 王先謙《莊子集解》，臺北：三民書局，1981 年。
13. 章炳麟《齊物論釋定本》，臺北：廣文書局，1970 年 10 月。
14. 胡遠濬《莊子詮詁》，臺北：商務印書館，1980 年 12 月。
15. 錢穆《莊子纂箋》，臺北：東大圖書，1986 年。
16. 王叔岷《莊子校詮》，臺北：中央研究院史語所，1988 年 3 月。
17. 鍾泰《莊子發微》，上海：上海古籍，1988 年 9 月。
18. 張默生《莊子新釋》（《新釋》），濟南：齊魯書社，1996 年 7 月。
19. 陳冠學《莊子新注》，臺北：三信出版社，1978 年。

20. 陳鼓應《莊子今註今譯》，臺北：商務印書館，1989 年。

21. Giles，H.A., Chuang　Tzǔ , London: Unwin Paperbacks, 1980.

22. Graham，A. C. Chuang-tzu , London : George Allen & Unwin , 1981.

23. Ware，J.R. The Sayings of Chuang Chou .New York：New American Library, 1963.

24. Watson，B. The Complete Works of Chuang Tzu . New York: Columbia University Press , 1968.

乙、

1. 袁宏道〈廣莊〉，《袁中郎文鈔》，臺北：世界書局，1964 年。

2. 袁中道〈導莊〉，《珂雪齋集》，袁伯城點校，上海：上海古籍，1989 年。

3. 覺浪道盛〈莊子提正〉，《天界覺浪盛禪師全錄》，《嘉興藏》第 34 冊，臺北：新文豐，1987 年 4 月。

4. 傅山〈莊子翼批注〉，《傅山全書》（二），太原：山西人民，1991 年。

5. 金聖嘆〈語錄纂〉，《金聖嘆全集》卷三，臺北：長安出版社，1986 年。

6. 楊文會〈南華經發隱〉，《楊仁山居士遺著》，臺北：新文豐，1993 年 5 月。

7. 嚴復〈莊子評語〉，《嚴復集》冊四，北京：中華書局，1986 年。

8. 張之純《莊子菁華錄》 無求備齋莊子集成續編冊 41，臺北：藝文印書館，1974 年 12 月。

9. 劉咸炘《子疏》，《推十書》，成都：成都古籍書店，1996 年 11 月。

10. 吳怡《逍遙的莊子》，臺北：東大圖書，1991 年 4 月。

11. 潘柏世《〈齊物論〉講述》，自印本，1981 年 5 月。

12. 潘柏世《〈天地〉篇講述》，自印本，1982 年 10 月。

13. 金嘉錫《莊子寓字研究》，台北：華正書局，1986 年 9 月。

14. 陳品卿《莊學新探》，臺北：文史哲，1984 年。

15. 吳光明《莊子》，臺北：東大圖書，1988 年 2 月。

16. 楊儒賓《莊周風貌》，臺北：黎明文化事業公司，1991。

17. 楊柳橋《莊子譯詁》上海：上海古籍，1991 年。

18. 張利群《莊子美學》，廣西師範大學，1992 年 8 月。

19. 高柏園《莊子內七篇思想研究》，臺北：文津出版社，1992 年 4 月。

20. 劉紹瑾《莊子與中國美學》廣州：，廣東高教，1989 年 4 月。

21. 崔大華《莊學研究》北京：人民出版社，1995 年 10 月。

22. 劉笑敢《莊子哲學及其演變》北京：中國社會科學院，1993 年。

23. Wang，Youru Linguistic Strategies in Daoist Zhuangzi and Chan Buddhism: The Other Way of Speaking. London & New York: Routledge Curzon, 2003.

丙、

1. 楊伯峻《春秋左傳注》，台北：源流出版社，1982 年 4 月。

2. 王淮《老子探義》，臺北：商務印書館，1982 年。

3. 高亨《老子正詁》，臺北：開明書店，1987 年。

4. 陳鼓應《老子註譯及評介》，北京：中華書局，1994 年 8 月。

5. 陳鼓應《老莊新論》，臺北：五南圖書，1995 年 4 月。

6. 席長安《老子內外雙解》，臺北：著者，1985 年。

7. 張默生《老子章句新解》，臺北：樂天出版社，1971 年。

8. 楊潤根《老子新解》，北京：中國文學出版社，1994 年。

9. 楊勇《孟子譯解》，臺南：唯一書業中心，1975 年 12 月。

10. 梁啓雄《荀子簡釋》，臺北：木鐸，1988 年 9 月。

11. 稽哲《先秦諸子學》，臺北：樂天出版社，1970 年。

12. 王煜《老莊思想論集》，臺北：聯經，1986 年。

13. 馮友蘭《中國哲學史》臺北：商務印書館，1999 年 11 月。

14. 勞思光《新編中國哲學史》（一），臺北：三民書局，1984 年 1 月。

15. 王邦雄《中國哲學論集》，臺北：學生書局，1990 年 2 月。

16. 王邦雄《儒道之間》，臺北：漢光文化，1987 年 12 月。

17. 葛榮晉《中國哲學範疇導論》臺北：萬卷樓圖書，1993 年。

18. 宇野精一主編《道家與道教思想》，臺北：幼獅文化，1983 年。

19. Graham, A.C. Disputers of the TAO: Philosophical Argument. Illinois: Open Court, 1989.

丁、

1. 熊十力《讀經示要》臺北：明文書局，1984 年。

2. 熊十力《十力語要》，臺北：洪氏出版社，1983 年 12 月。

3. 熊十力《十力語要初續》，臺北：洪氏出版社，1982 年 10 月。

4. 錢穆《中國思想史》，臺北：學生書局，1973 年 9 月。

5. 錢穆《莊老通辨》，臺北：東大圖書，1991 年 12 月。

6. 錢穆《雙溪獨語》，臺北：學生書局，1981 年。

7. 錢穆《論語新解》，臺北：東大圖書，1988 年。

8. 錢穆《湖上閒思錄》，臺北：東大圖書，1980 年。

9. 錢穆《中國文學論叢》，臺北：東大圖書，1983 年。

10. 錢穆《中國學術思想史論叢》（一）、（二），臺北：東大圖書，1978 年。

11. 錢穆《文化學大義》，臺北：正中書局，1981 年。

12. 錢穆《論語文解》，臺北：聯經，1995 年。

13. 錢穆《靈魂與心》，臺北：聯經，1979 年。

14. 錢穆《歷史與文化論叢》，臺北：東大圖書，1985 年 9 月。

15. 錢穆《晚學盲言（上）》臺北：東大圖書，1987 年 8 月。

16. 方東美《原始儒家道家哲學》，臺北：黎明文化事業公司，1985 年 11 月。

17. 方東美《生生之德》，臺北：黎明文化事業公司，1985 年 2 月。

18. 唐君毅《道德自我之建立》，臺北：學生書局，1985 年 9 月。

19. 唐君毅《中國哲學原論・導論篇》臺北：學生書局，1984 年 1 月。

20. 唐君毅《中國哲學原論・原道篇》卷（一）、（二），臺北：學生書局，1986 年 10 月。

21. 唐君毅《哲學概論》，臺北：學生書局，1985 年 10 月。

22. 唐君毅《中國文化之精神價值》，臺北：正中書局，1984 年 11 月。

23. 牟宗三《中國哲學十九講》，臺北：學生書局，1983 年 10 月。

24. 牟宗三《才性與玄理》，臺北：學生書局，1985 年 4 月。

25. 牟宗三《名家與荀子》，臺北：學生書局，1985 年 3 月。

26. 徐復觀《中國藝術精神》，臺北：學生書局，1984 年 10 月。

27. 徐復觀《中國人性論史》，臺北：商務印書館，1994 年 4 月。

28. 徐復觀《中國思想史論集》，臺北：學生書局，1983 年 8 月。

29. 徐復觀《中國思想史論集續編》，臺北：時報文化，1985 年 11 月。

30. 徐復觀《中國文學論集》，臺北：學生書局，1990 年 3 月。

31. 徐復觀《中國文學論集續編》，臺北：學生書局，1984 年 9 月。

32. 徐復觀《石濤之一研究》，臺北：學生書局，1968 年。

33. 徐復觀《公孫龍子講疏》，臺北：學生書局，1993 年 9 月。

戊、

1. 陸機〈文賦〉（張少康集釋），臺北：漢京文化，1987 年 2 月。

2. 劉勰《文心雕龍》（范文瀾注），臺北：開明書局，1966 年 11 月。

3. 劉勰《文心雕龍》（黃叔琳注），臺北：商務印書館，1968 年。

4. 黃侃《文心雕龍札記》，臺北：文史哲出版社，1973 年 6 月。

5. 王元化《文心雕龍講疏》，臺北：書林，1993 年。

6. 鍾嶸《詩品》（汪中選注），臺北：正中書局，1969 年。

7. 劉義慶《世說新語》，楊勇校箋，臺南：明倫出版社，1975 年 7 月。

8. 蘇軾《蘇軾文集》，孔凡禮點校，北京：中華書局，1999 年 7 月。

9. 朱熹《詩集傳》，臺北：藝文印書館，1974 年 4 月。

10. 胡寅《斐然集》，北京：中華書局，1993 年 12 月。

11. 劉熙載《藝概》，臺北：漢京文化，1984 年。

12. 姚永樸《文學研究法》，臺北：廣文書局，1976 年。

13. 聞一多《古典新義》〈莊子〉，臺北：里仁書局，1993 年 9 月。

14. 錢鍾書《管錐篇》（二），無出版資料。

15. 錢鍾書《七綴集》，臺北：書林，1990 年。

16. 錢鍾書《談藝錄》，臺北：書林，1988 年。

17. 宗白華《美從何處尋》，臺北：元山書局，1986 年。

18. 朱光潛《詩論》，臺北：漢京文化，1982 年。

19. 朱光潛《談文學》，臺北：漢京文化，1982 年 12 月。

20. 傅抱石《中國繪畫理論》，臺北：里仁書局，1995 年。

21. 顧羨季《顧羨季先生詩詞講記》，臺北：桂冠圖書，1992 年。

22. 陳世驤《陳世驤文存》，臺北：志文出版社，1975 年 5 月。

23. 廖蔚卿《六朝文論》，臺北：聯經，1982 年。

24. 葉嘉瑩《迦陵談詩二集》，臺北：東大圖書，1985 年 2 月。

25. 史作檉《哲學人類學序說》，臺北：仰哲出版社，1988 年 2 月。

26. 葉維廉《比較詩學》，臺北：東大圖書，1988 年 6 月。

27. 葉維廉《歷史、傳釋與美學》，臺北：東大圖書，1988 年。

28. 柯慶明《文學美綜論》，臺北：長安出版社，1983 年。

29. 柯慶明《境界的探求》，臺北：聯經，1977 年。

30. 葉朗《中國美學史大綱》，臺北：滄浪出版社，1986 年 9 月。

31. 劉綱紀、李澤厚編《中國美學史》第一卷，臺北：谷風出版社，1987 年 2 月。

32. 李澤厚《美學四講》，臺北：人間出版社，1988 年。

33. 蔡英俊《比興物色與情景交融》，臺北：大安出版社，1986 年 5 月。

34. 陳兆復《中國畫研究》，臺北：丹青圖書，1988 年。

35. 張大春《小說稗類》，臺北：聯合文學，1998 年。

36. 空海《文鏡秘府論》，王利器校注，臺北：貫雅出版社，1991 年 12 月。

37. Cahill，J. 《中國繪畫史》，李渝譯，臺北：雄獅美術，1986 年 12 月。

38. 楊家駱主編《畫論叢刊》(上)，臺北：鼎文書局，1972 年 9 月。

39. 葉·查瓦茨卡婭《中國古代繪畫美學問題》，陳訓明譯，長沙：湖南美術，1987 年。

40. 今道友信《東方的美學》，蔣寅等譯，北京：三聯，1991 年。

己、

 1. 許慎，段玉裁注《說文解字》，臺北：蘭臺書局，1970 年 10 月。

 2. 朱駿聲《說文通訓定聲》，臺北：藝文印書館，1975 年 8 月。

 3. 伍非百《先秦名學七書》，臺北：洪氏出版社，1984 年。

 4. 楊俊光《惠學錐指》，南京：南京大學出版社，1991 年。

 5. 楊俊光《惠施公孫龍評傳》，南京：南京大學出版社，1992 年。

 6. 林正弘《白馬非馬》，臺北：三民書局，1975 年。

 7. 王力主編《古代漢語》(第一冊)，臺北：藍燈文化，1989 年。

 8. 高名凱《漢語語法論》，臺北：開明書店，1985 年。

庚、

 1. 柏拉圖《理想國》，侯健譯，臺北：聯經，1991 年 5 月。

 2. 柏拉圖《柏拉圖文藝對話集》，朱光潛譯，臺北：元山書局，1986 年。

 3. 亞里士多德《詩學》，姚一葦箋註，臺北：中華書局，1989 年 1 月。

 4. 康德《判斷力批判》，牟宗三譯，臺北：學生書局，1993 年 1 月。

 5. Koerner，S.《康德》，蔡坤鴻譯，臺北：遠景，1985 年。

 6. 尼采《希臘悲劇時代的哲學》，周國平譯，北京：商務印書館，1996 年 3 月。

 7. 海德格《走向語言之途》，孫周興譯，臺北：時報文化，1996 年 7 月。

 8. 海德格《詩·語言·思》，彭富春譯，北京：文化藝術，1991 年 11 月。

 9. 伽達瑪《真理與方法》，洪漢鼎譯，臺北：時報文化，1993 年 10 月。

10. 呂格爾主編《哲學主要趨向》，李幼蒸譯，北京：商務印書館，1988 年。

11. Ricœur, Paul《Main Trends In Philosophy》New York：Holmes&Meier，1979.

12. 傅柯《臨床醫學的誕生》，劉絜愷譯，臺北：時報文化，1995 年 1 月。

13. 博藍尼《意義》，彭淮棟譯，臺北：聯經，1986 年 4 月。

14. Pivcevic，E.《胡賽爾與現象學》，廖仁義譯，臺北：桂冠圖書，1986 年 3 月。

15. 王浩《哥德爾》，康宏逵譯，上海：上海譯文，1997 年。

16. 鄭樹森編《現象學與文學批評》，臺北：東大圖書，1984 年。

17. Payne，M. 《閱讀理論》，李奭學譯，臺北：國立編譯館，1996 年 9 月。

18. Eagleton，T.《當代文學理論》，鍾嘉文譯，臺北：南方，1989 年。

19. 巴赫金《哲學美學》，曉河等譯，石家莊：河北教育出版社，1998 年 6 月。

20. 赫胥《解釋的有效性》，王才勇譯，北京：三聯，1991 年 12 月。

21. D.C.霍伊《批評的循環》，陳玉蓉譯，臺北：南方出版社，1988 年 8 月。

22. Guerin, W. L.等《文學欣賞與批評》，徐進夫譯，臺北：幼獅文化，1979 年。

23. 佛斯特《小說面面觀》，陳文彬譯，臺北：志文出版社，1978 年。

24. 昆德拉《小說的藝術》，孟湄譯，北京：三聯，1992 年。

25. 方迪啓《價值是什麼》，黃藿譯，臺北：聯經，1986 年。

26. 伊索《伊索寓言》，臺北：志文出版社，1987 年 2 月。

27. 朱光潛《西方美學史》，臺北：漢京文化，1982 年。

28. 陳榮華《海德格哲學：思考與存有》，新莊：輔仁大學，1992 年 4 月。

29. 張祥龍《海德格爾思想與中國天道》，北京：三聯，1996 年 9 月。

30. 呂正惠編《文學的後設思考》，臺北：正中書局，1991 年。

31. 蔡源煌《從浪漫主義到後現代主義》，臺北：雅典，1989 年 4 月。

32. 沈清松《物理之後——形上學的發展》，臺北：牛頓出版社，1987 年 1 月。

33. 沈清《現代哲學論衡》，臺北：黎明文化，1985 年。

34. 何秀煌《記號學導論》，水牛出版社，1988 年 9 月。

35. 魯樞元《超越語言》，北京：中國社會科學出版社，1994 年。

36. 李約瑟《中國之科學與文明》（一）（二），臺北：商務印書館，1978 年。

37. 王雨田主編《現代邏輯科學導引》（上冊），北京：中國人民大學出版社，1987 年 7 月。

38. 達斯笈多（Dasgupta）《印度哲學史》冊一，林煌洲譯，臺北：國立編譯館，1996 年 3 月。

39. 趙功民《遺傳的觀念》，北京：中國社會科學出版社，1996 年。

40. 三浦謹一郎《DNA 與遺傳訊息》，劉文政譯，臺北：國立編譯館，1996 年。

41. Dyson，F.J.《宇宙波瀾》，邱顯正譯，臺北：天下文化，1993 年。

42. Dyson，F.J.《全方位的無限》（上），李篤中譯，臺北：天下文化，1991 年 7 月。

43. 莊錫昌等編《多維視野中的文化理論》，杭州：浙江人民，1987 年。。

44. 布魯格《西洋哲學辭典》，項退結編譯，臺北：國立編譯館，1976 年 10 月。

辛、單篇論文

1. 湯用彤〈言意之辨〉。

2. 湯用彤〈向郭義之莊周與孔子〉，（以上見《魏晉玄學論稿》），臺北：里仁書局，1984 年 1 月。

3. 陳燕谷〈沒有終極實在的本體論——郭象哲學與門閥政治意識型態〉，《學人》第九輯，江蘇文藝出版社，1996 年 4 月。

4. 唐君毅〈略辨老莊言道之不同〉。

5. 唐君毅〈辯證法之類型〉。

6. 唐君毅〈中國思想對「言」「默」態度之變遷〉。

7. 唐君毅〈中國方法論中之個人與世界〉，（以上見《哲學論集》），臺北：學生書局，1990 年 2 月。

8. 聞一多〈龍鳳〉，見《神話與詩》，臺北：里仁書局，1993 年 9 月。

9. 陳榮捷〈戰國道家〉，（《中國哲學論集》），臺北：中研院文哲所，1994 年 8 月。

10. 梅貽寶〈由莊子天下篇窺察中國古代哲學發展的趨勢〉，《清華學報》4 卷 2 期，1964 年 3 月。

11. 唐亦男〈莊子天下篇研究導論〉，《人生》24 卷 6 期，1962 年 8 月。

12. 唐亦男〈莊子天下篇所述惠施與當時辯者之疏解〉，《成功大學學報》第 3 期，1968 年 5 月。

13. 方師鐸〈中國語言的特性及其對中國文學的影響〉，見《方師鐸文史叢稿》，臺北：大立，1984 年 12 月。

14. 張亨〈論語論詩〉，《文學評論》第 6 期，1980 年 5 月。

15. 張亨〈先秦思想中兩種對語言的省察〉，《思與言》8 卷 6 期，1970 年 12 月。

16. 張亨〈陸機論文學的創作過程〉，《中外文學》1 卷 8 期，1973 年 1 月。

17. 安樂哲（Roger C. Ames）〈試析莊子思想中的實體與現象〉，《大陸雜誌》44 卷第一期，1977 年 1 月。

18. 安樂哲（Roger C. Ames）〈莊子「心」觀念淺釋〉，《大陸雜誌》42 卷第 10 期，1971 年 5 月。

19. 潘柏世〈莊子齊物論述解〉上、中、下，《鵝湖》1 卷 8～10 期，1976 年 2～4 月。

20. 潘柏世〈莊子逍遙遊譯註〉,《鵝湖》4 卷 2 期,1978 年 8 月。

21. 潘柏世〈由帛書老子與王弼老子注之互校‧略論老子哲學〉,《哲學與文化》3 卷 4 期,1976 年 4 月。

22. 潘柏世〈莊子與惠子魚樂之辯〉《鵝湖》3 卷 3 期,1977 年 9 月。

23. 林鎮國〈莊子的語言哲學及其表意方式〉,《幼獅月刊》47 卷 5 期,1978 年 5 月。

24. 沈清松〈莊子語言哲學初探〉,《國際中國哲學研討會論文集》,1985 年 11 月。

25. 楊儒賓〈卮言論:莊子論如何使用語言表達思想〉,《漢學研究》第 10 卷,第 2 期,1992 年 12 月。

26. 王邦雄〈道家思想的倫理空間——論莊子「命」「義」的觀念〉,《哲學與文化》23 卷 9 期,1994 年 9 月。

27. 汪惠敏〈先秦寓言的考察〉,《文學評論》第五集,臺北:書評書目,1978 年 6 月,頁 1～51。

28. 池田知久〈道家的「物化」、轉生、輪迴的思想與「夢」的故事〉,《中國文化多層面探討討論會論文集》,國立臺灣大學中文系,1996 年 7 月。

29. 譚家哲〈人不知而不慍〉,《哲學雜誌》6 期,1993 年 9 月。

30. 譚家哲〈論「藝」與「文」之根源意義〉,《哲學雜誌》11 期,1995 年 1 月。

31. 尚杰〈荒原裡的閱讀〉,《哲學雜誌》15 期,1996 年 1 月。。

32. 李幼蒸〈略論中國哲學字詞的意素結構〉,《哲學雜誌》18 期,1996 年 11 月。

33. G‧帕克斯〈漫遊:莊子與查拉圖斯特拉〉,《道家文化研究》第一輯,1992 年 6 月。

34. 董光璧〈李約瑟的道家觀〉,《道家文化研究》第二輯,1992 年 8 月。

35. 熊偉〈道家與海德格爾〉,《道家文化研究》第二輯,1992 年 8 月。

36. 鄭湧〈以海德格爾為參照點看老莊〉,《道家文化研究》第二輯,1992 年 8 月。

37. 劉昌元〈莊子的觀點主義〉,《道家文化研究》第六輯,1995 年 6 月。

38. 劉光〈莊子言與不言〉,《道家文化研究》第八輯,1995 年 11 月。

39. 滕守堯〈道與本文〉,《道家文化研究》第八輯,1995 年 11 月。

40. 劉鑫〈德里達與道家之道〉,《道家文化研究》第八輯,1995 年 11 月。

41. 瑪亞〈道家中的語言問題〉,《道家文化研究》第十輯,1996 年 8 月。

42. 梅祖麟、高友工〈論唐詩的語法用字與意象〉(上)(中)(下),《中國古典文學論叢冊一:詩歌之部》臺北:中外文學月刊社,1976 年。

43. 高友工〈文學研究的美學問題〉(上)(下)，《中外文學》7 卷 11、12 期，1979 年 4～5 月。

44. 鄭毓瑜〈再評蔡英俊《比興物色與情景交融》〉，蔡英俊、呂正惠主編《中國文學批評》第一集，頁 309～318。臺北：學生書局，1992 年 8 月。

45. 杜維廉（Touponce，W.F.）〈芻狗——解構析讀劉若愚的中國文學理論中的擬仿問題〉1982 年，廖炳惠譯，《中外文學》11 卷 11 期，1983 年 4 月。

46. 狐安南〈莊子中的經驗形態：感應與反映〉，楊儒賓、黃俊傑編《中國古代思維方式探索》臺北：正中書局，1996 年 11 月。

47. 蔡振豐〈道家「道」的言說可能〉，《中國文學研究》第五期，1990 年 5 月。

48. 徐聖心〈眞人不夢與莊周夢蝶〉，《中國文學研究》第五期，1990 年 5 月。

49. 徐聖心〈「莊子尊孔論」系譜綜述——莊學史的另類理解與閱讀〉，《臺大中文學報》，第十七期，2002 年 12 月。

50. 徐聖心〈Linguistic Strategies in Daoist Zhuangzi and Chan Buddhism: The Other Way of Speaking.書評〉，(By Youru Wang. London & New York: Routledge Curzon, 2003.)，《中國文哲研究集刊》第二十六期，2005 年 3 月。

51. 牟宗三（主講）〈莊子「齊物論」演講錄〉第一～十五講，盧雪崑紀錄，《鵝湖月刊》，第 319 期～第 332 期，2002 年 01 月～2004 年 02 月。

52. 林順夫"Confucius in the 'Inner Chapter' of the Chuang Tzu," Tamkang Review, Vol. XVIII, Nos 1,2,3, & 4，1989。

53. 林順夫〈以無翼飛者：〉，《中國文哲研究集刊》第二十六期，2005 年 3 月。

54. 謝明陽〈〈齊物論〉「成心」舊注詮評〉，《東華漢學》第三期，2005 年 5 月。

壬、學位論文

1. 萬胥亭《論德希達的《聲音與現象》》，臺大哲研所碩士論文，1989 年 5 月。

2. 潘門曉《「透過語言去認知實在界」在《邏輯哲學論》如何可能》，臺大哲研所碩士論文，1989 年 5 月。

3. 徐聖心《莊子內篇夢字義蘊試詮》，臺大中研所碩士論文，1991 年 5 月。

4. 趙藹祥《莊子成心問題研究》，東海大學哲學研究所碩士論文，1991 年 5 月。

5. 鄭文倩《蘇軾藝術思想研究》，臺大中研所碩士論文，1991 年 12 月。

6. 蔡振豐《王弼的言意理論與玄學方法》，臺大中研所碩士論文，1993 年 5 月。

7. 魏德驥《拯救擬言——柏拉圖《狄梅塢》研究》，臺大哲研所碩士論文，1993 年 6 月。

8. 龔卓軍《梅洛龐蒂《知覺現象學》中的語言理論》，臺大哲研所碩士論文，1993 年 6 月。

9. 鄭雪花《非常的行旅——〈逍遙遊〉在變世情境中的詮釋景觀》，成大中文所博士論文，2005 年 6 月。